清华大学文科出版基金

党家村的商业生活与底层逻辑

黄德海　刘国菊　著

清华大学出版社
北京

版权所有，侵权必究。举报：010-62782989，beiqinquan@tup.tsinghua.edu.cn。

图书在版编目(CIP)数据

党家村的商业生活与底层逻辑/黄德海，刘国菊著．—北京：清华大学出版社，2023.7
ISBN 978-7-302-64105-6

Ⅰ.①党… Ⅱ.①黄…②刘… Ⅲ.①商业史－韩城－元代-清代 Ⅳ.①F729.4

中国国家版本馆CIP数据核字(2023)第128691号

责任编辑：王如月
装帧设计：常雪影
责任校对：王荣静
责任印制：杨　艳

出版发行：清华大学出版社
　　　　网　　　址：http://www.tup.com.cn，http://www.wqbook.com
　　　　地　　　址：北京清华大学学研大厦A座　　邮　　编：100084
　　　　社　总　机：010-83470000　　　　　　　　邮　　购：010-62786544
　　　　投稿与读者服务：010-62776969，c-service@tup.tsinghua.edu.cn
　　　　质　量　反　馈：010-62772015，zhiliang@tup.tsinghua.edu.cn
印 装 者：大厂回族自治县彩虹印刷有限公司
经　　销：全国新华书店
开　　本：170mm×240mm　　印　张：14　　字　数：240千字
版　　次：2023年7月第1版　　印　次：2023年7月第1次印刷
定　　价：99.00元

产品编号：099357-01

前　言

党家村位于陕西省韩城市东北方向，约有700年历史，属国家级历史文化名村。该村主要有党、贾两族，现有320户人家，1 400余人。元末明初，党家村立村就以农耕为本；明代党家村人开始发展"山庄子"经济，作出"向外扩张"的最初尝试；清军入关后，党氏一族率先到河南唐白河流域一带经商，后贾氏一族也加入其中，二者联手演绎了一段持续百余年的"日进白银千两"的商业神话。赚得盆满钵满后，党、贾两族又将商业所得金银运回原籍村落，大兴土木，建成一处拥有300多座民居且村寨相连的四合院村落群（现存123座）。清末民初，党家村商业经受外国资本势力入侵、贸易路线转移、经营策略失误等坎坷与磨难，最终走向衰败。中华人民共和国成立以后，在改革开放大潮下，党家村又焕发出新的商业生机，发展成为一个蜚声海内外的旅游名村，年收入逾千万元，党家村再一次迈上小康致富之路。

党家村是我国乡土社会的一个基本单元，是党家村人聚居、生息、生产、生活的主要载体，无论过去、现在和未来，都值得重视并深入研究。尤其是在国家大力推进"乡村振兴战略"的背景下，党家村社会形态的演进又进入了一个新的阶段。在推进社会主义新农村建设的进程中，党家村过去的商业模式虽已成历史，但其世代传承下来的商业经验和文化精髓仍是一笔非常宝贵的财富，值得深入挖掘和推广。

2018年起，应党家村村委会及其家谱撰写委员会的邀请，以及在社旗县人民政府的大力支持下，课题组开始对党家村及河南唐白河流域一带的原经商市镇开展了为期两年的走家串户式访谈调研。本次调研活动得到了各方力量的大力支持，搜集和挖掘整理的史料，包括传承数百年的党家村各门分支的世系家谱、瓦店镇和赊旗镇等河南南阳地区百余家古街商铺的生意史资料，等等。众多一手资料的获取，为本书的撰写奠定了扎实的史料基础。

本书聚焦于探索商业思想、生活方式和家族传承分析等新领域，试图透过新的历史信息，发掘出一些过去被忽视的、"以古鉴今"的商业经验和文化精髓。该研究主要依托"生活—商业—生活"的循环分析框架，重新梳理党家村的商业变迁历史案例,深入探讨其商业与生活方式,商业与村落发展,商业与党、贾两族几十代人之间的历史、经济和文化联系,找寻党家村由农耕社会转向商业社会,继而迈进现代化社会的动力机制,挖掘党、贾两族的商业活动及底层逻辑。

至此,课题组已完成全部书稿的撰写工作,共计24万字。本书由九个独立章节构成,每章基本内容简述如下。

第一章介绍党家村建村的历史背景。首先探讨党家村党姓始祖党恕轩迁居韩城的动因,然后结合元末明初韩城县的经济格局,剖析党家村村落形态发展的演变过程、党家村农业发展的状况、村落生活方式的变化,以及党家村乡土文化的萌芽。

第二章论述了明代前期党家村商业的发展状况及影响因素。具体阐述了在党家村的早期历史中,山庄子经济对保障党家村人口繁衍和整个村落延续的重要作用。

第三章剖析党家村商人外出经商的动机。首先对明末清初的商业环境进行研究,然后探讨了党家村商人沿唐白河流域经商的原因,以及党家村商业对村落发展的影响。

第四章至第六章分别探讨了党家村商业在瓦店镇、郭滩镇和赊旗镇的发展状况,考察了农民经商如何选择投资生产领域,揭示了党家村商业经营方式的演变与独特性。

第七章系统梳理了党家村在韩城县的商业及运营模式。指出外出经商者的进取心也会刺激留守村民生存观念的改变,这些村民从外地生意中分得不少红利,其中一部分人选择将剩余银钱放债,另一部分人则试图在家乡的商海中再捞一笔财富。

第八章叙述了党家村四合院的村落变迁。着重介绍党家村人在元、明、清时期居住和生活环境的演变过程。

第九章为结论和启示。从内因和外因两个角度分析总结了党家村商业衰落的过程,并按照时间顺序挖掘党家村商业衰落的根源,以得出对新的商业及村落发展具有参考价值的启示。

总体而言,本书从经济史的视角,将党家村商业历史变迁的全过程放在中国社会演进的大背景下来考察,既有新发现的史料,又有新的商业和社会观察,创新之处具体体现在以下几点。

一是选题新颖。以往国内外的研究主要关注党家村的民居及村落建设,但对党家村商业变迁的研究关注较少,尤其缺乏探讨商业与村落发展关系的研究成果。本书在以往相关研究的基础上,从商业视角切入,以党家村商业变迁为主线，探究商业与村落发展之间的关系，力求厘清党家村商业发展的脉络。

二是研究方法不拘一格。一方面，采用了交叉学科的研究方法。党家村商业与村落发展之间的关系是一个复杂的学术问题，只有融合经济学、历史学、社会学、心理学、地理学等多个学科的研究方法，才能厘清其商业变迁的来龙去脉。另一方面，突破了传统形态学的研究方法，从生活空间入手，以实态调查的方法为基础，开展广泛而深入的普遍性考察，探究商业对党家村人生活方式影响的演变过程。同时，课题组深入实地调研，通过访谈、蹲点观察等方式，收集了大量的一手资料。

三是理论创新。笔者在党家村商业研究中，应用新方法挖掘了新史料，深入探讨其商业与生活方式，商业与村落发展，商业与党、贾两族几十代人之间的历史、经济和文化联系，找寻农耕社会向商业社会，继而迈进现代化社会的动力机制，挖掘党、贾两族的商业活动及底层逻辑，得出了新的理论观点，具体如下。

第一，发掘出独特的"下河南"社会经济现象。所谓"下河南"，就是指到河南的商业重镇朱仙、周口、道口、赊旗等地去闯荡、谋生。赊旗镇是党家村经商的主要地点，位于"下河南"商圈最南边，是沟通南北贸易的枢纽。而排在首位的朱仙镇还是明清的四大商业重镇之一，与汉口、景德镇、佛山齐名。党家村人由农入商，奔赴河南淘金也是把握住了当时的形势。清军入关以后，"下河南"在韩城县并不稀奇，犹如后来山东人的"闯关东"，晋西北人的"走西口"。然而这一独特的社会经济现象并未引起学术界的充分重视，迄今学术界专家学者论及"下河南"的著作仍凤毛麟角，显然本书是一个新的尝试。

第二，研究乡族亲缘组织在商业经营活动中的作用。明代以前，党家村是以血缘关系为基础的民间社会组织。明代以后，随着宗族人口的增加以及族内亲疏关系的变化，仅仅依靠血缘关系已难以维系宗族组织的平衡及发展。因此，党家村从传统宗族制度开始向乡族制度演变，乡族亲缘组织在商业经营活动中开始发挥越来越大的作用：首先，借助乡族亲缘组织，获取资金和人力上的支持；其次，借助乡族亲缘组织，建立商业垄断；最后，借助乡族亲缘组织，展开商业竞争。

第三，探索出解决留守儿童和空巢老人问题的策略。为了在经商中集中精力干事业，同时保障村中长者和妇孺的正常生活，党家村经商的人们独创了"乡情股"分利方式。"乡情股"是一种党家村人均有份的分红体系，这种分红体系既能促进党家村商业的发展，也能照顾好留守老幼、避免土地撂荒。因而，以乡族制度为纽带，党家村村民皆被纳入商业圈中，形成了一个"促进商业发展人人有份"的良性循环。

最后，观点独特。当前学术界关于近代农民经商历史的挖掘显得不够。除晋商外，关于陕商、徽商、粤商等研究也显不足。而且，各大商帮之间的研究是分开的，实际上在同一时期各路商家的经营是交叉的、有交集的，他们相互促进、互相竞争。

综上所述，本书是集数人、数年的研究和探索编撰而成的。党丕经、党康琪、党鉴泉、魏从敬、关玉国、袁海东、郭德源等地方史研究专家，为本书提供了大量的有关文献资料，还有接受本课题组访谈的党建荣、党双喜等诸位热心村民的积极参与，在此一并表示感谢。希望本书所述的党家村商业生活与底层逻辑的演变经验，能对读者有所帮助。

黄德海　刘国菊

2022 年 10 月 1 日

目 录

第一章　元末明初——党家村的建立及初步发展　/　1

　　第一节　党家村创建的历史背景　/　1
　　第二节　党恕轩迁居韩城的动因　/　5
　　第三节　韩城县域经济格局的演化　/　13
　　第四节　党家村生产方式的转变及困境　/　17
　　第五节　党家村文化的萌芽及特征　/　21

第二章　山庄子经济——党家村"向外扩张"的最初尝试　/　24

　　第一节　党、贾联姻与合族而居　/　24
　　第二节　山庄子：宗族早期扩张的组织形式　/　30
　　第三节　山陕商业圈交集下的党家村　/　39
　　第四节　党家村乡族制的形成及其商业影响　/　46

第三章　"下河南"经商——党家村致富之路的重要探索　/　55

　　第一节　国内"下河南"浪潮研究现状　/　55
　　第二节　明末清初"下河南"营商环境分析　/　60
　　第三节　"下河南"浪潮与区域经济发展　/　66
　　第四节　党德佩"下河南"的创业动机　/　74

第四章　"铜瓦店"——党家村商业兴起的第一次高潮　/　77

　　第一节　"铜瓦店"的形成及商业概况　/　77
　　第二节　党家村"恒兴桂"商号的创立　/　82
　　第三节　"桂"号独领风骚三百年　/　87
　　第四节　党家村经商文化的形成与发展　/　94

第五章 "银郭滩"——党家村商业的进一步发展 / 98

第一节 郭滩镇历史由来与商业繁盛的内因 / 98
第二节 清代郭滩镇商业发展的时代因素 / 102
第三节 贾翼唐商号的建立及发展 / 105
第四节 商号迁址：从郭滩镇移至赊旗镇 / 106

第六章 "金赊旗"——党家村商业发展的第二次高潮 / 109

第一节 中州商业重镇："金赊旗" / 109
第二节 "合兴发"商号的百年兴衰 / 120
第三节 "兴盛昆"商号的创立与运营 / 127
第四节 "玉隆"系商号的短暂复兴 / 130
第五节 赊旗山陕会馆与党家村商业 / 134

第七章 韩城商铺——党家村增收的补充路径 / 147

第一节 明末清初韩城的商业状况 / 148
第二节 党家村在韩城的商铺及运营 / 153
第三节 "恒丰当"商号的经营模式 / 154

第八章 四合院——党家村的村落变迁 / 157

第一节 党家村村落建设的鼎盛时期 / 157
第二节 商业资本的出路：泌阳堡的修建 / 158
第三节 党家村跨入商业社会的标志及原因 / 162

第九章 成败兴衰——党家村商业的演变及启示 / 165

第一节 党家村经商模式的演变、特征及影响 / 165
第二节 党家村商业衰败的原因探讨 / 170

附录 / 180

第一章 元末明初——党家村的建立及初步发展

党家村位于今陕西省韩城市西庄镇，是当前国内保存最完好的明清村寨建筑之一，村中至今仍保留着123座四合院、11座祠堂、25个哨楼，以及庙宇、戏台、文星阁、看家楼、泌阳堡、节孝碑等古建筑，被国内专家誉为"东方人类古代传统文明居住村寨的活化石""世界民居瑰宝"。笔者在欣赏党家村独特的历史魅力之时，也由此引发了深层的学术思考。当年建造四合院群落时，需要耗费大量的人力、物力，没有巨额资金是无法建成的。而党家村早期的发展走的是"以农为主，力农致富"的道路，这笔建设资金是如何获取的呢？哪些因素对党家村的致富产生了重要的影响？

第一节 党家村创建的历史背景

今党家村位于陕西省韩城市东北，距城区9千米。西距108国道1.5千米，东距黄河3.5千米，主要有党、贾两族，320户人家，1 400余人，建村距今约700年历史。因坐落在东西走向的泌水河谷北侧，所处地段呈葫芦形状，俗称"党圪崂"。元至顺二年（1331年），党恕轩迁居韩城①揭开了党家村的历史序幕。党家村的建立不是历史的偶然现象，这与元朝当时的局势有着密切关联。

一、元朝社会经济政策的正向影响

元朝十分重视农业，在生产技术、垦田面积、粮食产量、水利兴修以

---

① 韩城历史悠久。据考古发现，韩城人类遗迹可追溯到距今大约5万年前的旧石器时代。夏商时期，韩城以"龙门"代称。西周称韩（侯）国，后为梁（伯）国。春秋战国为少梁邑。秦惠文王十一年（前327年）置夏阳县。开皇十八年（598年），隋析郃阳置韩城县属冯翊郡（同州）。据《唐书地理志》载，武德八年（625年）废州还属同州。天佑二年（905年）更名韩原，还隶同州。金贞祐二年（1214年）升为桢州。至元元年（1264年），元废桢州以县属同州。明朝时期，韩城县仍隶同州。清朝时期，韩城与同州均先属西安府，雍正三年（1725年）改同州为直隶州。雍正十三年（1735年），同州升府，韩城仍属之。参见（明）张士佩：《韩城县志》卷一《释地》韩城县志编纂委员会1985年版，第16页。

及棉花广泛种植等方面，较宋朝取得较大的发展。蒙古族统治者原来是草原游牧民族，对商品交换依赖性较大，同时受儒家"重农抑商"的思想影响较小，故元朝比较提倡商业，使得商品经济十分繁荣。元朝首都大都（今北京），也成为当时闻名世界的商业中心。为了适应商品交换，元朝建立起世界上最早的纸币流通制度，也是我国历史上第一个完全以纸币作为流通货币的朝代。商品交流促进了元朝交通业的发展，改善了陆路、漕运、内河与海路交通。因此，"抑商"政策的松动、使用纸币和发展海外贸易，是元朝经济政策的三个重要特征。

首先，重农抑商或重本抑末，是中国古代多个王朝推行的基本经济政策。"抑商"并不意味着要取消商业，其人可抑，其业不可废。所谓"抑商"，可以从两个方面来理解：一是要抑制富商大贾任意兼并农民的土地，以便把商业资本的活动限制在不触动统治阶层利益的范围之内，这属于调整官私关系的问题；二是要抑制中小商业者和独立手工业者人数的过多增加，把社会上从事工商业的人数限制在不影响农业生产的范围之内，这属于调整农商关系的问题。在上述范围之内，商业的正常发展、商人的正当经营，并无害处，可不予禁止①。同时，中国古代的"抑商"并非抑制所有的商业活动，而是抑制私商，扶植发展官商。这种政策在本质上是减少私商所获社会剩余劳动价值，扩大国家所得份额，即国家从私商那里夺取商业利益。"抑商"政策的目的是维护社会主要经济结构所允许的剩余劳动分配体系，抑制社会非主流剥削阶级分割剩余劳动的份额，从而控制经济异己力量的发展②。元朝"抑商"政策松动的主要表现：一方面是在国内以巨资付给江南行省与民互市；另一方面是抑制私营工商业政策有所松动。

其次，与以往朝代不同的是，元朝是中国历史乃至世界历史上，最早在一个大一统国家范围内全面实行纸币制度的王朝。纸币的发行以及币值稳定，不仅媒介了当时已存在的农产品交换、国内商业和国际贸易，同时也改变技术进步的演变路径，加快了演变速度。元朝以中统宝钞为主并始终通用，作为一个普遍的支付与清算手段，它具有与金、银一样的价值。

最后，元朝建立初期，十分重视海外贸易的发展。元朝中国的船只体积大，配置佳，中国商人遍布东南亚及印度各港口。马可·波罗在1291年护送一位蒙古公主绕经东南亚去伊朗时，目睹并描写了中国航海业的盛况；50年后阿拉伯旅行家伊本·拔图塔搭乘中国帆船取道印度前往中国

---

① 吴慧：《中国商业政策史》，社会科学文献出版社2014年版，第27~30页。
② 袁林：《中国古代"抑商"政策研究中的几个问题》，《陕西师范大学学报》2004年第4期。

时,也详述了这一盛况。中国的进出口贸易情况也引人注目,它表明这一时期中国在世界经济中居主导地位。中国的进口商品除细纹棉织品外,还有中亚的皮革、马匹,南亚的优质木材、玉石、香料和象牙等原材料;中国的出口商品,除矿石外,还有书、画,尤其是瓷器、丝绸等产品①。

二、经济危机诱发政局动荡

元武宗时期(1308—1311年)经济不景气,朝廷为了摆脱财政危机,下令重新设立尚书省,并印发"至大银钞",结果导致元钞大为贬值。通货膨胀加剧了元朝政局的动荡。这时元仁宗违背"兄终弟及"的约定,将皇位传给自己的儿子硕德八剌,史称元英宗(1321—1323年)。元英宗即位后,其实行的加强中央集权的官僚体制遭到朝中保守势力的不满,1323年夏元英宗被刺杀。元英宗去世后,统治阶级内部为争权夺利而相互征战,使原本赋税沉重、民族压迫十分严重的元朝国运迅速衰退。宫廷斗争的实质是对国家权力的控制,它给整个权力机关带来的伤害在于,争斗本身削弱了宫廷内部以皇帝为中心的权力结构,从而打破了权力在宫廷内外的平衡,并由此影响到了经济增长与社会发展。在尔虞我诈的宫廷斗争之下,统治阶层无暇顾及制定合理的经济政策,因此无法将元世祖的经济思想付诸实践。

宫廷权力斗争不可能被控制在宫墙之内。它总是要以争夺民间资源的方式溢出,而对民间资源的争夺则意味着掌权者势必要采取损人利己的方式进行。到了元朝中、后期,争夺的手段发生了根本性的变化。

(一)滥发纸币导致通货膨胀

自元成宗时期(1295—1307年)以后,纸币没有继续发挥其媒介商业的功能,反而被朝廷当成了获取更大权力的工具——币值稳定不再是一个合理选择。元朝政府错误地认为,纸币发行是一项买卖,它成本低收益高,发行越多则国家越富裕。于是,国家的经济安全成了纸币发行的一个机会成本。负和博弈的结果造成了元朝中、后期严重的通货膨胀,导致物价飞涨,投机盛行,正常商业受到了摧残,并最终演变成元末的恶性通货膨胀。

从中统钞发行的数字上看,至元十年(1273年)的发行额只有11万锭,次年便增加到24.7万锭,至元十二年(1275年)又增至近40万锭,至元十三年(1276年)因征服南宋,发行额猛增为140万锭。至元十七

---

① [美]斯塔夫里阿诺斯:《全球通史(第7版)》,北京大学出版社2009年版,第146页。

年（1280年），发行量虽降低至113.6万锭，但这时中统钞的发行总额却已高达539万锭，人均占有量4 584文。早在至元十一年（1274年）的时候，物价便开始波动，至元十七年（1280年）以后就进入了通货膨胀阶段①。

与此同时，由于我国白银储量并不丰富，加上元朝在国内禁止金银的流通，而用纸币收兑白银运往中亚和西亚，白银外流造成中国白银储藏量锐减。这样，白银难以成为主要的交换媒介和流通手段。在明朝以前，且不说别的社会条件，单就货币本身来说，要想积累大量的货币财富也是困难的②。

（二）土地兼并加剧社会矛盾

纵观历史，土地对于中国经济来说，始终都是最重要的生产要素之一，封建主兼并土地是造成大量农民流离失所的主要原因。元朝也不例外。元朝的土地制度包含有四方面的内容：皇室私田、官田、寺田和民间屯田，其中，官田又可分为分地、赐田和职田三大类③。元朝的皇帝不仅拥有大量私有土地，同时也是整个国家土地的名义所有者，正所谓"普天之下，莫非王土"。元朝把大量土地用于建设寺观庙宇，作为元朝文治的一项重要国策，引起失地农民的不满。韩城现存的寺庙道观，基本上是在忽必烈登基后建造的（如表1-1所示）。除此之外，各寺观拥有大量寺田，党恕轩初到韩城县时便是以佣耕寺田为业。

表1-1 韩城现存的元朝寺庙道观

时　　间	寺观庙宇
至元元年（1264年）	龙门河西大禹庙
至元七年（1270年）	象山脚下紫云观
至元十年（1273年）	薛村三圣庙
大德五年（1301年）	周原大禹庙
大德七年（1303年）	孝义村关帝庙
至大元年（1308年）	金城九郎庙大殿
至大二年（1309年）	北营庙
延祐三年（1316年）	普照寺
泰定三年（1326年）	普照寺佛像塑成
至元元年（1335年）	昝村禹王庙
至正元年（1341年）	郭庄府君庙

资料来源：宁永泉：《元代文化与韩城》，韩城市人民政府2016年印发，第142页。

---

① 余耀华：《中国价格史：先秦—清朝》，中国物价出版社2000年版，第692~693页。
② 唐力行：《商人与中国近世社会》，商务印书馆2017年版，第122页。
③ 陈喜忠：《中国全史·中国元代经济史》，人民出版社1995年版，第83页。

尽管元世祖忽必烈曾反对土地兼并并下令禁止，但皇室受封贵族、达官显要以及寺院僧侣等，却从未停止通过侵夺、受施舍以及买卖官田等方式扩大自己的土地规模。土地兼并既满足了权力拥有者的欲望，同时也在某种程度上促进了土地商品化以及整个社会的商业化进程。如同英国的"圈地运动"一样，土地兼并的结果有两个：一是地主贵族阶层的出现，二是大量流民的产生，两者合力将元朝推向覆亡的深渊。就前者而言，土地兼并使皇室贵族的野心进一步膨胀，从而使其将"宫闱之变"作为未来制衡皇帝权力的主要手段；而后者，一部分流民逃往边远山区寻求新的生机，更多的人则汇聚成伙扛起了起义的大旗，正如元末社会上流传的一首散曲所言：堂堂大元，奸佞当权，开河变钞祸根源，惹红巾万千。

尽管元朝的历史不足百年，却对后世产生了深远的影响。除发行纸币促进了经济增长并润滑了商品流通以外，其他方面也得到了长足进步。首先是大面积推广棉花和高粱的种植，尤其是棉花的引种不仅推动了手工纺织业的出现，同时也永久性地改善了我国服装面料的结构。其次是建筑业，元代沿袭了两宋的建筑风格，并进一步融入了宗教教义，为其政治理念和思想在全国范围内的宣泄找到了一个很好的渠道。仅在韩城这样一个偏僻的地区，元朝建筑的遗风至今仍可见到。其中有代表性的是至元元年（1264年），在黄河禹门口河中巨石鲤鱼岛上，建有陕西大禹庙（毁于抗日战争时期）和韩城司马迁墓。后者外形像个蒙古包，是元世祖在位期间下令建造的[①]。再次是漕运和海运业。元世祖时开凿了会通河和通惠河，把原有的运河连接起来，使漕运粮船从杭州可直达大都。元军统帅伯颜感到海运方便，于是又取道海洋运输。最后是元朝社会文化的繁荣，史称"宋元文化"。其发达的文化形式，诸如戏曲、绘画和教育事业等，不仅承继了蒙古族能歌善舞的民族传统，丰富了汉民族的精神生活，同时更为重要的是，通过这些文化形式的传播，元政府为其上层建筑的正常生存打下一个信仰制约的政治基础。

第二节　党恕轩迁居韩城的动因

党恕轩是今陕西省韩城市党家村的党姓始祖。元至顺二年（1331年），党恕轩迁居韩城，揭开了党家村建村的历史序幕。党恕轩迁居韩城的原因，

[①] 参阅杨茵、吉春：《元·修建八卦墓》，见中国人民政治协商会议陕西省韩城市委员会文史资料研究委员会编：《韩城文史资料汇编》第十二辑，韩城市印刷厂1993年版，第13~14页。

是因天灾人祸被动迁徙，还是因家族理念为施展抱负主动迁徙？需将其置于我国历史发展的总体背景之下，结合党家村在元、明、清三代的历史变迁过程，运用最新搜集的《党家村家谱》及相关史料，来进行剖析。

一、问题的提出

从元至顺二年（1331年）党恕轩孤身从陕西朝邑（今陕西省大荔县朝邑镇）范家乡营西村来到韩城算起，至2023年党家村建村已有692年的历史。元明清时期，凭借经营山庄子，党氏一族步入韩城望族之列。依靠远赴河南经商，它又创下了"日进白银千两"的商业传奇。党家村先祖数代勇于开拓、苦心经营，给后世子孙留下大量历史文化遗产：村中至今仍保存着123座元明清时期的古民居四合院，它们和散落在村里的文星阁、节孝碑、泌阳堡、看家楼、祠堂、私塾、戏台、关帝庙等建筑错落有致地排列在一起，犹如一座村落博物馆，向人们展示着它的历史和沧桑。2003年，党家村入选中国历史文化名村（第一批）名单，获得"东方人类古代传统居住村寨的活化石"美誉。党恕轩迁居韩城是党家村历史的重要开端。

有关党恕轩迁居韩城原因的探讨，对我们研究元明清时期的农民迁移行为具有重要的参考价值。然而，由于年代久远，史料匮乏，党家村历史研究仍有许多空白点。在此背景下，家谱作为人口迁移的重要史料，对研究党家村历史具有填补空白的重要意义。早在1984年，国家档案局、教育部、文化部联合发布的《关于协助编好〈中国家谱综合目录〉的通知》中指出："家谱是我国宝贵文化遗产中亟待发掘的一部分，蕴藏着大量有关人口学、社会学、民族学、民俗学、经济史、人物传记、宗族制度以及地方史的资料，它不仅对开展学术研究有重要价值，而且对当前某些工作也起着很大作用。"2001年，文化部办公厅发布的《关于协助编好〈中国家谱总目〉的通知》再次强调："家谱是记载同宗共祖的血缘集团世系人物和事迹等方面情况的历史图籍，它与方志、正史构成了中华民族历史大厦的三大支柱，是我国珍贵文化遗产的一部分。"

家谱作为一种重要的历史文献，近年来受到我国史学界的高度重视，但总体来说，其文献价值还没有得到充分利用。事实上，家谱一般都详细记载了先辈在何时由何地迁到了何地，比较完整地反映了该家族迁移的历史。对于一些自发的、小规模的、分散的移民，相关的家谱可能是唯一的文字记载。即使对于那些大规模的、官方安置的、集中的移民，正史和其他史料的记载也往往失之粗略，而家谱正可补其所缺、详其所略。因此，把家谱联系起来，即可窥知古往今来人口迁徙之端倪，有利于中国移民史的研究①。笔者在协助党家村家谱编撰委员会搜集和整理家谱的基础上，以马克思主义唯物史观为指导，运用2018—2020年最新搜集的《党家村家谱》及相关史料，将党恕轩迁居韩城的原因，置于我国近代历史发展的总体背景之下，结合党家村在元、明、清三个朝代的历史变迁过程来探讨，并试图为研究农民的移民行为提供一些有益的历史经验。

二、研究现状及焦点问题

"党恕轩迁居韩城研究"最早可追溯至20世纪90年代。党家村党元恺先生撰写的《党族祖宗党恕轩公自朝邑迁居韩城北乡创建党家村之事实考证纪要》一文，第一次提出党恕轩"于元至顺二年（1331年）因时事变乱，又逢歉年，遂弃儒逃难避乱，离乡来韩城，选择移居于安谧的韩城北乡郭庄村以东、下干谷以西、赔庙东南之泌水河北边土崖下的高坡崖，即今之小坡崖"②，论述党恕轩迁居韩城后所从事的活动，以及党恕轩创建党家村的历史过程。党元恺先生从比较宏观的视角考证党恕轩迁居韩城的原因，为后续研究奠定了基础。

2000年以后，聚焦于党家村历史研究的相关著作纷纷问世。党康琪指出，元至顺二年，党恕轩孑身一人由朝邑县逃荒至韩城县城北泌水河东阳湾，尔后钻窑成室，以农耕为生③。李文英也认为，因年馑党恕轩逃离了家乡朝邑，来到了党家村北塬上④。最新编撰的《党家村志》也有类似表述，元至顺二年，已经大旱7年的关中地区，饥民纷纷走上逃难道路。出逃的人群中，有个叫党恕轩的年轻人，他由同州府朝邑县逃到了韩城县的西庄地界，那里有一条细小的泌水河，河的北岸塬上有一座敬奉三皇五帝的白庙⑤。笔者曾提出"播迁说（释义：迁徙、流离）"，即依据史料考证，从朝邑到韩城不过120千米，中间无高山深水阻隔，再加上流民逃亡行为在当时就已经较为普遍，因此党恕轩在元末播迁司马迁故里一说当属可信⑥。

专家学者关于党恕轩迁居韩城原因的考证给予我们许多启示，同时

---

① 葛剑雄：《家谱：作为历史文献的价值和局限》，《历史教学问题》1997年第6期。
② 党元恺：《党家村家谱》，手抄本，1995年，第4页。
③ 党康琪编：《党家村人说党家村》，内部出版物，陕渭新出批（1999）字第20号，2001年，第1页。
④ 李文英：《民居瑰宝——党家村》，陕西人民教育出版社2002年版，第27页。
⑤ 陕西省韩城市西庄镇党家村志编纂委员会编：《党家村志》，方志出版社2018年版，第3页。
⑥ 黄德海：《党家村的白银时代》，陕西师范大学出版社2018年版，第13页。

"移居""播迁""逃荒"或"避乱"等说法,也留给我们继续深入探讨的空间。正如党元恺先生续修《党家村家谱》时所述:"夫国有历史,朝代相传记载。而家亦有史,世代相传记载。"元至顺二年,农民出身的党恕轩为何来到韩城?其移民行为是"被动"还是"主动"?以此来考察农民选择从事农商活动的影响因素。

三、因天灾人祸被动迁徙韩城说

根据我国古代农民迁徙的规律,一般因天灾人祸造成的被动迁徙较多。琼斯撰写的《欧洲奇迹》一书运用了对比的方法,考察了欧洲和非欧洲地区的四种天灾人祸:一是地理的,如地震、火山等;二是气候的,如干旱、洪涝灾害等;三是生物的,如人畜疾病等;四是社会的,如战争等①。琼斯的相关研究,为我们探究党恕轩迁居韩城的动因提供了重要参考。

(一)社会因素

1328—1329 年,元朝政局动荡,帝位四易其主。虽然 1328 年的两都之战有陕西行省军队参战,但战场不在陕西。1329 年,元朝还爆发了"明文之争",元文宗图帖睦尔通过一系列政治手段夺得皇位,但在此期间国家并未爆发令陕西受灾的战争。而元代瑶民起义,据统计其影响范围被控制在湖南、两广、云贵一带,1330 年前后也并未波及陕西②。秃坚叛乱(1330年)、禄余反元(1331 年)也都发生在云南、四川一带③。元文宗即位后,大兴文治,建奎章阁,编修《经世大典》,为后人研究这一段元朝历史留下了翔实的资料,所以上述战争皆有史料可查。可见,党恕轩在元文宗至顺二年来到韩城时,他的家乡没有发生战祸,战争等社会因素不是党恕轩迁居韩城的决定性因素。

(二)气候因素

元泰定二年(1325 年)至天历二年(1329 年),关中地区发生了特大旱灾。据《元史·卷三十二·文宗本纪》记载:"陕西自泰定二年至是岁不雨,大饥,民相食。"可见,1329 年以前陕西确实发生过罕见的旱灾,党恕轩迁居韩城前家住陕西朝邑,自然也会受到旱灾影响。如果因旱灾迁移,党恕轩不晚于 1329 年迁徙更符合史实,但他是 1331 年迁往韩城的。

---

① 马克垚、邹兆辰:《我对世界通史体系的思考——访马克垚教授》,《历史教学问题》2008 年第 2 期。
② 丁海艳:《元代瑶民起义史料辑成与研究》,南京大学 2011 年硕士学位论文,第 20 页。
③ 沈乾芳:《论禄余、撒加伯领导的反元斗争》,《曲靖师范学院学报》2010 年第 2 期。

据《元史·本纪三十五·文宗四》记载，元至顺二年（1331年）一月，大名魏县民曹革输粟赈陕西饥，旌其门。这是《元史》中至顺二年陕西唯一一处灾情记录，说明陕西旱灾已大为缓解。而旱灾缓解的主要原因有三个：一是朝廷及时赈灾。据《元史》记载，1329—1330年，元政府采取了赈济、蠲免减租、祷告等救灾措施①。尤其值得关注的是，"命陕西行省以盐课钞十万锭赈流民之复业者"。"罢大承（乘）天护圣寺工役。囚在狱三年疑不能决者，释之。民间拖欠官钱无可追征者，尽行蠲免。""有陕西饥，敕有司作佛事七日。"二是旱灾后大规模降水。元至顺二年，"陕西行省言终南屯田去年大水，损禾稼四十余顷，诏蠲其租"②。可见1330年陕西行省降水颇多，甚至形成局部水灾。三是朝廷实施灾后重建方案。据《元史》载，"二月，陕西行省遣官分给复业饥民七万余口行粮"③。

元文宗时期的赈灾政策取得了一定的效果。至顺二年八月，金州及和州频年旱灾，民饥，赈以陕西盐课钞五千锭④。这表明陕西灾情已大为缓解，还能够支援金州及和州缓解灾情。据此合理推测，原因之一是陕西1329年大旱后元朝的赈灾措施行之有效，百姓得以生息。此外，陕西行省大旱之后部分地区有过大水，大规模干旱持续时间不长，陕西行省能够重新在朝廷支持下恢复民间农业生产。因此，通过史料分析，"逃荒"不是党恕轩迁居韩城的主要原因。

为深入考察气候因素对移居的影响，笔者查阅了《党族祖宗原籍家谱考察纪要》。据《纪要》记载，党籍祖宗本籍山西永济县陈村，远代裔孙党利南宋初年来到陕西朝邑。党利先在黄河滩租地耕种，而后经商贩盐，生意兴隆，遂于南宋绍兴二十二年（1152年）在陕西朝邑营田庄（今营南村）落户，后迁营西村。党利系党恕轩之太高祖，至轩辈已第六世⑤。党恕轩的父亲党焕（字：慎贞），育有7子：长子三立无嗣；次子三为，迁河南陕州会兴镇；三子三变居营南村；四子三泰，守营西村祖居；五子三云迁居北平；六子三毅，迁郃阳县吴仁村；七子三寅（字恕轩），迁韩城并创建党家村。由此可知，党恕轩兄弟7人中有4人迁至外地，占当时家庭总人口数的一半，没有举家迁移，并且留在营南村和营西村的父兄没有因饥馑而折损，说明旱灾对党恕轩全家的影响并未达到显著地步。

---

① （明）宋濂等撰：《元史》卷六十五《河渠志二》，中华书局2016年版，第1619页。
② （明）宋濂等撰：《元史》卷三十三《文宗纪二》，中华书局2016年版，第733页。
③ （明）宋濂等撰：《元史》卷三十三《文宗纪二》，中华书局2016年版，第733页。
④ （明）宋濂等撰：《元史》卷三十五《文宗纪四》，中华书局2016年版，第780页。
⑤ 概况如下：一世党利，二子，长首昌（无嗣），次首佥。二世首中，一子。三世羽，一子。四世锐，一子。五世焕，字慎贞，妻倪氏。

同时，比较党恕轩的迁出地朝邑和迁入地韩城来看，也不支持因旱灾被迫迁徙的说法。元史记载金宣宗贞祐三年（1215年），设桢州，领韩城、郃阳（今合阳）二县。元世祖至元元年（1264年）废州为县，二年（1265年）又复设桢州，县址迁至今县城西北二十里①。元顺帝至元六年（1340年），撤桢州，改属同州，县址迁回原址。改属同州后，朝邑与韩城归同州府管辖。查阅历史地图可知，同州、朝邑、郃阳、韩城四地相邻。从党恕轩的故乡朝邑至韩城不过120千米，若遭遇干旱及洪涝灾害，则郃阳、韩城也不能避免。因此，党恕轩并非因气候因素被迫迁徙韩城。

（三）地理和生物因素

历史上，元英宗至治元年到元文宗至顺元年（1321—1330年），多灾并发的现象较为明显。当时全国旱灾、水灾、雪霜灾、雹灾、蝗虫灾、疫病、地震等数灾并发，其中江浙、云南行省灾情较重。1330—1332年，陕西行省史料可查的火山喷发、地震、疫病等灾害则较少，没有对社会生产产生重大不利影响。因此，地理和生物因素也不是造成党恕轩迁居韩城的主要原因。

四、因家族理念为施展抱负主动迁徙韩城说

天灾人祸的四个因素均不是迫使党恕轩迁居韩城的决定性因素。那么党恕轩的移民行为就不是"被动"的。笔者将结合迁入地韩城概况、家族理念和心理动机、高效益生产区域的选择和人口因素，来考察影响党恕轩迁居韩城的主观因素。

（一）迁入地韩城概况

党恕轩迁居韩城时恰逢当地建立许多新村庄。依据《元史》《新元史》、赵文林与谢淑君所著《中国人口史》以及吴松弟所著《中国人口史》统计，元世祖至元三十年（1293年），元朝户数为14 002 760户，估79 816 000人。元文宗至顺元年（1330年），户数为13 400 699户，估84 873 000人②。这37年内，元朝总人口数大幅增长，韩城也新建不少村庄。例如，元至顺年间统称许庄，明代更名独立出去产生的田许庄、雷许庄、高许庄；元至顺二年以前建村，因地处泌水河下游，河水经常干涸而得名的干谷村（因两村所处地理位置而分上下）。那时候还没有至元年间才建的史带村和至

---

① （明）宋濂等撰：《元史》卷三十五《文宗纪四》，第781页。
② 户口统计本身也存在一定的误差，蒙古贵族军将领有大量的私户，此外还有军户、匠户等均不纳入人口统计，不计入户口统计。

正年间建立的薛村寨。因此，党恕轩迁居韩城时，迁入地已经具备了迁入所需的空余土地，并且这里有建村所需的水源。换言之，如果党恕轩主动迁居韩城，迁入地无阻碍。

（二）家族理念和心理动机

迁入地没有阻碍，迁出地没有逼迫。党恕轩有主动迁出家乡的理由吗？从党恕轩的家庭背景来看，祖上经营商业，从事农耕，并且有读书经历。党恕轩名字中的"恕、轩"两个字，释义为"宽恕"和"高昂"，有很深的文化内涵①。不难看出，他的父辈是崇尚文化、重视读书的人。党恕轩没有女儿，共生有四个儿子，取名君显、君仁、君义和君明。他给四个儿子取的名字都带有"君"字，是希望自己的后代都能成为正人君子，而四个儿子名字末尾四个字连起来便是"显仁义明"。由此可见，党恕轩继承了家族对于文化的崇尚和对读书的重视。先祖农商并举、耕不废读的理念根植其心。

事实上，这种"耕读传家"的行为，不应理解为一般的耕田和读书。作为一个历史概念，有它特定的含义。"读"字的意思是，通过诵读儒家经典接受儒家思想；"耕"字的意思是，读书以后要从事社会基本经济活动——在封建农耕社会就是归耕陇亩。在躬耕田亩的同时不忘圣人教诲，穷则修身齐家，达则兼济天下②。

由以上分析可知，党恕轩受农商并举、耕不废读的家族理念影响，加上自己三个哥哥都迁居外地，自立门户，年轻的党恕轩自然也希望自己可以自立门户，有所作为。如果守在父母和哥哥们身边，留在家乡，是远不如迁居出去更能激励自己施展抱负的，这是党恕轩迁居韩城的情感动机。

（三）高效益生产区域的选择

如果仅考察党恕轩迁居韩城的情感动机，而不考察其理智动机，那么难以认识其迁居韩城谋生的现实动力。元朝是一个由北方草原游牧民族建立的统一王朝。为打造正统王朝的思想根基，忽必烈以中央政府的名义，修缮韩城司马迁祠墓，用正祀规格祭祀司马迁。他还重修龙王大禹庙，祭拜大禹王。《元史·世祖本纪》记载："至元元年七月，龙门禹庙成。赐名建极宫。"明《韩城县志》载："建极宫蒙古字圣旨，至元十二年二月

---

① 党鉴泉：《田舍郎诗联存稿》，中国文联出版社2019年版，第147页。
② 韩城市档案局编：《韩城古民居门额题字集解》，中州古籍出版社2015年版，第49页。

立，在龙门建极宫。"① 元朝借此为大一统的民族融合政权做理论宣传，肯定元政权建立的合理性和进步性。同时，元朝宣传发展藏传佛教，为元朝等级制度作舆论铺垫，如建立普照寺、法王庙等。元政府重视宗教的另一个表现便是允许寺院拥有大量的寺田和工役，遇天灾人祸则更加重视寺庙的祈祷功能，如元至顺二年发卫卒三千助大承天护圣寺工役②。"壬辰，以所籍张珪诸子田四百顷，赐大承（乘）天护圣寺为永业"③。因此，党恕轩根据当时所处的地理环境和人文环境，选择去元朝的朝拜祭祀和教化圣地韩城谋生是一种明智之举。

元至顺二年（1331年），党恕轩初到韩城时就靠租种"赔庙"的寺田——主要是种菜，附带开荒谋生。"赔庙"，曾经位于韩城党家村西塬上，因辽国军马撞倒原有小庙，大辽萧太后拨库银2 000两重建而得名，明时毁于火灾。庙内敬奉三皇五帝，当地方言也称其为"白庙"。据传"赔庙"规模宏大，金碧辉煌，终年香火不断，火工道人众多，有寺田200余亩。党恕轩租种东阳湾的寺田后，短短几年便略有积蓄，而后在向阳高坡之上，即今小坡崖上方，打有三孔大土窑、几孔小土窑作为居所。安家落户后，党恕轩娶邻村下干谷村樊姓女为妻，开始繁衍生息。

（四）人口因素是促进创业的动力

党恕轩奠定了党氏家族人丁兴旺的基础。党恕轩没有女儿，四个儿子均各立门户，称为长门、二门、三门、四门。明初朝廷实行"三屯"制（军屯、民屯、商屯），四门君明奉父命携妻率子赴甘肃河州屯田，兼营贸易。君明夫妇逝世后归葬故里原"西场"坟。据近年调查，其子孙后代在甘肃永靖县刘家峡乡盐锅峡镇繁衍发展，创立党家洼村。因四门屯田迁出，故村中无四门后裔。四子分别娶郝氏、冯氏、程氏和相里氏为妻。据《陕西省韩城市地名志》记载，相里氏于金承安四年立村，元至顺年间已是当地名门。按元朝门当户对的嫁娶风俗推断，党恕轩家在当时已经有一定的社会地位和财富积累。

到第三代，党姓全族已增加到20多口。农商并举让家族增加了人口，也有了一定的经济基础，但他们仍保持耕不废读的传统。明永乐十二年（1414年），党恕轩长孙党真中举，未出仕。据《党家村党族长门家谱》

---

① 宁永泉编：《元代文化与韩城》（内部资料汇编），韩城市人民政府2016年印发，第154页。
② （明）宋濂等撰：《元史》卷三十五《文宗纪四》，第778页。
③ （明）宋濂等撰：《元史》卷三十三《文宗纪三》，第756页。

记载，"党真因父母年迈，居家事亲"。① 实际上，不入仕与党家"耕读传家"的传统理念有关，党真中举后继续从事农耕活动，并将归耕陇亩的活动与党家村的发展联系起来。党真撰写了《党家村家谱序》，在序文中确立了村名，提出了村落发展的初步规划。党真提出将党家村村落下迁，并界定出长门、二门、三门居住与发展的区域，开启了党家村建设的序幕。党真的远见卓识不仅表现在其制定的村庄建设规划中，还体现在他留下的这篇极为珍贵的家谱序文中，为后世子孙续修家谱奠定基础。

党恕轩在元朝人口增长、自己父辈家庭人丁兴旺时，选择迁居韩城外出创业，利用当时的人口红利农商并举，奠定下党家村的第一代财富基础。同时他娶妻生子，以家族理念和自己的财富为基础，教育培养党家子孙，依靠家族人口增长所具有的创造力，继续巩固和发展自己创业积累的家族基业，并鼓励子孙继续创业。这个家族式的人口创业反哺循环，不但使他自己在某些地方突破了小农经济模式发展的局限性，还让党家村得以不断壮大，这也表明人口因素是促进创业的动力。

综上所述，由于党恕轩迁居韩城的史料较匮乏，可资对照的实物又少，加之学界对党恕轩移民史的研究还不够深入，这给我们留下了一定的研究空间。从实际出发，党恕轩迁居韩城的历史，也是党家村家族移民史的一部分。探讨党恕轩迁居韩城的原因，不仅可以为我们研究农民迁移的原因及动机提供参考，而且也打破了以往对农民经济行为的某些认识误区。学术界的许多著作在论及小农经济时，总免不了使用"传统""保守""商品观念淡漠"等词语，认为小农经济是一种非理性经济，农民不懂得扩张和积累财富，用现代经济学的语言来描述就是不懂得"储蓄和投资"②。而随着对党恕轩迁居韩城的动因分析和对党家村家族移民史的不断深入研究，再结合其他家族移民史的考察，笔者发现：只要能在动荡的时代里寻求一块适合的土壤，发现具有更高投资效益的生产区域，农民的储蓄和投资意愿就会非常强烈。

第三节 韩城县域经济格局的演化

一、元朝中前期韩城县基本经济格局

元末明初，韩城县的经济格局除受政府政策的影响外，还受到地理

---

① 《党家村党族长门家谱》，手抄本。
② 黄德海：《党家村的白银时代》，陕西师范大学出版社2018年版，第3页。

因素的制约。韩城县位于关中平原东北部。东至山西荣河县界7.5千米，西至神道营石堡洛川县界62.5千米，南至后窑头郃阳县界20千米，北至北池山下宜川县界60千米，东南至黄河荣河县界10千米，西南至营铁邰郃阳县界35千米，东北至龙门山西河津县界60千米，距陕西省城220千米[1]。韩城县虽地属关中平原，其地貌却变化多样，山、塬、川、滩兼而有之。山川、平地与河流的比例严重失衡，地貌格局为"七山一水二分田"。

韩城县西部为深山高岭区，层峦叠嶂，林木竞秀；中部浅山丘陵区，沟壑纵横，果蓏富庶；中东部黄土台塬和河谷川道区，地肥水裕，菜美粮丰。河谷川道包括盘水、芝水、澽水川道和黄河滩地两部分。最大的澽水川道，出土门口后，陡然开阔，在芝川口与黄河滩地连成一片，俗称"二十里川"。受韩城县地貌地势影响，居住在东南川塬地区的人擅精耕细作，居住在北塬的人因土地狭小，则多营工商。当地有句俗语："南塬人，卖面的，北塬人，卖炭的。"[2]明万历年间张士佩在修《韩城县志》时，便用"南敦稼穑，北尚服贾"这8个字对韩城县的经济格局作了高度概括。

由于韩城县可耕地面积小，因而世代传承精耕细作之风，不管是台塬还是川道，一般都是一年播种两料作物。塬上种小麦、糜谷和棉花，川道由于有水利之便，则多种经济作物。昔日种植面积最大的要数麻。古诗云："把酒话桑麻"，可见麻在当时经济领域的重要地位。元朝棉花种植传入韩城县之后，迅速成为台塬地区种植的主要经济作物，据清末韩城知县张瑞玑编撰的《韩城县乡土志》载，棉花每年输出，折白银达5万两，成为韩城最大宗的出境物资。相里堡由于地理环境特殊，西临澽水川道，东临黄河河谷，相对地势较高，通风好，光照足，加之土质含沙量较大，所产棉花不仅产量高，且质量优，被誉为"相里棉"[3]。

韩城县西北山区，以林产品为主，在靠近宜川、黄龙的深山老林，主产松木。除此之外，也产核桃、板栗，但其面积和产量，均不及商洛。桃、杏、梨、枣等果木也有，皆为零星栽培。规模较大且颇具地方特色的便是柿子和药材。

柿子树的栽培在韩城县历史悠久，川塬、地边、渠畔几乎均有种植，昔日所谓韩城县"上结果，下种田"即指此，可见柿子树的栽培已相当广泛。清《康熙韩城县续志》中写道："溪间柿林殆满，霜落时，一望红紫，如二月花。人曝其食，食以佐谷……柿有数种，最大者名霸王，次曰尖顶，

---

[1] （明）张士佩：《韩城县志》第二卷《形胜》韩城县志编纂委员会1985年版。
[2] 郭德源：《韩城民俗》，中国诗词楹联出版社2014年版，第17页。
[3] （清）张瑞玑：《韩城县乡土志》，手抄本，1985年，第25页。

次重台；圆曰扁柿，方曰满天红，又曰铁板，小而色红者曰朱柿。"① 这段记载指出了两点：一是道明了柿树在韩城县种植极其广泛并且历史悠久，经过一代又一代人的努力，已培植出许多优良品种。二是道出了柿子"食以佐谷"的用途，柿子具备了补充粮食的功能。因为在封闭的农业社会，除了盐铁，其他生活必需品多依赖自给。柿子可酿醋，脱涩后的柿子可就馍吃，柿子放到冬天变软，称"空柿"，可做炒面吃，又可与糯谷面或糯糜子面和起来，或蒸成窝窝头，或烙成柿子饼，或炸成柿子面酿面，均甜软可口，且可疗疾。② 当然，大宗的柿制品还是制成柿饼，供应市场。

韩城县山区盛产野生药材，其种类达110多种。《韩城市志》载主要野生药材有47种。以连翘产量最大，清代约占陕西省收购量的1/6。次为黄芩、酸枣等，禹门麻黄最为名贵，但产量稀少③。

韩城山区出产最多的还是矿产品，这就为采矿业、冶炼业的发展创造了前提。韩城地下富藏煤炭资源。人们依据煤炭质量把当地出产的煤分为两种，一种俗称"煤炭"，产于马沟渠南北浅山。这种煤发热量低，灰分多，只能掺入一定比例的黏土，做成约一寸厚、一尺多长，七八寸宽的煤饼，使用前敲碎成小块添入炉膛，烧开水或熬稀饭用。另一种俗称"烧炭"，产于上峪口一带。因其燃烧值高，灰分少，可蒸馍烧灶火用。由于这种煤含硫量较低，燃烧时呛味较小，所以也常被做成煤饼，供冬天屋内生活用。由于上、下峪口距城30千米，沿途又要翻越白矾沟、西庄沟、小渠沟，加之煤炭主要靠骡驮运输，因此，元末明初煤炭主要是在韩城县境内销售。

韩城县西北山区不但盛产煤，还蕴藏着丰富的铁矿、石灰岩矿、铝土矿和黏土。早在西汉时，韩城县就已经开始用煤炼铁，韩城北山的冶户川，自北宋便冶铁业炽盛，至明朝时已有一定的规模④。除了灰窑，下峪口附近的张庄还烧制盆、瓮和粗瓷器皿，一些村庄还开设了砖瓦窑，在沙锅渠一带还有陶瓷烧制业。此外，还有石材加工业。从业者把大块沙石从山内运出，打制成石碾、石磨、石础或碑碣，以供生产生活和建筑之用。

昔日韩城县经济的另一特色，是以粮食为主的集市贸易。韩城地区可耕地少，纵使精耕细作，粮食也难以自给，故自古即靠外粮输入维持生计。玉米是从县北之洛川、宜川输入，小麦从县南之郃阳、澄城输入。由于路

---

① （清）康行僩、康乃心纂修：《康熙韩城县续志》，木刻宋体版，手抄本，1703年。
② 郭德源：《韩城民俗》，中国诗词楹联出版社2014年版，第17页。
③ 《韩城市志》，三秦出版社1991年版，第65~69页。
④ 明《韩城县志》卷七中记载了用煤炭烧石修路的趣事。另据《同州府志》明天启五年本记载，韩城"县城西五里有大象山与龙门山接，产石炭。龙门山石炭极多，供秦晋两省之需"。

途遥远，往北要翻山越岭，往南则要翻越桥头河沟、金水沟两条大沟壑，有牲畜者用畜驮，无牲畜者用肩挑。万历年间《韩城县志》载："每岁负担驴骡，络绎于路，渡沟历涧，风霜雨雪，日夜不绝"，这是长途贩运情况。至于粮食交易，在县城东关设有粮食集市，俗称"斗上"①。每日熙熙攘攘，甚为热闹。关于粮市的重要性，《县志》记述入木三分："富室贫家，率寄飨于集市。倘三日闭籴，则人皆不举火矣"②，这是县城粮食交易状况。至于乡村，则于境内各要镇设集市，十日一次。主要集市有：每旬逢一县城东关，逢二龙亭，逢四昝村，逢六高神殿，逢七西庄，逢九芝川。其中昝村与芝川为县南重镇，亦为水陆码头，南塬及山西人常来此交易。故经商者长年奔波于昝村、县城、芝川这三点之间，从事粮食及其他物资交易。

二、元末明初韩城县经济格局的转变

受地缘格局的影响，加之元末明初人口的迅速增加，土地逐渐成为稀缺资源。自古以来，韩城人为改善农业生产条件做过不懈努力。先秦就引盘水灌溉，修筑水田160余亩；唐时，又自龙门引黄河水灌溉田6000余亩；明万历年间，利用沟溪水利，组织修渠51条，建造水田将近万亩。但是，直到民国时期，韩城水田总共也就万亩多点而已③。所以，韩城虽有近黄河、有低地、利于人口数量极少的先民生活的优越自然条件，但在人口数量发展到一定规模时，要完全依靠农业谋生存、谋发展，就很困难了。

元朝韩城花椒种植量较少，至清初才逐渐形成规模。《康熙韩城县续志》对韩城的花椒种植有这样的记述："花椒极盛，各原野、村墅俱树之。种不一，有大红袍，有枸椒，有黄色椒，远发江淮。"寥寥数语，便可看出当年韩城在花椒种植上所达到的盛况。今天，广植花椒是韩城经济贸易的一大支柱，但这有赖于改革开放以来民众生活质量的迅速提高，带动了旺盛的花椒需求。所以，虽然早在明朝，韩城花椒便行销江南塞北，却只能是经济生活的有限补充。

韩城北部冶户川铁矿的开采，至少可以上溯到西汉时期，其铁质优良，能铸钱锻造兵器；清水村的铸造作坊天下闻名。但韩城铁矿开采冶炼成本高，北宋名臣包拯为了减轻朝廷负担，还上过请朝廷取消官营铁矿的奏折④。冶铁离不开煤炭。韩城位于渭北黑腰带上，煤炭资源丰富。煤炭

---

① （明）张士佩：《韩城县志》第二卷《土产》，韩城县志编纂委员会1985年版。
② （明）张士佩：《韩城县志》第二卷《土产》，韩城县志编纂委员会1985年版。
③ （明）党康琪：《千古韩城》，内部资料汇编，韩城市印刷厂2019年版，第132页。
④ （明）申时行等：《明会典》，中华书局1989年版，第26页。

业的发展，对交通依赖很大。韩城东临黄河，给煤炭外运提供了方便，《韩城县志》载，"（煤船）数十百艘，连尾而下，自韩城而合阳、朝邑、同州、潼关、华阴，自河达渭，至于长安、周至、户县以西"。但韩城西北崇山峻岭相隔，南横数条大沟阻拦，直到清朝末期，据《韩城县乡土志》记载："马车仅可南驰合阳，北达西庄，东北至昝镇。此外，皆驴驮负担小路。①"也就是说，去北乡区煤矿，陆路只能依靠畜力驮运的羊肠小道。由上可知，铁矿和煤炭的开发都曾形成一定的规模，对韩城经济发展皆发挥一定作用，但也都受到局限。

三、元末及明朝对韩城社会经济的影响

党家村乃至韩城社会经济发展正是在上述背景之下展开的。换言之，元末以及整个明朝对党家村乃至韩城社会经济发展的影响主要集中在以下几个方面：一是元末战争以及元朝廷不合时宜的政策导致流民遍野，并引发韩城地区人口锐减以及村落重新布局；二是明初的屯田和水利政策恢复并推动了当地的农业发展；三是农业的发展又反过来推动了韩城地区的人口迅速增长；四是农业财富的积累促使民间交换行为增加，并从最初"破碎"的村落间交换，逐步走向了区域一体化的市场交易；五是元明时期韩城县的经济格局，尤其是人口增加、人均耕地减少限制韩城县的经济发展，外出经营商业势必会成为韩城县经济发展的重要途径。

第四节 党家村生产方式的转变及困境

党家村的兴衰盛落历经数世，从党恕轩1331年迁居韩城县至党、贾两族在1494年完成联姻，这163年为党家村村落发展的草创阶段，该时期受人多地少矛盾的影响，其生产生活方式随之转变。具体表现在以下几个方面。

一、人丁兴旺奠定了党家村发展的基础

如今在党家村北塬上已看不到当年那座敬奉三皇五帝的"赔庙"。但在元时"赔庙"香火繁盛，广有寺田，东阳湾还建有庙中的菜园。元至顺二年（1331年），党恕轩就是以佣耕庙田（主要是种菜）为生，有一定的财富积累后娶妻生子。党恕轩家中人丁兴旺奠定了党家村发展的基础。

---

① （清）张瑞玑：《韩城县乡土志》，手抄本，1985年，第25页。

党恕轩共生有四个儿子，除四子君明赴甘肃河州"屯田"未归外，其余三子均各立门户。他们随父亲一道开荒种田、辛勤劳作、兼营商业。随着家道好转，人口增多，因小坡崖地形狭窄，距南河耕作区较远，加之用水困难，又迁居于东阳湾（即今村东坡半坡处），在此打土窑洞居住，立村名为"东阳湾"。迄今尚有遗留的一孔可见（今东坡半坡西边的一孔土窑洞）。一个家族定居后，发展至数户家庭便有了立村的可能。

二、姓氏冠名拉开了党家村的历史序幕

在韩城，有许多以姓氏冠名的村庄，是同族聚落的典型代表，其发生与发展反映了整个农村聚落的兴衰变化，并可显示农村人群的聚散和分布倾向。韩城农业最早发达的是东部川塬区及丘陵区，这里村庄与人口相对密集，经济较为发达。以龙门镇、昝村乡、大池埝乡、西庄镇、苏东乡、城关镇、夏阳乡、芝川镇、芝阳乡、龙亭镇这10个乡镇为例，元朝已有同族村庄85个，其中姓氏冠名村达35个，约占总数的41%，相关姓氏27个（见表1-2）。以姓氏冠名的这些同族村落在建村之初，规模均相对较小。

表1-2 元朝韩城十乡镇姓氏冠名村

镇 名	村 名
龙门镇	张家庄
昝村乡	昝村、白村、史带村、张带村、梁带村、解家村、薛村、吴村、南潘庄
大池埝乡	北潘庄、谢村、马庄
西庄镇	郭庄、焦家庄、许庄、党家村
城关镇	薛曲村、吉家寨、梁家坡
苏东乡	董村、相里堡、姚庄、赵村
夏阳乡	杜家堡、彭村、苏村、范村、段家堡
芝川镇	吕庄、周村、陈村
芝阳乡	赵庄
龙亭镇	白家庄、姚家庄

数据来源：根据《韩城市地名志》整理。

元至正二十四年（1364年），如韩城众多以姓氏命名的村落一样，姓氏"党"与党恕轩祖孙生活的这块土地连在一起。村名由东阳湾（今村东坡半坡处）改为党家河，不过此时村中仅有祖孙父子五六户，且以窑洞和少许房屋居住，仅仅初步形成村落的雏形。党家河隶属于今韩城市西庄镇干谷里。

三、村落规划赋予党家村新的发展动力

我国历史上的村落多是蔓延式的发展模式，而党家村村落的建设却体现出了很强的规划性：它是一个有目的、有组织、有规划、有章法、有步骤的建设过程。党家村第一位设计师是党恕轩的长孙——党真。明永乐十二年（1414年），党真参加科举考试一举得中，但未出仕。永乐十二年、十三年（1415年）和十五年（1417年）朝廷破例举行三次科举考试，说明该时期国家求贤若渴。永乐年间中举的其他举人或出仕御史、工正（掌车服）、理问（四品官）、知县、经历（从七品），或担任训导（参谋）①，但是党真并未借此机会进入仕途。到党真这一代党家村合族老幼已增加到20多口，12年后（1428年）党真提出将村庄下迁，并界定出长门、二门、三门居住与发展区域。从此各门有各自的家谱，村落开始从窑居向屋居转变。

四、分门别居后家族内贫富差距拉大

党真规划出长门、二门和三门的发展区域，实际上是划定党族三个分支拓耕土地的范围。各门的发展区域划定后，长门、二门和三门的贫富差距凸显。党族长门较为富有，党真的子孙后辈先后与相里家、王家、解家联姻。据《韩城县乡土志》所载，韩城境内大姓有薛、高、王、吉等氏。除此之外，尚有张、解、党、卫、师、丁、胡等氏族，也属韩城望族之列。党族长门快速发展之际，二门却已沦为贫困户。据《党家村二门家谱》记载："鼎叔年老家贫，婶病故葬土中，着叙弟读书未成名。党叙侍奉鼎父八旬上，（鼎父）不幸病死，无棺板。长门党泰费百金办理丧事，并与叙弟娶亲。"二门五世祖党鼎，是党泰的缌服叔，年老家贫，妻病故，着子党叙读书未成名，党叙居家照顾父亲八旬上，不幸老父病殁，没有钱安葬老父亲。长门党泰慷慨济急，费银百两办理丧事。并与叙弟娶亲，扶助其成家立业。党叙先后娶史氏和相里氏为妻，他的两个儿子党世砚和党世磨因经营山庄子有功，成为前二门祭祀的始祖。

五、村落选址为以后人地矛盾埋下伏笔

一般村落多选择平缓的塬地而建，而党家村则选择在泌水河流经的沟谷中，是谷底村落的典型。远远望去，整个党家村村容如舟，坐落于川谷之中，背岗抱溪。即便在近700年后的今天，其地理概貌仍无多大改变。

---

① （清）张瑞玑：《韩城县乡土志》，手抄本，1985年，第25页。

这一"地理锁定"的事实表明，党家村及其周围地区，由于地处关中平原与黄土高原的过渡地带，地形地貌复杂多样，呈现集山、塬、川、滩为一体的破碎姿态。从今天季节性干涸的河床看，泌水河实际上是一条小溪，发源于今韩城市西北梁山山系。水流沿川道一路冲刷下来，经上干谷村后，水势变缓，进入一片开阔地，然后又顺川谷地势向南拐头，直入黄河。这一片开阔地，状似葫芦，北高南低，东西狭长。

村落的位置同人们的生产和生活有着密切的关系。党家村村落选址具有如下特点：首先，依塬傍水，向阳背风。党家村北依高原，南临泌水，日照充足。龙门一带冬季寒风凛冽，党家村地处葫芦形谷底中，可免西北风的侵害。其次，水资源丰富。泌水河长年有流水，可提供部分生活用水，由于地处谷底，地下水位较高，打井方便，有足够的饮用水源，这是塬上村落缺少的优势。再次，泌水河形成的葫芦形谷地南北宽35米，东西长800米，有一定规模的用地，可满足村庄建设的需要。最后，党家村村址北高南低，排水十分便利。泌水河党家村段河道较宽，河岸高差达30~40米，基本可满足泄洪需要。

党家村地处黄土台塬区，土层深厚，土质结构紧密且营养丰富，再加上因靠近黄河而雨量充沛，较为适宜粮、棉生长。但是，囿于地理条件及村落规模，随着人口的增长，党家村可耕土地的数量与自我发展之间的矛盾一直未得到有效解决，农业的发展极易达致极限。尤其是在明朝，当整个韩城地区的经济进入历史上快速发展阶段时，党家村人致富的愿望就显得更加强烈与迫切。

六、党家村生产生活方式转变的困境

党家村建立之初以发展农业为主，然而随着村落人口增加人地矛盾日渐突出，人地矛盾成为制约党家村致富的重要因素。

立村之初，党家村人均土地占有量较大，土地较多者其经营方式分为两种：一是"分种"，也称"写出去"，是主人提供土地、牲口、马坊、一切农具和交纳赋税；"写"者出劳力，包括农忙时打短工，主人提供食宿。主人有使用牲口的事他得连带服役，有重体力活时他得帮忙，收获三七分成，主七劳三。如主人土地较少或条件不够，可做到四六分成。二是"自种"，也叫"种到家"，就是雇长工，管饭，长工挣赎身钱、做农活，忙不过来时主人搭手或雇短工，收获全归主人。地多的采用"写出去"的方式，地少的多雇长工。有十几亩地的，或因只有老弱妇孺，或因另外有职

业而雇人种地①。

元末明初,党家村人多地少的矛盾日益凸显。但这时党家村的"禁区"是绝不租地耕种,特别是不在本村给人种庄稼。究其原因:一是碍于宗族面情;二是农人地位卑微②。因此,该时期党家村人生活普遍较为拮据,把地"写出去"也罢,"种到家"的也罢,丰年可以自足,灾年还得买粮,要过优裕生活,非得有其他收入才行,更不用说建四合院了。这便是党家村村落形态发展演变的第一个阶段。

第五节 党家村文化的萌芽及特征

党家村文化是在长期实践的过程中形成的对其成员具有普遍约束力的行为方式和认识世界的方式,它使党家村有别于其他村落③。党家村文化根植于党家村村落发展的沃土中,又吸收韩城文化的精华而萌发。党家村文化的内凝性、传承性和对土地的依赖等特征,有利于促进党家村乡村社会的稳定发展。开放性、多样性和进取性则刺激了党家村人积极寻求致富路。从党恕轩1331年迁居韩城至党、贾两族在1494年完成联姻,这个阶段是党家村村落发展的草创阶段,也是党家村文化的萌芽时期。该时期党家村文化具有以下几个方面的特征。

一、村落的内凝性

村落的内凝性直接表现为村落的共同体机制。一方面,村落活动多为集体性活动,如在农业生产上,党家村实行集体耕田及劳动合作。农忙时节,村民们往往以互助、换工等方式,统一组织集体耕作。另一方面,对于村落的公共活动与公共事务,村民往往普遍参与,使其成为村落的集体活动。以祭社为例,祭祀、祭祖活动一直是村落的集体活动,它所折射的是农民对土地神的共同祈望和诉求,是维系村民情感的精神纽带。所以,内凝性使党家村成为有机的统一整体。村落居民有着共同的社会活动、信仰活动、经济活动,彼此守望相助、自我管理,保障着村落秩序与活力,

---

① 元明清时期,韩城的妇女不论贫富,从来是不直接参加农业劳动的,原因在于生理(缠足)和礼教(不准抛头露面)的制约。

② 周若祁、张光主编:《韩城村寨与党家村民居》,陕西科学技术出版社1999年版,第286~287页。

③ 尹振涛:《传统文化与近代证券思想萌芽》,《中国金融》2016年第17期。

对于古代农耕文明的发展具有重要意义①。

二、家风的传承性

党家村家风、村风是数代人自觉或不自觉塑造而成的，且代代相传、相沿成习。该时期的党家村人皆为同根同源的血亲，团结互助、帮扶亲戚是党族人共渡难关、开拓进取的重要保证。如前文所述，长门党泰帮助堂弟党叙安葬亡父、成家立业，便体现出党家村优良的家风、村风。

三、对土地的依赖性

土地是党家村人安身立命的根本。党家村发端于农业。农业与游牧业、工业不同，它是直接取资于土地的。游牧的人可以逐水草而居，飘忽不定；做工业的人可以择地而居，迁移无碍；而种地的人却搬不动土地，长在土里的庄稼也移动不得，侍候庄稼的老农也因之像是半身插入了土里，土气是因为不流动而发生的。②不流动是从人和空间的关系上说的，从人和人在空间的排列关系上说就是孤立和隔膜。孤立和隔膜并不是以个人为单位的，而是以住在一处的集团为单位的。

元末明初，在本村周围土地已被耕种罄尽（不完全是党家村人占有）、已无发展余地的情况下，有些家庭的劳力就进入附近的深山，租地耕种或主动开荒、育林、畜牧、采药……有了一定规模时，这些劳作之处被称为"山庄子"。据村史资料记载，党家村人先后拥有韩城西北的冶户川、盘道川、小麦川地区宜农、宜牧、宜林的肥沃土地千亩③。党族长门、二门、三门和贾族都有子孙进山劳动和拥有山庄子的历史。

随着全村人口增加，党家村人均土地数量日益减少。截至2021年，全村共有肥瘠旱地2 430亩。而以民国十七年（1928年）户95，人300余口计算，人均7亩5分。以当时的耕作技术和条件，即使是丰年，要养活这么多人口也是很勉强的。何况有地120亩左右的仅有两三家，70亩左右的四五家，50亩左右的五六家，其余为有地二十几亩、十几亩、几亩，无地的占绝大多数④。这表明，随着党家村人口数量的增加，土地能够提供给每位村民的财富日益减少，党家村人对耕地的依赖性随之减弱，进而

---

① 马新：《论中国古代村落的基本特征》，《理论学刊》2022年第4期。
② 费孝通：《乡土中国》，人民出版社2010年版，第3页。
③ 周若祁、张光主编：《韩城村寨与党家村民居》，陕西科学技术出版社1999年版，第283页。
④ 周若祁、张光主编：《韩城村寨与党家村民居》，陕西科学技术出版社1999年版，第286页。

去寻找新的致富之路。

四、思想的开放性

党家村的历史发端于元至顺二年（1331年），这时的中国处于元朝统治的中后期，文化的创造在党家村的开发过程中逐步实现。而要开发这片富庶的处女地，就必须打破条条框框，服从实际问题的解决。在这样的历史背景下，党家村人以开放务实的态度建设党家村，开放性的党家村文化又是促使党家村繁荣与衍生的重要动力。

迁居异地就如同打仗，险象环生。而党家村人能够顺利建设村庄的重要原因之一，就是他们敢于冒险、勇于进取的精神。他们要规避迁居过程中所面临的重重危险，克服村庄初创阶段恶劣的自然条件、生活条件，防止遭遇盗贼的抢掠，等等。可是，党家人却从未因此退缩过，因为他们深知，只有冒险才能发现机遇，缩头缩脑的人一辈子都和成功无缘。要拥有光明的未来，必须勇于向传统挑战，这是党家村人的性格。

五、文化的多样性

党家村文化吸收儒家、道教、佛教文化的优点。党家村是从时代高起点建立起来的村落，能够兼采儒、释、道三家的优秀文化基因。村落初建阶段，党家村人重视儒家文化，讲究"耕读传家"。党族第三代人党真中举，表明党家村人对儒家文化的重视及读书所取得的好成绩；党家村草创阶段供奉的神庙有两座：菩萨庙和马王庙。党家村人供奉观音菩萨，祈求增益福慧、平安吉祥。马王庙祭祀马王爷，马王爷是道教的神明，百姓称"灵官马元帅"，是中国民间信奉的神仙之一。传说其长有三只眼，人称"三眼灵光""三眼灵曜"。在农业社会，马匹是重要劳动力，尤其在北方以农牧为主的地区。供奉马神表明党家村人企盼劳动生活安定吉利。与此同时，党家村本村的庙会，人数最多的也要数"马王神会"。每年农历正月初八、初九、初十这三天时间，庙会除土产交易、炸油食外，还演小戏（白天木偶，晚上皮影）。受文化多样性的影响，党家村人笃信天道轮回，注重提高道德修养，并且不断改善周围环境，崇尚人与自然和谐相处。

第二章 山庄子经济——党家村"向外扩张"的最初尝试

聚落是人类生活的场所之总称，也是人类进行生产劳动的场所。按其平面形态可分为散漫型，即点状聚落（散村）；团聚型（集村），包括块状聚落（团村）、条状聚落（路村、街村）、环状聚落（环村）等几种形式①。党家村村落形态独树一帜，属"谷地聚落"的典型。党家村位于韩城东部黄土台塬区的边缘，海拔400~460米。整个村庄建于泌水河流经的沟谷中，是谷地村落的典型②。按照法国地理学家德芒戎的观点："居住方式的某些特点向我们揭示某些社会气质和某些物质文明的特点。"③

从党家村居住方式分析可知：首先，村落选址有利于聚落的形成。以谷地为中心，党族长门、二门、三门从谷地的各个边缘向中心聚拢，其发展如同车轮，车轮转动的动力是党家村人口的增长，只有人口增加，才能带动车轮快速运转。其次，当车轮转速日益加快时，便会向周边地区辐射，即党家村周边的土地开垦基本完成时，村民便会将目光投向周围可开垦地区进行垦荒，抑或租种周边更多的土地以求发展。最后，乡族制是党家村聚落向外发展的向心力和推动力。

第一节 党、贾联姻与合族而居

聚族而居是党家村村落演变的主要形态。正如社会学家费孝通所指出，受到亲属的联系和互相保护的需要，传统农业社会倾向于聚居模式④。纯粹的党姓一族保持了大约200年，至明嘉靖四年（1525年），贾姓一族迁入党家村。至此，党家村村落一族一家的人口结构被打破，以两族、两

---

① 金其铭编著：《中国农村聚落地理》，江苏科学技术出版社1989年版；[日]藤井明撰：《聚落探访》，宁晶译，中国建筑工业出版社2003年版，第124页。
② 周若祁、张光主编：《韩城村寨与党家村民居》，陕西科学技术出版社1999年版，第167页。
③ [法]德芒戎著，葛以德译：《人文地理学问题》，商务印书馆2009年版，第142页。
④ 费孝通撰，赵旭东等译：《中国士绅：城乡关系论集（英汉对照）》，外语教学与研究出版社2011年版，第111页。

第二章 山庄子经济——党家村"向外扩张"的最初尝试

家代之。

党家村聚族而居格局形成的过程就是由血缘和姻亲关系开始的。从事农耕的党家村人聚族而居，长期生活在这块土地上，很少迁徙和自由流动，有时即使迁徙与流动，也是因为姻亲关系。即便如此，在氏族之间，族众为了获取更大的生活与发展空间，其迁徙和流动将会愈加频繁。有一点必须强调的是，农耕社会中人口迁徙、流动的方向和目的大致相同，这表现在：同族或有姻亲关系的氏族，总是向一起流动，或在某个固定区域内单独繁衍，很少有合族杂居现象的出现。并且在村落的发展过程中，人口的迁徙和流动不仅影响到村落的数量和规模，同时也影响到村落的内部结构和空间分布。

一、党氏与贾氏缔结姻缘

由单一宗族聚落向合族聚落的转化是党家村自身实力扩张的一个过程。即使当初人们的目的仅仅是联姻，但结果却是家族人口的增加、实力的增强。与其他村落演进的历史相比，合族而居不是基于土地兼并，而是基于姻亲关系。这使得合族而居更加符合传统文化发展的逻辑，因而在后来长达500多年的演进过程中，党、贾两姓不仅能够始终保持村落的完整，同时也使依靠姻亲关系而形成的宗族凝聚力，成为党家村商业发展的社会基础，其以人格为基础的权力结构，也因添加了宗族组织权力而成为推动村落演进的内生动力。

据《贾族家谱》记载，党家村贾族始祖贾伯通原系山西洪洞县人，生于元至正三年（1343年）九月二十四日，卒于明洪武十三年（1380年）十二月十一日，享寿37岁。至元顺帝时，因经商来韩。顺帝末年，天下大乱，贾伯通遂寄籍于韩城农村，明洪武年间又移居城中，娶当时韩城大姓薛姓女为妻，生有四子。贾伯通在山西的背景尚不清楚，但依其来韩之后的这段时间看，他当时的身份已是商人。从我国封建社会讲究"门当户对"的婚姻伦理观念来看，能与韩城望族之女结为夫妻，表明贾家当时的家业已经具备与韩城薛家旗鼓相当的实力或发展潜力。另外，据《党家村贾族家谱》记载，"贾族二世祖思义，成立耕商，思父命名思义……；贾族三世祖福贵，勤于家事，祖业盈丰……；四世祖天性诙谐，好交游饮酒，不惜家资，常熟卧于路，旁顾谓人曰，吾衣袋尚有黄金二钱，可换酒几壶……"[①]从家谱中关于贾氏早期情况的记载中也可以看出，贾氏家业丰厚。明弘治

[①] 《党家村贾族家谱》，手抄本，第20页。

八年（1495年），贾姓第五世祖贾连娶党姓女，完成了党、贾联姻。

二、党、贾联姻的意义

党、贾联姻后，贾连生子贾璋，贾璋于明嘉靖四年（1525年）以甥舅之亲迁居党家村。至此，党家村党、贾两族合族而居正式开始。一方面，在贾璋迁居党家村后，贾族实力因沿袭家族从商的传统有了较大发展；另一方面，贾姓的加入对党家村未来的发展意义重大。

（一）增加了党家村的人口数量

在中国历史上，判断一个家族是否望族的一个重要标准是人口数量多寡。贾姓的加入，增加了党家村人口的数量，促使其向韩城望族行列又迈进了一步。在当时的农耕社会，人力资源的投入是保证土地产出增加的最有效途径。除此之外，人口数量的多寡也直接决定了党家村人权力的大小与强弱。人多则意味着力量强大，从而可以增强家族的整体安全感。

据韩城市建设局焦流栓先生考证，党家村到第三代时人口数量已增加到20多户[1]。又83年之后，即明永乐十二年（1414年），党家村的人口增至30余户，约200人，同时还出了一位举人——长门人党真。到明嘉靖年间（1522—1566年），党家村又出现了"义翁"——党孟辀[2]。如果按照明万历年间编写的《韩城县志》所载干谷里[3]的户口数和《党家村家谱》所载可查的户口数进行统计，那么这时党家村的户数约为30户，人口数约为150~200人[4]。

（二）加速了党家村人向山庄子扩张的步伐

山庄子是明清时期党家村经济发展的重要补充。据《党家村家谱》记载，"党族三门的党某某，河南没有生意，仅凭山庄子和韩城县的商号成为本村巨富之一。自己建了四座四合院，并在光绪三十二年（1906年），

---

[1] 明中叶，党家村住户多在崖上窑洞穴居，少数人下迁至河滩中段，建起土坯木结构之瓦房。明永乐十二年（1414年），党长门党真中举，党真本族全部下迁，划湾中为界，东党西贾（从留存至今的建筑格局看，这一说法并不准确。实际上是"四分村址，贾居西北"建设宅院）。现在保存下来最早的巷道是现村委会南边小巷，建于明永乐二十年（1422年）。

[2] 他的曾孙党完锡生于明万历三十二年（1604年），与明朝进士、清朝工部右侍郎高辛传同年考中秀才，并同韩城望族解家、卫家联姻，其长孙娶高辛传的外孙女为妻；党完锡死后，高辛传为他撰写的墓志铭中称颂其"俨然富家乡绅矣"。这为推断党家村是否望族提供了一条有力的证据。

[3] 据《韩城县志》载：在明代，党姓隶属干谷里四甲；贾姓隶属赵西里三甲。

[4] 这一数据应较为可信。周若祁先生的研究结果也表明，这一时期党家村的人口应该在20~30户，100~200人之间。

主持重建文星阁,为捐银最多者"①。

党家村人何时开始经营山庄子并无明确记载。但从党、贾两族家谱记载来推断,党家村人开始向山庄子扩张的时间,发生于贾璋迁居党家村后,党族九世祖党孟辀经营山庄子致富之前。按党、贾两族的关系辈分来说,党家七世祖与贾族的六世祖为同一辈人。而此时,党族的七世祖为世砚、世磨两兄弟。据《党族二门家谱》记载,寨上涝池东西相连着两座祠堂。东为二门祠堂,祭祀时二门全体后裔参加。西为前二门祠堂,祭祀时只是前二门后裔参加。前二门祠堂供奉的"始祖"是世砚、世磨兄弟二人。世砚无子,收螟蛉为嗣。世磨生子二人,后嗣昌盛。世砚后代称"后二门",世磨后代称"前二门"。兄称"后"而弟称"前",可能是不以长幼分,而以住宅方位分。前二门为磨祖建专祠,将磨祖胞兄砚祖一同入祀,共享祭祀贡品,可见古人厚道。

根据党家村建祠祭祖的习俗,凡被立为某祠祭祀的始祖需对党家村的发展做出过重要贡献。如党德佩及其子孙因在河南经商为党家村赚取大量财富,后世建立了(西)报本祠,既表报本思源之情,又歌颂祖先功德。据此推断,贾璋入住党家村后,与同辈的世砚、世磨兄弟必定做出了一番事业,尤其是加速了党家村人向山庄子扩张的步伐。

(三)使党家村商业格局发生了新变化

对宗法关系网的高度依赖切断了家族成员与外界建立信任关系的可能,从而保证了土地产出所要求的劳动力投放量。虽然说这对党家村的农业经济起到了某种巩固作用,但同时又因为农业地位的巩固使其宗法制度得到了进一步加强②。然而农业生产的局限以及商业的发展却渐渐打破了这一既有秩序,后者强调交往、交换和交易,"富者,人之情性,所不学而俱欲者也"③。至十三世时,贾族的商业进入了一个历史新阶段。是时正逢康乾盛世,十三世祖贾翼唐抓住机遇,精心筹划,远赴河南经商,从而掀起了党家村人创业的第二个高潮。贾翼唐生于康熙三十九年(1700年),卒于乾隆三十年(1765年),享寿65岁。他先经商于河南南阳郭滩镇,后又将主营业务转移至赊旗镇(今河南社旗县县城所在地)并创立"合兴发"商号。因经营有道而生意兴隆,后又邀请党家人参与经营,不

---

① 周若祁、张光主编:《韩城村寨与党家村民居》,陕西科学技术出版社1999年版,第286~287页。

② 王国敏、郑晔:《家族制度与中国民营企业的改革——东西方家族制度比较研究》,载《经济体制改革》2002年第6期,第45页。

③ (汉)司马迁:《史记·货殖列传》,中华书局2014年版,第62页。

久便创造出了党家村"日进白银千两"①的商业神话,为党家村步入商业时代起到了决定性的推动作用。其堂弟贾翼楚也于乾隆五十三年(1788年)赴河南经商,创立"兴盛昆"商号。乾隆五十五年(1790年),贾翼楚又与党族昆季谋伙生理,各抵本银立商赊旗镇,10年间生意昌茂。

党、贾两族从司马迁那里所承继来的商业信条使他们坚信:"以贫求富,农不如工,工不如商"②。在这一商业信条的支撑之下,党、贾两姓不仅以"求同存异"的方式居住在一起,同时在生意上也是取长补短,互相扶持,做到了农耕和商业两相宜,长期以来在韩城地区一直被传为佳话。对此,贾幼捷先生这样评价说:"党、贾两姓在称呼上有尊卑之分,在经济上有互助之宜。"③作为一种亲属称谓,双方以兄弟相称有着重大的社会意义,因而其功能也是社会性的。村民不管是否有亲属关系都用亲属称谓这一事实,对村落团结感的形成起到了相当重要的作用④。

三、党家村乡村社会的变化

尽管如此,党、贾两姓在整个明朝的综合实力,还不足以使其走出一条商业集团化发展的道路,因为他们作为商人的能力有待提高,无法为职业商人的产生做好人力和组织上的准备。虽然党家村人在主要从事农耕的同时还兼营商业,并靠此有了一部分积累,但这时的商业只是简单的集市贸易,与即将在唐白河流域进行的商业活动相比,无论是数量上还是规模上都有很大的差距。

但是在这一时期,两家商业创始人的能力正在悄悄地发生着变化,而引起这一变化的根源则在于当时村中所形成的人际交往模式。通常血亲关系越是紧密的成员之间的交往频率就会越高,形成的感情关系会更加紧密,在实际生活中相互帮助的可能性也就越大⑤。这一点对于党家村人能力逐渐走向完善起到了关键性作用,即凭借提升交际能力参与商业竞争并以诚信为基础逐步壮大自己。

在一个维系着农耕关系的社会里,除竞争关系外,宗族成员之间的其

---

① 党康琪:《党家村人说党家村》,内部出版物,陕渭新出批(1999)字第20号,2001年,第13页。
② (汉)班固:《汉书·货殖列传》,中华书局1962年版,第34页。
③ 贾幼捷:《党家村村志》,手抄本,1989年。
④ 杨懋春:《一个中国村庄:山东台头》,张雄、沈炜、秦美珠译,江苏人民出版社2001年版,第73页。
⑤ 郭跃进:《论家族企业家族文化水平的测定原理与方法》,《中国工业经济》2002年第12期。

第二章　山庄子经济——党家村"向外扩张"的最初尝试

他往来和交换通常是以互赠礼物的方式进行。礼物交换的频率和贵重程度，则取决于交换者的感情深度及其他需要，并且这种互惠的做法，已经形成了中国北方村庄中村民交换礼物和维系人际关系的一个模式。有些交换是礼节性的，而有些则是义务性的，它维持、强化并创造了各种合作性、竞争性抑或是敌对性的社会联结①。

另一种方式是利用节日互相拜访，又称无礼物拜访。比如，每逢春节到来，党、贾两姓总要到对方的祖祠祭拜。这一习惯不仅仅是表示敬意，同时更多的是体现了双方之间的一种信用关系。在党家村，如果一方不再履行这种义务，那么另一方也将很快中止与对方的关系，并将关系等级从"友好"降为"认识"。

以上两种方式对党家村未来商业的影响在于，它根据家族成员不同的家庭背景培育了其不同的人格，使党家村人在日常生活中尤其注重"脸面"，从而将竞争只放在暗地里悄悄进行。贾姓一族从商时间已久，对此体会更深。他们知道，维持党、贾两族之间关系的基础是互相信任；党姓一族虽始于农耕，但更讲究"人情"。他们也知道，任何不合情理的事情，如果疑虑、误会、隔阂越来越深，可能会对双方的关系造成不可弥补的损害。

党家村的竞争总是在互帮互助中展开，双方的实力也在礼尚往来中此消彼长。在由农耕社会走向商业社会的过程中，这是家族势力转变的一个重要特征。通常情况下，势力较强的一方总是在竞争中占上风。这进一步验证了"亲属关系的本质，仅仅是为了不同目的而组织社会集团的一种手段"。②

党姓商业创始人党德佩富于冒险精神，更多的是一种"闯荡江湖"式的商人形象。他"下河南"的最初动机应该是谋生，即重新选择生存的机会。这从他牵着一头毛驴，驮着两捆棉花下河南的历史事实可以看出：其一是因为山庄子的经营由于生态环境的大面积破坏而进入尾声；其二是因为党家村人多地狭，传统农业无法吸收过剩的人口。两者一起构成了他外出经商的第一推动力。至于追求人生目标或实现人生价值则处于第二位。

尽管党、贾两姓通过联姻方式合二为一，但从本质上讲，他们还是一个村落之中所包含的两个家族。两者既相互独立又相互依存，既有共同目标又有个人目的。也就是说，党、贾两族实际上也保持着某种竞争关系。

---

① 阎云翔：《礼物的流动：一个中国村庄中的互惠原则与社会网络》，李放春、刘瑜译，上海人民出版社 2000 年版，第 19 页。

② 费孝通：《农民与绅士：对中国社会结构及其变迁的解释》，《美国社会学杂志》1964 年第 5 期。

实地调查的结果表明，不仅党、贾两族之间有竞争，就连各自家族内部的各个家庭之间也有竞争。

而贾族商业创始人贾翼唐则不同，他精于谋划，更多的是一种"职业化"的商人形象。他"下河南"并非为生计所困，而是为了振兴贾氏家族，或者说其目的纯粹是为了获取商业利润，因为他有备而去，不仅携带大量的自有资金，同时还配备着强有力的人力资源。因此，在他的身上，后人看到更多的是对《生蒙训俚语十则》中为商人总结出十大戒条的严格遵守，即：勤慎、诚实、和谦、忍耐、通变、俭朴、知义礼、有主宰、重身惜命和不忘本[①]。

第二节　山庄子：宗族早期扩张的组织形式

在党家村的早期历史中，山庄子是一种十分重要的发财致富的方式。它的产生和存在，对于这一时期党家村人口的繁衍和整个村落的延续具有十分重要的保障作用。可以这样说，没有山庄子的发展，党家村人将难以应对突如其来的天灾人祸，并且也有可能使其商业日后在清朝的崛起延迟许多年。

山庄子的出现，既可以看作是韩城川塬地区或者说是城镇望族家庭权力向外扩张的结果，同时也可以看作是当时"流行的家族形态变体[②]，即数十户同宗家庭因为血缘关系聚集在一起共同经营。从党家村山庄子的历史看，庄主通常都是由党家村人亲自担任[③]，由家庭出钱在山区购买或租借林地和耕地并雇人经营。这种从一开始就将土地私有化的过程，很快就使山庄子的发展步入快车道。

党家村人之所以能在16世纪初组织人力进入县域西北部山区垦荒，是因为此时党、贾两族分别跨入了韩城望族之列。他们一边在原籍村落农耕，一边又分出一部分人力经营山庄子，这样做既可以增加家族的收入，又可以解决日渐尖锐的人、地矛盾。应该说，出乎党家村人意料的是，他们在明朝经营的山庄子为其在清朝商业的崛起埋下了一个伏笔。更出乎他们意料的是，促使其商业崛起的力量并不是土地、资本或四合院，而是他们自己，因为在当时自然环境恶劣，生存发展条件有限，再也没有什么能

[①] 参见《江淮论坛》编辑部编：《徽商研究论文集》，安徽人民出版社1985年版，第71页。

[②] 庄孔韶：《银翅——中国的地方社会与文化变迁》，生活·读书·新知三联书店2000年版，第4页。

[③] 在整个的经营过程中，党贾两族各门都曾先后有人进山购买过土地。人们至今可以在韩城西北的冶户川、盘道川、小麦川等地找寻到往日垦荒的踪迹。

第二章 山庄子经济——党家村"向外扩张"的最初尝试

比家族、宗族，甚或乡族团结一致的力量更为强大的了。

一、明清时期韩城地区山庄子的历史变迁

（一）明清时期山庄子的兴起

所谓山庄子，实质上是指散布于浅山区（丘陵地带）和山区的农牧村落。由于党家村山庄子一般以某个家族成员为核心，自行或雇人开垦土地，因而其规模也就因各自拥有人口和土地数量不等而有很大差异。起初他们以种植、经营林果业和畜牧业为生，在有了一定规模时才被称为"山庄子"①。

除庄主外，所雇佣的佃户大多以山庄子为家，长年耕作。随着时光的推移，有一部分山庄子具备了相当的实力，庄主不仅雇用了更多数量的佃户，开拓了上千亩山林，同时还在山区建设有上好的窑洞和房屋②。每当收获季节来临时，庄主便令人用骡驴将整批的粮食、木材和其他林产品运下山，一方面用于供养原籍村落，留作自用；另一方面还将一大部分剩余运入县城集市出售，换取金银或其他生活必需品。所以说，山庄子实际上是一个半农半商的组织，其在明初以后的变迁历史也证明了这一点：山庄子的经营重心不久即在稳定农业生产的基础上，开始向附加值更高的林业、皮毛、畜牧业转移。

但是，就日常的经营管理而言，在经营山庄子初期，庄主本人并未对山庄子实施商品化经营，而是将其当做聚敛财富的一个手段。他通常只是居住在原籍村落，仅在农忙和收获季节，或者在原籍村落需要"打饥荒"时才往返于山庄子和村落之间。庄主管理的缺位与对佃户监督的不到位，直接导致了山庄子一直无法进入商业运营阶段，而只是成了望族家庭为了解决人地矛盾所采取的一个扩张方式，因此，它可以被看作是党家村人为解决本村可耕土地资源贫乏所采取的一个"顺水推舟"的手段。实际上，人地矛盾不只是在明朝没有解决，就连在清朝和民国时期也没有得到根本解决，它成了一道长期困扰中国封建社会发展的难题。

（二）韩城山庄子的发展概况

明初的经济政策使韩城的村庄和人口数量都有了快速增长。据明天启

---

① 党康琪：《党家村人说党家村》，内部出版物，陕渭新出批〔1999〕字第20号，2001年，第80页。

② 山区村落多为散村或疏村形态，初期家宅以窑居为主。明末以后，较富裕的人家多修建土坯与砖砌的住宅，同时也有一定数量的四合院。尤其是山区特有的"窑""房"混合式合院住宅，可视为该地区的一个建筑特点。

四年（1624年）《同州府志》记载，嘉靖年间（1522—1566年）韩城人有7 293户，62 652口；万历年间（1573—1620年）韩城人有7 792户，56 539口。但是在这近100年的时间里，韩城的耕地面积却一直徘徊在226.7~233.3平方千米之间（见表2-1），平均每人4 000平方米左右。人、地之间的矛盾已露端倪。到了清康乾盛世后期乃至嘉庆年间，人口已增加至19万多，但土地数量仅为266.67平方千米左右，人均约1 340平方米。如果说人、地矛盾在明朝尚有回旋的余地，那么在清朝就成了一个十分严重的社会问题。由于人地矛盾严重，土地扩张成为缓解人地矛盾的主要手段，也刺激以山庄子为基础的村落飞速增长。

表2-1 明清时期韩城的人口与土地变化

时间	人口	土地（平方千米）	人均拥有土地（平方米）
明嘉靖年间（1522—1566年）	7 293户，62 652口	约233.93	约3 733.33
明万历四十八年（1620年）	7 792户，56 539口	约227.47	约4 020
清乾隆四十九年（1784年）	34 867户，194 442口	约290.47	约1 493.33
清嘉庆二十三年（1818年）	30 047户，19 9326口	约266.67	约1 340

韩城在元朝共有村庄206个，平均每平方千米0.13个；明朝有村庄362个，平均每平方千米0.22个。从地域上看，村庄的发展先是布局于川道、平原，而后是山区。据对乔子玄、嵬东、板桥、薛峰、盘龙、王峰、林源、枣庄、独泉、桑树坪10个山区乡镇进行的统计，元朝以前仅有村庄87个，明、清两朝却增至453个，平均每平方千米0.27个；而龙亭、芝川、夏阳、苏东、西庄、昝村、大池埝、龙门等9个川塬乡镇，元朝以前仅有村庄103个，平均每平方千米0.21个，明、清两朝增至245个，平均每平方千米0.6个，甚至到了1949年，也不过279个，平均每平方千米0.68个。①两相对比，前者（山区乡镇的村庄）绝对数的增加明显高于后者（川塬乡镇的村庄）②。这表明，山庄子的规模发展较快，一直处于扩张之中。

土地数量和人口数量的快速增长，又促进宗族经济实力的增强。韩城的人口和村落结构自古就呈现宗族化趋势。除一部分宗族是当地的原始居民以外，大部分宗族村落的演变是沿着这样一个轨迹进行的：他们多迁自韩城以外的省区，一个村落多以一个姓氏为主，然后围绕着原籍村落向外，尤其是向山区扩张。引发人口迁徙的因素较多，有经济发展、宗族扩张、社会动乱、自然灾害、家族分家与家庭矛盾等，其中，由经济发展所带来

---

① 《韩城市志》，三秦出版社1991年版，第65~69页。
② 前者平均数较低的原因是西部山区面积较大。

的资源短缺而引发人、地矛盾则是主要原因。

这一时期,几乎韩城地区所有的名门望族在西北部山区都拥有山庄子,比如柳枝村孙姓山庄子——岭底村,谢村路姓山庄子——路家山,薛村薛姓山庄子——后泡泉,白马滩(今黄龙县)胡姓山庄子——乱石滩、四岔村,等等。尤其是胡姓山庄子,至今当地人仍有"九沟十八岔,还不算两凹"的传说,其规模之大超乎想象。但是明清时期的西部山区究竟有多少个山庄子,并且在453个山区村落中,究竟有多少个家族或宗族曾建立过山庄子,目前尚难以有一个精确的统计。

(三)党家村山庄子的经营模式

从山庄子经济功能和运营的目的来看,它与始于我国宋朝的族田义庄有某些相似之处。义庄是当时宦室大族联系族众的一个重要方式:主要利用族田对族人实行经济协济①。宋仁宗皇祐二年(1050年),范仲淹任杭州知州时,将官俸所入买田协济族众,"择其亲而贫疏而贤者咸施之"②。对族众的协济也是山庄子最大的经济功能,它不仅缓解了族众的贫困程度,同时也促进了农业的持续发展。

党家村在韩城西北山区所创建的山庄子,主要集中在今韩城市林源乡党湾凹和盘龙乡党湾村一带。至于山庄子的具体数量和规模,由于资料缺失,尚难以有一个精确的统计。但是从明万历张士佩所著《韩城县志》中对党氏长门党孟辀义行的描述可以看出,党家村的山庄子在明朝不仅发展到了相当规模,同时其也具备了协济族众的义庄功能:"党孟辀,干谷里人。嘉靖乙亥岁,里有逋赋,众不能办,议他徙,以避夏楚。辀闻而尼之,乃捐三百金代输焉……嘉靖乙卯岁,秋霜杀禾;冬,地又震。辀有粟三百石,贷者不能偿,辀悉出券焚之,曰'岁厄如此,不忍相迫也。'乡党闻之,共颂其义。"这段故事讲述的是:明嘉靖十八年(1539年)遭旱歉收,干谷里各村欠赋较多,村民无力缴纳,不少人惧怕官府拘捕拷打,准备外出逃难。孟辀闻悉,予以劝阻,并立即输捐300两银子,代替贫困之家缴纳田赋。村民甚为感激,将此事告知县令姒昂。姒昂称善,张榜于城门,予以褒扬。嘉靖三十四年(1555年),秋霜杀死禾苗,冬季又遇地震,庄稼收成无指望,民心惶惶,村民所借孟辀的200多石粮食都无法偿还。孟辀立即拿出所有借据当众焚毁,并说:"遭此荒年我岂能忍心向大家对债。"

---

① 参见李文治、江太新:《中国宗法宗族制度和族田义庄》,社会科学文献出版社2000年版,第40页。

② 《吴郡志》卷十四。

另外，又据《党家人说党家村·续集》所述："万历初年，又逢大旱，饥民满道，惨不忍睹。党孟辀倾力向本县捐献一千石粟谷赈灾。县令奏闻朝廷，皇上亲书'义翁'牌匾一方赐之，以示嘉奖。"多年后，牌匾仍挂在他家的厅堂里①。据史料记载，明万历十五年（1587年）和二十九年（1601年）大旱千里，饥民载道，饿殍遍野。孟辀忧国忧民，目不忍睹，急切拯救人之灾难，向韩城县捐献赈灾粟先后两次共1 000石，惠及邑人。韩城县令禀报朝廷，万历皇帝神宗（朱翊钧）亲书"义翁"牌匾一面，悬其庭堂。因而人称其"党义翁"。其事迹《韩城县志》《韩城县乡土志》和《韩城市志》中均有记录。

党孟辀义行产生的根源与党氏家族的家训之间也具有一脉相承的关系。其热衷于协济乡里的原因，受家训文化影响是"义当为之"的重要因素之一。在笔者搜集的家训样本当中，有一份这样写道：

在少壮之时，要知老年人的心酸；

当旁观之境，要知局内人的景况；

处富贵之地，要知贫贱人的苦恼；

居安乐之场，要知患难人的痛痒。

由此可以看出，家训是党家村文化长期积淀的结果。它对村民的约束虽然说是进程缓慢的、软性的，但是却是长期性的和根本性的②。

庄主对内部佃户的控制实行的是松散型管理模式。山庄子产权通常归购买土地者所有。庄主一般将土地以口头或书面契约的方式租给佃户耕种。在佃户不违约的前提下，整个山庄子宛若一个家庭，聚族而居。

据村中老人回忆，山庄子地租的形态一般采取实物地租。分成的办法是论亩，或三七开，或四六开，或五五开。有的山庄子根据各自的情况，比如土地耕作条件的优劣还附带其他条款。例如，无论旱涝灾荒，庄主都要拿走其分成部分，概无通融余地。如遇拖延或发生纠纷，庄主常备有木条，上书"此地为××堂经过"，然后插在所租地头，俗称"插地"，表示夺田③，另寻租户。村民的回忆也许有某些含混之处，但是从韩城其他村落在过去的租借方式来看，这种实物地租的形态在很大程度上是可信的。

---

① 党康琪：《党家村人说党家村》，内部出版物，陕渭新出批〔1999〕字第20号，2001年，第14页。

② 参见程宝山：《党家村古村寨治安与防卫》，提供给韩城市公安局的文字材料，1999年，第7页。

③ 冯光波：《旧社会韩城的高利贷和地租等剥削概况》，见中国人民政治协商会议陕西省韩城市委员会文史资料研究委员会主编：《韩城文史资料汇编》第4辑，韩城市印刷厂1985年版，第63~66页。

二、党家村山庄子盈利的有利条件

同其他山庄子一样,党家村的山庄子之所以能存在并经营成功,除原籍村落有充足的劳动力和管理人员以外,还有诸如优越的地理环境、较轻的赋税和党家村人的商业传统等因素。

(一)优越的地理环境

从布局看,山庄子多分布于韩城西北部黄土低山区和高山区,平均海拔在900米以上。低山区约占该市面积1/4,高山区约占1/2。其中低山区表层覆盖有半米深的黄土,最厚的地方可达百米;而高山区土层薄,岩石裸露较多,山坡也比较陡峭。

从气候条件看,山区降水较多,温差不大,热量条件很好,适宜林木和部分农作物生长。当地曾流行这样一句顺口溜,"害了九州,收了柳沟",意思是说,每年6月前后,东部川塬地区长期干旱,而西部山区却降雨很多,为林木和农作物的生长提供了有利条件。更为重要的是,山区充沛的雨量相对于东部挖井灌溉来说,耕作的成本更低。对于当时靠天吃饭的农牧业,这一点几乎是决定性的。

(二)较轻的赋税政策

明朝政府鼓励人们垦荒、屯田,并从政策上给予税收优惠。据明万历张士佩修《韩城县志》记载,明朝"韩之赋则壤四等。壤溉者,厥赋上,坦者中,颇者下,濒之颇者为下下"[1]。明朝时期韩城的赋税政策按照土壤的肥力程度收税,山庄子开垦的土地被划为下下田。山庄子田赋缴纳少,等于给庄主一定的利润空间。与此同时,明初的屯田制度对党家村的影响也颇大。据《党二门家谱》记载,明洪武元年(1368年)至洪武三十二年(1399年),明政府实行三屯。恕轩四子党君明和妻子相里氏奉父命去甘肃河州永靖县安家(今甘肃省永靖县刘家峡乡盐锅镇党家洼)。受屯田优惠政策吸引,部分村民迁居外省籍屯田,这一定程度上缓解了该时期党家村人多地少的矛盾。

(三)低廉的土地价格

川塬地区南北约20千米,东西约5千米,经数百年演变,已形成地狭人稠的生活状态。土地的稀缺程度决定了其价格要远远高于山区。据当地老人回忆,川塬地区1亩上等土地的价格在明初是5~10两白银,如果

---

[1] 《韩城市志》,三秦出版社1991年版,第65~69页。

再加上赋税，价格会更高。而相比之下，山区的土地则每亩不超过1两白银，有的甚至还"分文不取"。据此，低廉的土地价格对于宗族中年轻一代的诱惑可想而知。

明朝韩城的经济格局正在经历着巨大变化。《韩城县志》中曾用"南敦稼穑，北尚服贾"的语言来描述当时的韩城经济，即生活在县南的人一心一意种庄稼，而生活在县北的人则争着做生意。党家村地处县北，不可能不受韩城经济格局的影响，只不过其商业在当时囿于"小商小贩"的范围，并未形成多大气候。

需要强调的一点是，在整个明朝，山庄子是党家村农业和商业的集中代表。它之所以能在这段时期兴起，除了明初屯田制度等方面的原因，还在于它真正迎合了市场的需求。如《韩城县志》所载，韩城西北部山区物产丰富，"苍术黄精，虽山谷之饶，可以疗疴，可以济饥，亦几希之赖尔。牡丹、芍药虽为名山，虽然映谷，第为花卉之英也，惟榆、柳、槐、椿、桐、柏、松、椴、楸、杨、桑、柘之属，可以屋，可以器，可以衣者，韩号多多是为善也。"[①] 党家村山庄子产出的药材、花卉、木材多为韩城市场所需紧俏商品。

三、山庄子经营进入衰落期的原因

清朝以后，关于山庄子的史料散佚，因此很少有学者再关注它。山庄子的产品也不再像明代那样可以大批量地涌入韩城市场，这说明，山庄子的经营已经进入了衰退期。为了探求真相，笔者详细考察了当时几家颇具规模山庄子的经营旧址，访问了庄主的后人，所得出的结论如下。

（一）生产方式违反经济规律

将相对集约化的农业耕作方式引入山区，不符合经济规律。尽管庄主在早期可以通过较少的劳动力耕作较大规模的土地，迅速获得较高的收入，但是当土地扩张到一定规模时，却发现山区不像平原地区那样可以不断地扩大地盘，其耕作也就不可避免地要受到边际收益递减规律的制约。

（二）剩余劳动力致山庄子承载到极限

平原地区相对较低的城镇化水平导致农村剩余劳动力不得不向山区发展，山庄子的承载力逐渐达到了极限。以县城为例，据《韩城县续志》载，清嘉庆二十二年（1817年），韩城东西南北四乡人口共计191 465人，占

---

① 《韩城市志》，三秦出版社1991年版，第90页。

第二章 山庄子经济——党家村"向外扩张"的最初尝试

全县总人口的96%,而城内人口为7 681人,仅占全县总人口的4%。在当时,虽然韩城地区的商业较为发达,自古就地处晋商、陕商以及司马迁"货殖学说"①的三维"商文化"的影响之下,但是韩城县城以及周围各大乡镇的商业规模却没有扩张到应有的程度,所容纳的人口数量也一直不大,没有能力吸纳农村的剩余劳动力。出现这一局面的原因在于,历史上韩城的商业、手工业、采掘业或者冶炼业也并未形成规模优势。仅以商业为例:明清时期韩城的大宗族多外出经商,县志中对韩城商人曾有"京洛之间,足迹迨遍"的赞誉,但是从总体上讲,商业活动虽然涉及的家族数量不少,从商的人数却并不多②。

韩城地区人口城镇化程度较低所带来的后果,大致集中在两个方面:一方面,不断增加的农业人口停留在一定数量的土地之上,加剧人、地之间的矛盾,导致土地边际产出明显减少。而土地边际产出减少则意味着一定数量的土地已经无法承载快速增加的人口。另一方面,较少的城镇人口不利于增加生活消费需求,从而也就阻碍了商业和手工业的规模化发展。而规模化较低的商业、手工业又反过来减缓了对多余农业人口的大量吸收,从而降低了就业水平。

(三)山庄子之间竞争加剧

明初政府以减免赋税的方式鼓励垦荒降低了进入山区的"门槛",使山庄子之间竞争加剧。降低"准入门槛"以后,招徕了更多的新加入者。在土地数量一定的前提下,竞争变得越发激烈,从而导致土地价格及农业耕作成本上升,迫使川塬地区的家庭或宗族开始向土地价格低廉的山区转移部分劳动力。据统计,韩城山区的面积约为1 100平方千米,占韩城总面积的69%。在这么一块土地上,分布了大约453个村落,其密度为每平方千米0.41个,几乎接近了川塬地区每平方千米0.49个村庄的密度。然而,以垦荒的方式可以解决粮食问题,但是若以此在山区解决农村剩余劳动力并不是一个有效的办法。

(四)山庄子肆意扩张导致生态环境破坏

庄主为开辟更多的山庄子在山区乱砍滥伐,严重破坏了生态环境,导致气候改变。雨水对于山庄子的农、林、牧业来说比平原地区更重要。倘

---

① 对司马迁商业思想的详细论述请参阅《附录3:司马迁祠及司马迁的商业理论》。
② 在商业方面,党家村党、贾两族的经历是一个集中代表。两族的商业精英分别在清代远赴河南南阳一带从事商业活动,获得了巨大的成功。源源不断的商业利润被陆续运回党家村。

若几个月不下雨,整个山区的土地将变成不毛之地。仅此一点就可以解释,为什么清朝韩城地区自然灾害的种类和数量要远远高于明朝。这也是山庄子最终沦为一般山区农耕村落的主要原因。

山庄子对于生态环境的破坏大致体现在以下三个方面。

(1) 山区开荒造成水土局部流失。韩城北部山区以紫色土壤为主,这是一种在坡积物上发育而成的幼年土壤,属紫色砂岩、页岩的风化残积物,面积约为312.15平方千米,占该地区土壤面积的21.32%。该土壤一般上部有20厘米左右的土层,下部约有40厘米的紫色风化层,质地轻,孔隙大,漏水漏肥,不利于农作物生长。早期的开荒只是沿沟壑底部展开,但随着劳动力大量涌入,部分人便开始向山坡发展。对于山区植被来说,这一点是致命的,因为如此浅薄的土壤极易流失,并且一旦流失,数百年亦难以恢复。这一地质学科的知识也是到了近代以后才逐渐被居民所了解,早期的居民对此则茫然不知。

(2) 畜牧业加重了对山体植被的深度破坏。如果说在山坡开荒是对植被的第一波破坏,那么第二波破坏则来自畜牧业。在明、清两朝的经济繁荣时期,随着人们生活条件的改善,韩城地区的居民多大兴土木,纷纷斥巨资修建住宅。这一风气从川塬地带也传入了山区,致使住宅占用了山区大片优质的土地,同时也形成了对木材的巨大需求以及对林木乱砍滥伐行为的默许和纵容。再加上山庄子的畜牧业一向以粗放式经营为主,牛羊满山跑,从而也就加重了对山体植被的深度破坏。

(3) 对矿山不合理开采造成不可逆转的影响。北部山区对矿产资源的低水平过度开采,是导致生态恶化的主要原因之一。据《新唐书·地理志》记载,唐朝全国有104处产铁地,韩城即为其中之一。到北宋年间,冶户川(今桑树坪)一带有冶铁者700余户,年出铁货10余万斤[①]。除冶铁业外,古代的煤炭等能源工业也对当地的生态环境造成了直接破坏和污染。多年的挖掘使矿区如鼠洞一般且矿藏几近枯竭,不仅改变了山体、山貌,同时也使生产和运输所形成的煤炭等随风吹入山区,破坏大片林草植被。

(五)匪患严重影响山庄子安全

由于韩城地处偏远,西北部山区自然也就成了盗匪经常出没的区域。在安全得不到保障的情况下,山庄子势必要花费高昂成本来保证收益,因而也就在一定程度上限制了其发展的速度和规模。许多村落陆续在明、清

---

① 《新唐书·地理志》。

两朝投入巨资建设各种寨、堡类建筑以避战乱和盗匪侵扰就是这方面最好的例证。其中，党家村人修建了泌阳堡，由村中36家富户共同出资，仅购置土地和分摊公共设施这两项便耗费白银近6 000两。

总之，山庄子经营进入衰退期的实质原因可以归纳为，大量人口过度进入山庄子牟利，破坏了山区的生态平衡，导致气候改变，林地、草地锐减以及土地产出下降，从而使山庄子的发展陷于停滞，无可奈何地步入了衰退期。到清中期以后，赋税大幅增加，再加上匪患连绵，韩城地区的人口数量开始呈现稳中有降的态势，山庄子数量也逐渐固定下来。原有的生产区域经过一段时期的缩减停留在一定的水平之上，并通过交通网络与东部的农业区连成一片，两者之间几乎没有什么差别，并都重新回到了"穷者自穷，富者自富"的自然经济演变的路径之上①。

第三节　山陕商业圈交集下的党家村

一、党家村的地缘经济优势

韩城地处秦晋交通要冲，自古就是两省商业周转、仓储和交易的基地之一，是两省商业圈交叉下的一个产物，因此其商人也就不可避免地兼具黄河两岸不同的交易风格。至今，外地人来到韩城，如果不注意标有"陕西"字样门牌的话，就很难分清自己究竟是在陕西还是在山西。研究这一点对于本书来讲非常重要，因为这为以后讨论党家村的河南生意，以及考察建于河南赊旗镇的山陕会馆对商业的推动作用，具有承前启后的特殊意义。

陕西商帮兴起于明朝初期，当时西北边患威胁着明王朝的统治，明政府为了巩固边防，在沿边各地设镇，其中归陕西布政司管辖的有榆林、宁夏、固原、甘肃四镇。边防军的大量驻扎对粮草及军需品产生了巨大的需求②。需求问题促使明政府在陕西等地率先实行了"食盐开中""茶马交易""棉布征实"和"布马交易"等一系列特殊的经济政策。陕西商人抓住这一历史机遇，充分发挥自己在地域和物产上的优势，纳粟贩盐，远赴江南购布，控制了中国西部的边茶贸易，逐渐形成了以泾阳、三原为中心，以山、陕、川、黔、蒙、藏为势力范围，输茶于陇青、贩盐于川黔、

---

① 黄德海、刘亚娟：《明清时期韩城地区山庄子的历史变迁——以党家村为例》，《西北大学学报》（哲学社会科学版）2006年第3期。

② 陈阿兴、徐德云：《中国商帮》，上海财经大学出版社2015年版，第123页。

鬻布于苏湖、售烟于江浙的名震全国的商业资本集团①。经过数代秦人的努力，陕西商帮到清朝康乾时期达到鼎盛。陕西商帮多是从事长途贩运的客商②。从湖广到川西、滇藏，从江汉到西北，陕商主要以大宗商品的长途贩运为业。

　　山西商人通常被称为"晋商"。晋商起源较早，在明清时期达到鼎盛。晋商经营盐业、票号等商业，尤其以票号最为出名。晋商兴起的主要条件有两个：一是从地缘上看，山西位于蒙古草原与中原腹地的中转之地。草原上的牧民需要中原产的茶、布，而中原则需要来自草原的牛、马③。这些需求有力地促进了贸易往来。二是山西物产资源丰富和手工业发达。山西土地贫瘠，但地质地貌奇特多样，气候类型跨度大，因此山西物产资源丰富，自古以来就以盛产煤、铁、盐和丝棉而著称，从而为山西商人的商业贸易提供了物质基础④。

　　明朝中后期，我国各大商帮纷纷崛起。晋商与秦商为提高商业竞争力结合为"西商"，或称为"山陕商帮"⑤。位于今河南社旗县城的清代山陕会馆即是山陕商人"同舟共济"的一个典范，其正门内侧的琉璃照壁上就镶嵌着"麻光常荫晋与秦"的诗句，折射出了山陕商人的勃勃野心、守望相助。

二、山陕商人合作关系日益紧密

　　山陕商人的合作受地缘因素与风俗习惯的影响较大。一方面，陕西与山西相邻，一段自北向南流向的黄河水是两省的天然分界线。从韩城县至山西的距离尤近，越过百余米宽的龙门古渡便是山西，又有昝村古渡、芝川古渡加深与山西的联系。由于地缘的关系，党家村在河南南阳的生意就与山西商人处于既共存共荣，又互相竞争的格局下。另一方面，山陕商人的风俗习惯十分接近，也有利于两省商人之间的合作。翻阅清末民初的《山陕会馆捐资花名册》时能够发现，陕西商人只有韩城和华阴两地商人姓名，由此也能看出韩城人深受山西商业文化的影响。

　　据考证，历史上山西省和陕西省内的人口曾不断向黄河西岸迁移。到了明代，迁移的趋势甚至更加明显。在韩城当地的望族当中，有不少姓氏就来自山西和陕西境内（见表2-2）。

---

① 陈阿兴、徐德云：《中国商帮》，上海财经大学出版社2015年版，第123页。
② 萧志华：《湖北社会大观》，上海书店出版社2000年版，第13页。
③ 陈阿兴、徐德云：《中国商帮》，上海财经大学出版社2015年版，第52页。
④ 黄鉴晖：《晋商兴盛与境内商品经济的关系》，《山西文史资料》1996年第4期。
⑤ 张海鹏、张海瀛：《中国十大商帮》，黄山书社1993年版，第59页。

第二章 山庄子经济——党家村"向外扩张"的最初尝试

表 2-2 韩城最早的姓氏及历史

本境大姓	受氏缘由	迁居处所	传世年代（截至2020年）
高氏	渤海郡齐文公子高孙之后，以字为姓	原籍延长县；宋时迁居韩之南乡弋家原，后分支迁县北沟北村	现传25世，族户约30余村
薛氏	河东郡，系出薛国重黎之后	西魏时有薛龙驹者，自汾阴迁居夏阳，与河东薛文清公同祖	传世不纪，户族之盛约20余村
王氏	系出太原周灵王太子晋之裔，以王为氏	其先世居山西洪洞县，明季王氏有名道夫者，避乱迁韩	现传13世，丁口甚蕃
吉氏	冯翊郡，系出黄帝、周尹吉甫之后也	元时自合阳柏梁镇吉家原迁韩	现传30余世，县之东北二乡及城吉姓皆同族

资料来源：转引自《韩城县乡土志》。

从上表可以看出，高姓和吉姓分别迁自今陕西延长县和合阳县。特别是高氏，经25世繁衍，至清末时族户数量已达到了30个村落的规模；其次是薛姓和王姓，他们分别迁自汾阴（古县名，治所在今山西河津县西南宝鼎）和洪洞（即今山西省洪洞县）。薛姓祖先薛麟驹在北魏时就在今韩城、合阳和大荔县一带有赐田；而王姓在韩城更是显赫一时，韩城在清代历史上唯一的一位状元——王杰①即出自王家，至今在当地仍可听到许多有关他的轶事和传说。

到了明代中后期，随着山陕商帮的崛起，来往并移居韩城的山陕商人日渐增多。当时晋商当中的一些大商号，比如介休侯氏和平遥票号等纷纷在陕西西安、三原，甚至甘肃兰州等城市设立分号，并将其商业经营理念沿路传播。其商业经营多为亲友相挈，因为一般的经营者多属学徒出身，特别是山西籍经商者，他们在外经商，一个经理创下根基，就引来家乡子弟，先学徒，后做店员，其中优秀者有的又当了管账先生，入"身股"，最后发展为股东、经理②。

外地移民的迁入不仅改变了韩城当地"土著居民"的人口结构，同时也促使这一地区人口与村落数量快速增长。除《韩城县乡土志》所载韩城境内大姓薛、高、王、吉姓以外，还有张、解、卫、师、党、丁、胡等氏

---

① 据史料记载，乾隆年间，王杰曾与和珅同朝为官，并与和珅的腐败行为进行了长期斗争。
② 韩城市政协文史资料研究委员会文史组：《清末到解放前后我县工商业概况》，见中国人民政治协商会议陕西省韩城市委员会文史资料研究委员会编：《韩城文史资料汇编》第3辑，韩城市印刷厂1984年版。

族，均属韩城望族之列。

从当时的地形来考察，山陕商人中应有一部分是从韩城龙门、昝村、夏阳一带渡河西行。根据现有的资料，黄河运输早在明代以前就已经开始。据传说，黄河每年腊月冰封，行人车辆可在冰上自由往来，俗称"过冰桥"。各地客商年年都盼望"冰桥"早日出现，以便抄近道并节约运输费用。①

另外，三原和朝邑在明代均是陕商的发祥地。《同州府志》（卷二一）记载，同州府在明代后期已是"富者毕弃本逐末，各以服贾起其家……而朝邑富人尤甲一郡焉"。由《韩城县乡土志》中所记载的光绪丙午（1906年）九月②韩城市场进出货物的交易情况，可推测出当时的商业繁荣程度（见表2-3、表2-4、表2-5）。

表2-3　光绪丙午九月韩城境内市场行销本地货明细表（单位：银两）

名目	销数（两）	出产处所
柿子	约3 000	水田各渠旁及山中甚广
诸果	约5 000	义门、大象各村最多，昝村、栎树各村皆有
红薯	约2 000	平原各处种之
小瓜西瓜	约7 000	平原及河滩均产
饧糖	约300	东关、南关、北关均造
稻	约300	西川之庙底村有之
莲菜	约300	亦产西川
木炭	约300	多在龙门山内
口袋	约500	邑东关、南关造之
羊	约3 000	多散布于西山之中，城内、四镇均有，逢会尤多
估衣	约5 000	
石灰	约2 000	马村、姚庄为多
砖瓦	约2 000	丁丑荒后，旧者不胜用，新者窑无多
铁轮车	约1 000	县北关及芝川镇造之
磨子	约50	多在西山之中
瓦器	约1 000	四乡均有
沙器	约200	城西五六里有沙锅渠造
粗瓷盆瓮	约500	上峪口造之

---

① 李长喜、赵艺华：《龙门古渡的商业》，见中国人民政治协商会议陕西省韩城市委员会文史资料研究委员会编：《韩城文史资料汇编》第12辑，韩城市印刷厂1993年版，第73~74页。

② 以下各表的数据并未注明交易的具体日期，作者本人也在书中多次声明说："各物行销多随凶丰为多寡，仅就中岁约为记之。"由此可以断定，表中的数据为该年的平均数。

表 2-4 光绪丙午九月韩城本地货运出外地明细表（单位：银两）

名目	销数（两）	售 所
棉	约 50 000	甘肃、汉中、四川
麻	约 15 000	山西
油	约 20 000	山西
靛	约 23 000	山西、郃阳、澄城、朝邑各处
椒	约 2 000	同州、山西
核桃	约 500	山西
粟	约 200	山西
黄线粉	约 100	省城各处
香	约 1 500	甘肃、北山
蒜	约 2 000	山西
蒜薹	约 2 000	山西
鸡	约 50	每年十二月由上官庄运往山西
羊皮	约 2 000	由山西绛州运火车出洋
羊毛	约 700	由山西出洋
丝	约 500	同州、山西绛州
铧	约 500	延安府一带
炭	约 30 000	省城、华州、华阴、同州
水烟	约 50 000	中卫、宁夏、合城及延安一带

表 2-5 光绪丙午九月外地货运入韩城境内明细表（单位：银两）

名目	销数（两）	运 所
鸦片烟	约 40 000	由甘肃及周鄂运来
兰州水烟	约 10 000	由甘肃五泉运来
麦	约 30 000	由郃阳、澄县运来
大米	约 2 000	由省城运来
纸	约 1 200	由青字坊及省城运来
表炮	约 2 000	由青字坊运来
海味	约 300	由省城运来
糖	约 150	由山西运来
枣	约 150	由山西上河运来
酒	约 300	由凤翔及北山运来
药材	约 2 000	由山西解州及省城运来
火柴	约 1 200	由省城及山西运来
盐	约 11 000	由山西潞村运来
雨伞皮靴等物	约 100	由省城运来
火纸	约 1 200	由省城及山西运来
洋布	约 15 000	由山西运来

续表

名目	销数（两）	运　　所
洋线	约 150	由山西运来
里绸	约 3 000	由兴安、河南、同州运来
料货	约 200	由山西运来
姜黄（造水烟用）	约 300	由汉中运来
水烟	约 400	由秦州及南山运来
席	约 200	由南县运来
洋色	约 700	由山西运来
烟具	约 500	由山西运来
褐子	约 400	由甘肃运来
竹器	约 200	由华州运来
羊	约 3 000	由黄楼山运来
细瓷器	约 200	由省城运来，亦有从湖北、河南挑售者
粗瓷	约 1 000	由澄县运来

明朝时期，陕商同晋商一样主要经营盐业，都是借助于明朝政府的开中法形成和发展起来的。陕商的势力还曾一度"凌驾于山西商人之上"①。其他材料也显示，陕商在此期间曾纷纷涌向韩城地区。据雍正五年（1727年）的统计数据，仅陕商在韩城县一地所开设的当铺数量就达 39 家②。

三、经济恢复带来商机

山陕商人来往于韩城的原因除当地的消费水平较高、交通运输位置优越和矿产资源丰富以外，还有一个重要的原因是，在元末明初，韩城曾备受战争和各种自然灾害的破坏。通常战争和自然灾害会对商业活动的开展造成极大的危害，但是商人追逐暴利的本能一般不会因战争和自然灾害而终止，而且大量的军事补给、战后以及灾后的重建工作所带来的巨额商业利润，反而会刺激商人的逐利本能。

根据《韩城市志·自然灾害志》提供的数据可以看出，韩城地区在明代遭受各种有记录的自然灾害共计 19 次，平均每 10 多年就有 1 次；战争和土匪骚扰大约 8 次，平均每 30 多年就有 1 次。在明万历到崇祯不到百年时间内，韩城地区发生"人相食"的灾害就达 4 次，其中 3 次为旱灾，1 次为蝗灾。另外，崇祯末年，李自成率起义军多次途经韩城，与明军及当地武装频繁作战，给当地既有的社会与经济秩序带来了巨大影响。

---

① 藤井宏：《新安商人的研究》，载《安徽历史学报》1959 年第 10 期。
② 张海鹏、张海瀛：《中国十大商帮》，黄山书社 1993 年版，第 59 页。

战争、匪患以及自然灾害等导致当地的人口锐减。据周若祁先生估算，北宋崇宁年间（1102年前后），韩城县人口数量大约在7.2万~8.4万人之间，但是到了明万历初年（1573年前后），人口仅剩6万左右。也就是说，在近500年的韩城历史中，其人口数量不仅没有增加，反而减少1万余人①。

人口的减少虽然降低了当地民众的消费需求，但是商业却在供应军队的需求以及灾后重建中得到了稳步发展：

一是明代韩城当地政府及各基层单位为抵御土匪及自然灾害，不断加强本地的基础设施建设并扩展新的商业空间。明初至清康熙二十四年（1368—1685年），韩城先后利用境内芝水、汶水等水系修灌渠69条，可灌溉耕地1.25万亩。其中，明万历二十二年至二十六年（1594—1598年），知县马攀龙在任四年间，修渠51条，可灌田0.84万亩。据《韩城市志》记载，明代全县耕地已达35万亩，按6万人口计算，人均约不到6分地。

二是在经历了元末明初人口因战乱急剧下降的过程之后，由于政局趋于稳定，赋税较前朝减轻，再加上农业发展和木材等建筑材料供应丰富（比如从山庄子运至县城以及山陕客商从外地运入等），各乡镇和村落纷纷开始建设新住宅。据《韩城市志》记载，全市的村庄数，元代为206个，平均每平方千米0.13个；明代为362个，平均每平方千米0.22个，明代比元代净增156个。在不考虑旧房翻新的前提下，如果每个村庄平均按30户人家，每户人家按100两白银计算，那么整个用于住宅建设的消费额将高达32.58万两。尽管这时修建的房屋，无论从规模还是质量上都无法与清代的四合院相比，但它仍然表明，党家村村民此时在韩城已步入了富裕农民的行列。

四、商业思想的广泛传播

商业的产生有赖于商业思想和经济实力的积淀，而思想的养育则有赖于文化和地理环境。正如其地理位置处于山陕交界处一样，党家村的文化也恰巧处于山陕商业圈的交集地带。这一特色经过整个明代一直演变到清康乾盛世，终于使党家村人既拥有了像党德佩、贾翼唐、贾翼楚这样的职业商人，同时也积累了数量可观的财富，拥有了"比闾依依"的宗族组织以及从山陕商人那里汲取的商业知识和信息，从而为其商业的腾飞铺平了道路。

实际上，对于韩城，乃至对于党家村，商品观念产生影响的不只是山

---

① 周若祁：《党家村村落述要》，见周若祁、张光主编：《韩城村寨与党家村民居》，陕西科学技术出版社1999年版，第283~285页。

陕商业圈的交叉和融合,本土的商业思想也起到了不可忽视的作用,尤其是司马迁的"货殖学说"①。司马迁一针见血地指出:"农不出则乏其食,工不出则乏其事,商不出则三宝绝,虞不出则财匮少,财匮少而山泽不辟矣。此四者,民所衣食之原也。原大则饶,原小则鲜,上则富国,下则富家。"② 司马迁引《周书》的观点,进一步论证了他主张对农工商一视同仁,其经济或商业思想以非正式制度的方式,对于推动明清时期韩城商业的兴起,特别是推动党家村人在康乾盛世之际走出农耕村落、远行河南经商起到了文化推动作用。综上所述,韩城处于一个"三维"商业文化空间中,在全国其他地方颇为罕见。

以上的讨论实际上只触及了商业兴起前的几个重要方面。如果再把当时韩城商业的自身发展也纳入观察范围的话,那么山陕商帮对韩城地区的影响就更大了。总而言之,韩城地区虽不是山陕商帮的发源地,但是作为连接两省商业通道的一个枢纽,它不可能不受到双方先进商业思想的冲击。假若这种冲击成为一种长期的历史现象,那么它会逐渐地浸入并最终成为当地商业文化的一部分。

第四节　党家村乡族制的形成及其商业影响

在中国,家族、宗族和乡族之间有着紧密的联系③。家族是指以夫妻为核心所组成的家庭,或者是以家庭为主干向外扩张,再依靠血缘、姻亲、甚至是地缘关系所形成的家族集团;宗族则是指单以父亲为来源,由同一祖先繁衍而成的一个亲属集团。维系宗族集团的主要力量是宗族长期以来形成的宗法伦理思想和宗族所共同从事的某项事业。它强调的是族众之间的血缘关系,并遵循长幼尊卑的原则来分配家族的权力。在一个自然村中,族众之间有着广泛的人际关系,并且这一关系存在的社会基础是小农经济。一般情况下,农民很难摆脱宗族共同体的支配和制约。正所谓"盖里有仁,风俗尚醇厚,聚族比闾,相与依依,不欲咫尺离也"。④ 其意是说,居住之地与有仁德之人为邻,民风朴实醇厚,大家在乡里聚族而居,相互依靠照应,不想分开。

---

① 对司马迁商业思想的详细论述请参阅《附录3:司马迁祠及司马迁的商业理论》。
② (汉)司马迁:《史记·货殖列传》,中华书局2014年版,第62页。
③ 李文治、江太新:《中国宗法宗族制和族田义庄》,社会科学文献出版社2000年版,第200页。
④ 摘抄自党家村《新(修)泌阳堡碑记》。

较为纯粹的家族存在的基础是血缘和姻亲关系。如果要考虑地缘因素，那么与家族相比，宗族的亲密程度则有些松散。在中国人的传统观念里，家族也是宗族，宗族也是家族。不管是大宗还是小宗，也不管是家族还是宗族，它们都强调家庭及其成员在体系上的延续性和完整性。

与宗族和家族含义不同的是，乡族则是一个更为宽泛的概念。它是指各个血缘不同的家族和宗族的联合体，是两者的不同社会形态。其范围不仅更宽，成分也更为复杂。正如傅衣凌先生所指出的"传统中国农村社会所有实体性和非实体性的组织都可被视为乡族组织，每一社会成员都在乡族网络的控制之下，只有在这一网络中才能确定自己的社会身份和地位"。[1]

党家村党、贾两族合族而居的历史事实表明，自贾姓加入后，党家村就不再是宗族或家族组织，而是乡族组织。尽管规模扩大了，但是两族却因为同居一村而具备了共同的利益和目标。而要实现这种共同的利益和目标，党家村人注定要在日后漫长的演变过程中完成两大历史使命：一是孕育出自己的文化并将其作为发财致富的思想原动力；二是不断壮大自身的经济实力从而跻身于韩城望族之列。否则，党家村人就难以实现乡族大计，也不可能在几百年内一直聚而不散。

一、宗族制是党家村乡族制度的基础

党家村乡族制脱胎于宗族制。宗族是一种血缘关系明确、存在经济联系并通常同居一地的父系组织。宗族有大有小，类型多种多样。典型的宗族一般拥有宗祠、族田、族谱、族规、族学、族武装、族墓地等，并常与地缘结合而出现单姓村。宗族是商人的亲缘组织，商人间的竞争离不开宗族力量的支持。明代中叶以后，随着商品经济的繁荣，商业竞争更为激烈，商人的经营活动仅仅依靠家庭的力量，已不足以参与较大规模的竞争。于是商人对自己宗族的认同度越来越高，宗族亲缘组织在商业经营活动中开始发挥越来越大的作用。

而明朝以前，党家村是以血缘关系为基础的民间社会组织。明代以后，随着宗族人口的增长以及族内亲疏关系的变化，仅仅依靠血缘关系已难以维系宗族组织的平衡及发展。因此，党家村传统宗族制度开始向乡族制演变，但是祠堂、家谱、村务管理和族田等封建宗族制度的构成要素，仍是构成党家村乡族制的核心要素。它与土地、山林、店铺、借贷资本等不同形式的资产，共同构成了规模庞大的乡族经济共同体。

---

[1] 郑振满：《乡族与国家：多元视野中的闽台传统社会》，《山西省历史学会会议论文集》生活·读书·新知三联书店出版社2009年版，第103页。

（一）大建宗祠

祠堂是祭祀祖先、议处宗族大事的场所。伴随党家村财富的积累，党、贾两姓先后建了 12 座祠堂①。这些祠堂可分为合族、分门、分支、个人四类。合族祖祠党、贾两族各有一座。党姓的题名"党氏祖祠"，俗称"老户"，位于村子上巷中心位置，坐北朝南，即党家村今村委会所在地。贾姓的题名"贾族祖祠"，俗称"贾家祠堂"或"贾户"，位于村子上巷西部要冲，坐西朝东。分门祖祠党姓有 3 座，长门的位于村子中央平福巷东侧，二门的位于泌阳堡涝池东，三门的位于村子东稍门外南侧，俗称"前三门祠堂"；贾姓有两座，贾长门祠堂原位于文星阁北，后因泌水河发水而冲塌，现仅存贾二门祠堂，题名"本源祠"，俗称"小祠堂"，位于东稍门外通向南塬沟的河坡南侧西端。分支祖祠共 4 座：党二门有两座，一座位于泌阳堡涝池与"二门祠堂"之间，俗称"前二门祠堂"，另一座位于村子西稍门外路北，名"西报本祠"；党三门也有 2 座，一座位于东稍门外大道向南拐弯处高台上，名"东报本祠"，俗称"后三门祠堂"，另一座位于泌阳堡涝池正北，名"辉斋祠"。"辉斋祠"建成后因特殊原因一直没有"入主"供奉使用过。个人专祠只有"党太守祠"一座，系清光绪年间党焞堂为其父党蒙所建，其题额四字系清末翰林、维新官员、大书法家宋伯鲁所写②。

（二）广修家谱

家谱是一种以表谱形式，记载一个以血缘关系为主体的家族世系繁衍及重要人物事迹的特殊图书形态。家谱也是我国宝贵文化遗产中亟待发掘的一部分，蕴藏着大量有关人口学、社会学、民族学、民俗学、经济史、人物传记、宗族制度以及地方史的资料，它不但对开展党家村村史研究具有重要的学术价值，而且对党家村文化的继承和发扬具有重要的现实意义③。从党真为《党家村宗族家谱》作序后，党、贾两族各分支皆独立撰写家谱，并定期由族中德高望重者续写，如《党氏长门家谱》《党氏后二

---

① 党家村祠堂建筑格式大体类似四合院，但也有相异之处。四合院门房为三大间，门只占一间，有开中门的，但多开偏门；祠堂门房则为五大间，中间是"三大间开门"，两端两间为"门房"。四合院厢房多是楼房，祠堂厢房多不是楼房。四合院上房只有一栋，有的设楼，有的不设楼；祠堂的上房都不设楼，有一栋的，如两个合族祖祠；也有两栋的，如党二门的分支祠堂"西报本祠"，前为献殿，后为寝宫，中间为"卷棚"接连，晴遮太阳，阴承风雨。寝宫靠背墙另建"神龛"，类似神庙。

② 党康琪：《党家村人说党家村》，内部出版物，陕渭新出批〔1999〕字第 20 号。2001 年，第 27 页。

③ 豫南三翁堂党氏家族理事会：《三翁堂家谱》，社旗县邮局印刷厂 2017 年版，第 1 页。

门家谱》《党氏前二门家谱》《党氏前二门西报本祠守疆支世系》《党族后三门家谱》《党族二门报本祠南院家谱》《党族二门报本祠双兴世系家谱》《党族二门东院家谱》《党族三门家谱》《党家村其他姓氏家谱汇编》等。总而言之，家谱对维系族人团结、巩固宗族组织起了重要作用。

（三）老人公直

党家村村务管理制度为"公直、老人村政制度"①。"老人"如同族长一样，握有处分族人、村民的权力。比如盗窃、拨弄是非惹村人不和，以及让村人不能容忍的各种劣迹，都可能受到"老人"的处分。最重的处分叫"革出行外"，也叫"打赛"。"行"（音航）是"巡行"，指护秋的组织和活动。"出行"意为该家的庄稼不受村上保护。"打赛"是不准参与村上赛神活动。实质上，二者都是开除村籍的意思。这种处分虽未被赶出村子，但将失去参加村中任何公众活动的权利，不受村政保护，还会遭到族人、邻人以至全村人的鄙视，从而陷入严重的孤立。这在村史上也不止一次地出现过②。"公直、老人"制带有浓厚的"自治"性质。而国家的有关政令则是由县令指派的"乡约""地方"传达完成，但其在村中地位并不高。

（四）族田贡献

族田是维系宗族组织、团结族人的物质基础。祠堂活动经费的主要来源便是族田。党家村每个祠堂名下都有一定数量的土地，其租金的利息作为祠堂的收入。同时，由于党家村农、商、读并举，经济相对比较富裕。因此，党家村祠堂的收入来源较广泛，还包括村民缴纳的基金和族人的专项捐献。比如贾槐东堂曾给贾族祖祠捐献大量产业，其事迹被勒碑记载，嵌在祠堂墙壁上③。

二、乡族文化是党家村乡族制发展的内驱力

乡族文化是党家村乡族制的灵魂。党家村人在漫长的历史演变过程中需完成的一项重要使命，即是孕育出自己的文化。党家村的传统文化，以"崇文重教、耕读并举""报本思源、祭祖敬老""刚正家风、忠厚仁义""敢

---

① 党康琪：《党家村人说党家村》，内部出版物，陕渭新出批〔1999〕字第20号。2001年，第82页。

② 党康琪：《党家村人说党家村》，内部出版物，陕渭新出批〔1999〕字第20号。2001年，第82页。

③ 党康琪：《党家村人说党家村》，内部出版物，陕渭新出批〔1999〕字第20号。2001年，第83页。

于冒险、勇于进取"为主要内容，这些优秀的文化基因是党家村人发财致富的思想原动力。

（一）崇文重教，耕读并举

党家村人非常重视文化教育，注重提升村庄的文化内涵，村中建有文星阁，将孔子等大儒与文曲星君一同祭拜。他们对写过字的纸张也十分敬重，村中建有多处惜字炉，专门用来集中焚烧废纸片。废纸片不可以用来裱糊或作包装材料，也不得随意丢弃，要全部送进惜字炉焚烧。就是偶尔在巷道中发现了碎纸片，也要拾起来送进惜字炉中。对考中进士的人，门前要立旗杆斗子以示荣耀，不仅村里要给他们立祠，祖祠里还要给他们挂牌匾。

在商业兴起的前后过程中，党家村人一直谨守"耕读传家"之法宝，并以此作为维系宗族演进的主要精神推动力量。清乾隆年间（1736—1796年），村中有了第一所私塾。到了清末，不足百户人家的党家村就有私塾13所①。明清两代，党家村共有举人4名，进士1名，秀才56名，在韩城望族村落中，当属前列。类似于"耕读第""进士第""太史第""登科"等显耀性门楣几乎随处可见，表达了这一时期人们内心对文化的渴望和追求。

党家村在科举方面的成就，一方面说明党、贾两族耕读并重，在从事农耕的同时，不忘读书，从而为未来的商业活动做好了知识和信息储备；另一方面，其科举方面的成就也与韩城当地崇尚文明的传统融为一体。韩城素有"文史之乡"的美称，名人辈出，汉代即有太史公司马迁。明清时期科举中试进士、举人、贡生者高达1 408人②。

韩城的大族中，不仅文人雅士居多，同时中过进士者不胜枚举，其中不少还位居高官。特别是王氏家族传人王杰曾位居相位，显赫一时。实际上，韩城在明代不过6万多人口，到清末也不过10余万人，竟有那么多高官，令人甚为惊讶，直呼韩城为"高官摇篮"。然而对此，韩城人向来也只是自谦曰："士风醇茂"③。

（二）报本思源，祭祖敬老

党家村祠堂建立的宗旨是"歌颂祖先功绩，报答祖宗功德，宣扬崇本

---

① 陕西省韩城市西庄镇党家村志编纂委员会：《党家村志》，方志出版社2018年版，第95页。
② 任喜来：《民居瑰宝党家村——韩城四合院建筑民俗的典型》，见中国人民政治协商会议陕西省韩城市委员会文史资料研究委员会编：《韩城文史资料汇编》第17辑，韩城市印刷厂1998年版，第9页。
③ 周若祁：《党家村落述要》，见周若祁、张光主编：《韩城村寨与党家村民居》，陕西科学技术出版社1999年版，第121页。

第二章　山庄子经济——党家村"向外扩张"的最初尝试

追远思想"①。党家三世祖党真在《党族家谱》序言中写道:"百行之原莫先于孝,而尽孝之道莫贵于追远。"②因此,报本思源、祭祖敬老是党家村文化中的优秀基因。

党家村一年有五个节令举行祭祖活动,每次活动都在家中和祠堂同时进行,各次情况又有些不同。正月祭祖活动有两次:一次是过年时祭祖。年终腊月三十就将肉菜、蒸食、糕点、水果、干果、茶、酒等供在厅房神主前,傍晚全家老幼按尊卑次序跪拜神主,这叫"辞年"。半夜(正月初一凌晨)就要起床——实际上许多人尚未入睡——稍作梳洗后便按照尊卑次序跪拜神主,这叫"拜年"。然后去本家各院先给神主跪拜,再给长辈跪拜。这件事完成后,天才大明,又该去祠堂祭奠祖先了。先去自己所属的分支、分门祠堂跪拜,最后才去合族祖祠拜年。另一次为元宵节祭祖。这次活动前后三天,供物各不相同。正月十四晚上祭献粽糕,十五晚上祭献元宵,十六晚上祭献凉皮或凉面。

清明是祭祖最重要的节日。前五天,合族或合门要给始祖扫墓。先一天,由轮到的"做节"小组负责杀猪、宰羊、炸油食、烙烧饼,做好各项准备工作。上坟时,全族或全门男子,与抬着香器桌、猪羊、其他食物、爆竹、烛、纸、酒,扛着挂满纸钱的柳枝的"做节"人一起来到坟地。先把柳枝插到坟顶,给坟冢加土(名曰封墓),整理坟园,再摆放供物——最主要的是烫洗净的俯卧着的整猪、整羊——焚香,跪拜,烧纸,奠酒。祭奠完毕总要给未成年的孩子一人发一枚烧饼。然后将剩余供物一并抬到祠堂,由"做节"人将猪羊与其他供物一起,按族中男丁数目平均分配,凭竹牌领取。

新葬坟提前扫墓。普通坟也有人是清明前几日扫墓。这天,家家户户的男人,不分老幼,携带枣馍、独食子馍(一种包着鸡蛋的圆馍)、香烛纸茶等各色祭物来到自家坟地,按顺序插柳枝、加新土、清坟园、焚香、烧纸,以悼念亲人,寄托哀思。

十月初一,时当立冬,要给祖先送寒衣。每当这个时节,会让人联想起"白骨已枯塞上草,家人犹自寄寒衣"的句子;冬至节日,令当交九,要给祖先加棉被。届时各家各户先在厅房神主前献上馄饨,再将买来的彩纸剪铰折叠成衣被式样,在大门外烧掉,奠以茶水。

祭祀是对逝者表达的哀思,敬老则是对活着的人所表达的真正敬意。

---

① 《党家村二门家谱》,手抄本,第6页。
② 《党家村二门家谱》,手抄本,第1页。

敬老是中华民族的传统美德,这在党家村表现得尤为明显。长者"破老"①后,走到巷子里时晚辈要问好请安;可以理直气壮地训诫他人不合礼教的行为,如某个小伙子不务正业,谁家媳妇去河边洗衣裳没套上裙子等。一旦"破老",祭祖时就进入主祭位置,对宗族和祠堂里的事就有了发言权,领受祭祖供品时会得到"双份"。有的祠堂对"破老"者,还有每长5岁,再增一个"份子"的规定。同时,"破老"者有资格担当和推举族长、门长。族长、门长握有处置祠堂大事和处分族人的权力。最重的处分叫"钩丁",就是开除"族籍"。那时,宗族中坚决禁止子弟学唱戏、当吹鼓手,村中就有过因此而被"钩丁"的事②。

另外,关于敬老还应提到党家祖祠门前的长凳。别看它千疮百孔,沟壑纵横,质朴无华,但从明朝末年起,它就摆放在这里,距今已近400年。这一长凳是把槐树原木从中间锯开,用其中的一半做成的,村里叫作"长寿凳"。当年,只有"破老"之人,才有资格坐,老人们坐在凳上谈笑风生,心情舒畅,延年益寿。而年轻人,不但不敢坐,从旁经过都要规规矩矩,低头快走,以表示对老年人的敬重。

(三)刚正家风,忠厚仁义

党家村自建村以来就非常重视家风的建设和传承。家家户户的墙壁上、柱子上都刻有家训。村中建有关帝庙,社火表演中的主要人物造型是杨家将、岳飞等民族英雄的形象,把刚正家风的内容延伸到了生活的各个方面。世代以来,党家村人始终恪守着自己的优良家风。受家风熏染,党家村人心存仁义,淳朴善良,有扶危济困、诚实守信、热心公益事业的传统美德。明代党家村人党孟辀一生积行仁义,乐善好施,万历皇帝亲书"义翁"牌匾,乡亲们称其为"党义翁"。

由于党家村乡族制的主要功能是生存保障和发展功能③,为此村中还需建造一些公共建筑,如哨门、庙宇、祠堂等。这些工程投资大,多采用自愿捐款的方式筹资建设(见《附录9:党家村碑刻碑记选录》)。党家村至今保留下来的公益碑刻有10余块,见证了党家村人忠厚仁义、慷慨

---

① 村里每个祠堂都有"破老"规程,就是按年龄认定族内某一成员已成为"老人",给以优待。党姓因为人多,祖祠60岁"破老";贾族祖祠和两姓各分门、分支祠堂都是50岁"破老"。一旦"破老",就会受到族人和村人的格外尊敬。

② 党康琪:《党家村人说党家村》,内部出版物,陕渭新出批〔1999〕字第20号。2001年,第82页。

③ 蔡立雄、何炼成:《当代中国农村宗族制度演化的一般逻辑》,《制度经济学研究》2008年第4期。

解囊的优秀品质。

三、"下河南"经商是党家村乡族制发展的外动力

党家村在明代第一次大规模兴建民宅就发生在正统至景泰年间（1436—1457年）①。党家村现存明代所建、保存完好的四合院有4座。如果按照上述方式进行估算，党家村投入住宅建设的消费资金应该在通户900两白银左右。尽管这时修建的房屋，无论从规模还是质量上都无法与清代的四合院相比，但是它仍然表明，党家村此时在韩城已步入了富裕村落的行列。

明朝末期韩城望族崛起，有"八大家"的说法。韩城县里四大家，姓氏依次为"苏、牛、薛、张"；城外四方各一家，为"东丁、西杨、南胡、北党"。称其为"大家"，主要评价标准是富有。而其财富来源，虽说没有哪一家不事稼穑，但没有哪一家是因为经营农业而富甲一方的。较多得力于农业的是"南胡"，就是彭村胡家。胡家在白马滩经营"山庄子"，人称"九沟十八岔"，依靠种庄稼、林木以及其他山货的收益而致富。据《韩城县志》记载，土地改革时韩城最大的地主占地700亩，其余皆是百亩左右乃至四五十亩的小地主。根据这一数字推断，农事不可能积累起巨额财富。虽说家家出官宦，官俸可使家境富裕，但也没有哪一家是因为做官聚敛而成为巨富的。韩城代有高官，但薛国观薛丞相的"后世子孙几乎难饱衣食"，王杰王相国家，"兄弟侍郎"的解家，"父子御史"的卫家，"祖孙巡抚"的刘家，也都不在"八大家"之列，"八大家"主要依靠经商发财致富②。

左懋第在《常平仓议》中写道，"韩城地十，七其山；人十，三其贾"，是说韩城田少山多；有3/10的家户，把经商作为主要的经济来源。他们绝大部分是外出做生意，或长途贩运，或经营商铺，或兼而有之。东至辽宁，西至兰州，南至佛山，北至定边，到处都有韩城商人的足迹。明代北乡李村卫家在辽东经商，族人以及村人多在生意上当伙计，那时不许携带家眷，辽东距韩城路途遥远，3年才回来一趟，住上一年又要前往。所以，北乡留下这样的民谣："有女不往李村嫁，一辈要守多半辈寡。"《韩城市文物志·皇清例授修职郎贡生善长杨公墓志铭》载：鸦儿坡头村杨善长在定

---

① 党家村在明代就已经建有四合院。本书认为，就党家村在此期间的经济实力而言，虽然说没有建设规模类似于清代的四合院，但建有上好的四合院应该没有什么疑问，详细数据请参阅《附录2：党家村古民居重点保护区名单》。

② 党康琪：《千古韩城》，内部资料汇编，2019年，第134页。

边经营祖传生意,同治七年(1868年),遇土匪抢劫,生意遭创,险丧性命。3年后,又赴定边,恢复生意,至光绪年间,"又连立数号,事事皆昌",开创了杨氏"德又公"号前所未有的局面①。

"八大家"中顶尖大户是苏家。苏家世代在苏州经营丝绸业,清咸丰年间,太平军兴,占据江浙一带,苏家丝纺才败落下来。据郭德源先生《韩城姓氏初考》一文,"牛家则以经营工商业为主,主要经营金店、铸造、杂货等行业,多以'隆盛'为字号。在河南道口、陕西三原也经营麻纺业"②。丁家最初是在外地开设旅馆起的家。所谓"西杨",是指板桥乡严家坪杨家。据说,杨家主要经营的是"炉院",亦即铸造作坊③。

"八大家"的后起之秀是北乡党家村。党家村的生意主要在河南唐、白河一带,其兴衰大致与清王朝的兴衰同步。党家村有党、贾两姓。清初顺治年间(1644—1661年),党德佩下南阳闯江湖,康熙初年,就在濒临白河的南阳重镇瓦店创立了"恒兴桂"商号。康熙十二年(1673年),拥兵自重、割据云南的吴三桂发动叛乱,一度攻占四川、湖南,遂使湖北成为战争前线。南阳毗邻湖北,拥有中原通过白河、唐河至汉江及武昌的黄金水路,于是成了清军的总补给地。至康熙十九年(1680年)战乱平息,长达8年的战争,给"恒兴桂"商号带来了巨大商机,使之一跃成为瓦店镇第一大商号。乾隆二十年(1755年),又有贾翼唐与党玉书联手,在濒临唐河的南阳重镇赊旗(今为社旗)创立了"合兴发"商号。乾隆末年,贾翼楚与党昆季合伙经营"兴盛昆"商号。

咸丰年间(1851—1861年),太平军占据江浙一带,截断大运河这一南北运输大通道。云南、贵州、四川北上的税银、商旅改由武昌上溯汉江、唐、白河至南阳,再上陆路通过山西或者河北到达北京,给南阳地区带来了第二次巨大商机,从而使"恒兴桂""合兴发""兴盛昆"三大商号的生意又有了长足发展。党家村的生意,直至清末京汉铁路修成,夺走南阳府南北运输水陆码头的优势才告结束,延续达两个半世纪之久。仅"合兴发"兴盛时期,就"独有一条太平街,自筑码头自建仓。店员上千船编队,分号遍布豫鄂疆"④。三大商号鼎盛时,将大量白银运回村里,号称"日进白银千两"。

由于韩城县可耕地少的特征,韩城人要想改善生存条件,提高生活质量,就不能只盯着土地做文章。在一定的历史条件下,韩城的煤铁资源只能给经济有限的补充。因此,当时的韩城人需要打破地理局限,外出经商谋发展。

---

① 党康琪:《千古韩城》,内部资料汇编,2019年,第134页。
② 党康琪:《千古韩城》,内部资料汇编,2019年,第135页。
③ 党康琪:《千古韩城》,内部资料汇编,2019年,第135页。
④ 黄德海:《党家村的白银时代》,陕西师范大学出版社2018年版,第13页。

第三章 "下河南"经商——党家村致富之路的重要探索

"下河南"是我国明清商业史上一次至关重要的农民经商浪潮。它同"闯关东""走西口""下南洋""下江南"等移民潮一道,促进了我国近代商业的崛起,以及海外市场的开拓。当时的河南作为我国陆路贸易、河道贸易与海上贸易的重要枢纽,发挥着承接南北、总集百货的关键作用。尽管河南的市镇经济远不及江南地区发达,非我国"资本主义萌芽"的主要发源地,但河南正是凭借独特的市镇经济规模,以转运贸易的形式吸引了大量人口纷纷涌入,尤其是山西、陕西农民借地利之便来此抢占商机,甚至两省中许多偏远小山村世代耕地的村民也跃跃欲试。这些"非职业"的农民商人早期的经商动机无非是缘于生计、缘于生活,然而他们由农转商速度之快、商业规模之大、村庄进入商业社会之早、商业组织化程度之高、集体致富传统保持之久,引起了学术界的广泛关注与思考。

第一节 国内"下河南"浪潮研究现状

虽然"下河南"作为我国移民史、商业史上浓墨重彩的一笔,但是因清末朱仙、道口、周口、赊旗、北舞渡、荆紫关、瓦店、郭滩等商业市镇的衰落,加之当今这些小镇资金匮乏,造成相关历史资源的保护与开发严重不足,使这股至关重要的移民商潮长期尘封在历史的记忆之中。现有的科学研究亟待进一步推进,相关史料更亟须抢救、保护、发掘和整理。下面笔者将就国内外学界对"下河南"问题进行的研究分别予以归纳和梳理。

一、2000年前关于"下河南"研究少且分散

20世纪八九十年代,我国学术界开始重视研究"明清时期山陕商人在河南的经商活动"。王兴亚[①]教授在《明初迁山西民到河南考述》一文中,

---

① 王兴亚:《明初迁山西民到河南考述》,《史学月刊》1984年第4期;王兴亚:《明清时期的河南山陕商人》,《郑州大学学报》(哲学社会科学版)1996年第2期;王兴亚:《清代河南的商业会馆》,《中州学刊》1997年第6期。

阐释了明初迁山西民到河南的原因、经过，考察了明初山西迁民在河南的分布，剖析了明初山西民迁居河南的作用及其影响；《明清时期的河南山陕商人》一文论述了山陕商人在河南的分布、经营方式和营销商品种类，探讨了山陕商人在河南所发挥的作用；论文《清代河南的商业会馆》分析了在河南境内的外省籍商人所建会馆的分布状况、组织及其制度、特点和作用。这几篇具有拓荒意义的学术论文，为国内研究"下河南"奠定了初步基础。学者邓亦兵[①]指出，清代河南城镇经济始终十分落后，但在落后的经济中竟出现了盛极一时的集镇，商业繁荣是城镇存在和发展的基础。他以朱仙和周家口两镇为案例，总结了河南以转运贸易为主体的商业集镇的经济结构、功能和兴衰原因。学者王瑞平、陈书明[②]厘清了明清时期河南集镇分布的特点，按照交通条件的影响和集镇规模对河南集镇的类型进行了划分，论述了一般、区域农副产品集散地、贸易中心等三种集镇对河南商品经济发展的作用。

2000年，地方史专家关玉国最早提出了"下河南"概念，他在论文集《社旗山陕会馆商业文化初探》[③]中，阐释了"下河南"概念的内涵及外延，介绍了"下河南"的主要范围，呼吁相关专家学者对"下河南"商人相关材料的挖掘与研究。党家村史专家党康琪[④]也撰文表示，"下河南"这种经济现象并不稀奇，当时山西、陕西两省大荔、朝邑、澄城等地的农民纷纷到河南经商，获利甚多。

以上探索对山陕农民"下河南"经商问题研究起到一定的推动作用。但是由于清末河南遭遇战争、土匪暴乱、外国资本势力入侵等劫难，致使其营商环境十分恶劣，商人们为避险被迫返乡，或转至他乡。因此，"下河南"商人们的经营活动被分散保存在各地族谱、方志、笔记、小说、文集、碑刻、文书、档案之中，因研究者不足造成有关"下河南"的著述少之又少。

二、2000年后"下河南"研究取得新成果

2003年以后，随着史料的深入挖掘，研究机构和人才队伍的不断发展壮大，以及我国近代商业史、城市史研究的兴起与活跃，学术界开始关注明清时期经商市镇的历史变迁、河南的商业会馆、"下河南"商业兴衰

---

① 邓亦兵：《清代的朱仙镇和周家口》，《中州学刊》1988年第2期。
② 王瑞平、陈书明：《略论明清时期河南集镇的分布及其作用》，《河南财经学院学报》1992年第2期。
③ 赊店历史文化研究会：《社旗山陕会馆商业文化初探》，南阳市寰宇印务有限公司2000年版。
④ 党康琪：《党家村人说党家村》，内部出版物，陕渭新出批〔1999〕字第20号，2001年。

的原因等问题,并取得了不少新的研究成果。

(一)河南经商市镇历史变迁研究的数量增加

方行、经君健、魏金玉[①]等专家在考察清朝不同类型的市镇时,根据市镇角色、地位特性划分出五种市镇类型,其中"下河南"市镇多属于商业转运型市镇。许檀[②]教授从山陕会馆碑刻资料入手,探讨明清时期河南周口、赊旗、朱仙、荆紫关、清化等商业重镇的历史地位、商业规模,并对这些市镇的发展脉络、商业结构、商品来源及流通范围等进行了深入、系统的考察,其发表的系列著述将国内河南市镇研究进一步推进,其后相关研究成果如雨后春笋般不断涌现。

杨娟娟[③]认为,地理因素是河南商业市镇兴起的重要条件。清初周家口虽然只是一个小镇,但从其转运贸易中的运输能力、商业会馆的情况考察可见,周家口是河南省的水陆交通要冲,在最盛时其经济实力及规模堪与开封、朱仙镇相媲美,远胜于道口、赊旗两镇,在河南经济发展中占据着重要的地位。王琳[④]认为,广阔的商业腹地、良好的商业基础与便利的交通条件的结合,成为促使清代众多商业城镇金融业产生、繁荣的推动力量,同时也是这一时期商业市镇兴盛的主要原因。她对北舞渡镇商业发展状况开展的深入细致的研究工作,对重新认识清代中原商业市镇问题具有启发意义和重要价值。于旭锋[⑤]认为,清代河南北舞渡镇处于赊旗与周家口两大商镇之间特殊的地理位置,随着水路商运的活跃和发展,成为水路交通要道与货物集散地,吸引了大批外来商人尤其是山陕商人来此经商,

---

[①] 方行、经君健、魏金玉:《中国经济通史》,中国社会科学出版社2007年版;方行:《清代前期农村市场的发展》,《历史研究》1987年第6期;魏金玉:《中国传统市场的特色及其他》,《中国经济史研究》1995年第2期;经君健:《晋商·晋商学——〈明清晋商制度变迁研究·序〉》,《中国经济史研究》2005年第2期。

[②] 许檀:《清代河南的商业重镇周口——明清时期河南商业城镇的个案考察》,《中国史研究》2003年第1期;许檀:《清代中叶的洛阳商业——以山陕会馆碑刻资料为中心的考察》,《天津师范大学学报》(社会科学版)2003年第4期;许檀:《清代河南赊旗镇的商业——基于山陕会馆碑刻资料的考察》,《历史研究》2004年第2期;许檀:《清代河南朱仙镇的商业——以山陕会馆碑刻资料为中心的考察》,《史学月刊》2005年第6期;许檀:《明清时期的开封商业》,《中国史研究》2006年第1期;许檀:《清代河南西部的商业重镇荆子关——以山陕会馆碑刻资料为中心的考察》,《天津师范大学学报》(社会科学版)2009年第5期;许檀、吴志远:《明清时期豫北的商业重镇清化——以碑刻资料为中心的考察》,《史学月刊》2014年第6期。

[③] 杨娟娟:《试论清代周家口在河南经济中的地位》,《中国城市经济》2011年第5期。

[④] 王琳:《清代河南北舞渡镇的金融业——以新见碑刻为中心的考察》,《陕西师范大学学报》(哲学社会科学版)2012年第3期。

[⑤] 于旭锋:《商路、山陕会馆与市镇变迁——清代河南北舞渡镇研究》,《濮阳职业技术学院学报》2013年第4期;于旭锋:《内河、市镇与社会变迁——清代南阳府研究》,青海师范大学2014年硕士学位论文。

市镇商业逐渐恢复发展与繁荣。秦国攀、孟伟①认为，周家口镇依托优越的交通区位、庞大的人口数量、繁荣的商业、发达的金融业，在1843年朱仙镇衰落后的近百年间，一度成为中原商贸中心，并吸引了至少15家票号在此设庄经营。直到20世纪二三十年代，由于受未通铁路的影响及匪患、兵变和军阀混战对市镇的直接破坏，周家口商贸中心地位逐渐被郑州取代。作者着重强调，周家口的兴衰不是个案，对研究类似市镇也具有参考意义。惠梦蛟②以赊旗镇为例对清代中原地区的商业市镇展开研究，他通过山陕会馆创建过程看商业发展概况，从重建会馆捐银来看赊旗镇大宗商品交易概况，其独特的研究视角带给课题组许多启示。

除此之外，一些硕士学位论文采用访谈与文献资料相结合的方法，探讨明清时期河南经商市镇的发展变迁。邓玉娜③运用计量经济学的研究方法，对河南11府集镇的发展水平进行了量化研究，介绍了山陕农民"下河南"从事粮食贸易的部分情况。比较具有代表性的成果还有：刘红光《明中叶至清代"贾沙颍三河流域"市镇研究——以朱仙镇、周家口两镇的发展变迁为例》、惠玉《清代中原地区万里茶道及节点市镇研究》、石佳《河南舞阳北舞渡镇形态演变初探》、马义平《近代铁路通行对中原城镇格局变动的影响》、孟文龙《明清时期河南沙颍河沿岸市镇研究》、刘晨阳《明清时期唐白河水运及其沿岸城镇兴衰研究》、余骞《古"南襄隘道"上城镇商业空间与会馆建筑研究》、谷永强《河道变迁与转运型市镇的兴衰研究——以明清河南周家口为例》、马发科《赊旗镇兴衰的历史地理因素》等。

（二）河南的会馆与商业历史研究更加深入

历史上那些用白银堆积的物质财富，都已经变成文字与数据符号而看不到摸不着了，但我们还可以从今天遗存的建筑中找到这些财富的证明，山陕会馆便是最典型的范例④。关于会馆史研究，20世纪30年代，以全汉升先生所著《中国行会制度史》为代表，认为会馆是"同乡行会组织"；后来吕作燮先生的论文《明清时代会馆并非工商业行会》，认为"会馆并非工商业行会"，有扩大研究视野的意义，但当时人们仍然多从经济方面论及会馆。改革开放以来，以王日根先生所著《乡土之链》为代表，认为

---

① 秦国攀、孟伟：《"周口，天下口"：近代中原商贸中心周家口与票号的设庄经营》，《城市史研究》2021年第1期。
② 惠梦蛟：《清代中原商业市镇研究——以赊旗镇为例》，《兰台内外》2021年第31期。
③ 邓玉娜：《清代河南的粮食贸易及其对城镇化的影响》，陕西师范大学2003年硕士学位论文。
④ 赵逵、邵岗：《山陕会馆与关帝庙》，东方出版社2015年版，第3页。

会馆是"易籍同乡人在客地设立的一种社会组织",对会馆的研究有所深化。2000年以后,李刚教授和王俊霞、宋伦、曹向阳等青年学者①以"山陕会馆"为研究主题,发表系列成果,补充了会馆史研究中长期被人们忽视的问题,探讨了工商会馆运动变化的历史规律,揭示一部分工商会馆最终向市场转化的历史轨迹。徐春燕②认为,清代全国各地的商人和手工业者集聚河南,透过会馆可以看到清代河南地区商人客属性较强,势力强大;当地商人实力相对较弱;河南不仅自身形成了一个以开封为中心的商业网络,同时它也是国内贸易乃至中国和世界贸易往来干线上重要的一环。毋庸置疑,山陕会馆是"下河南"商人财富最典型的代表,但其各城镇和贸易点中的明清建筑所体现的财富也不容忽视。

（三）"下河南"商业兴衰原因研究日渐全面

张民服③从明代河南四通八达的水陆交通运输网络入手,详细阐述了水陆交通的发达对河南商业的发展和商品经济兴盛的影响,对考察"下河南"商业路线有一定的帮助。谭经龙④以水运网络为切入点,分析中原商业重镇兴起的原因。他指出,赊旗、周口、朱仙、北舞渡等商镇均因水运优势而兴,并构成了中原水运网络,完成了南北贸易货物在中原地区的交流、中转。同时这一体系通江连海,实现了和海洋的连接。清代中后期由于市场改变、战乱、水源、交通等因素使这一商业网络逐渐衰落。外地商人处于整个商业体系的垄断地位,给这些地区的可持续发展带来的不利影响值得借鉴。王俊霞⑤将明清时期山陕商人的相互关系,作为统一的研究对象,特别研究了山陕商人相互关系中联合关系的发生、发展及其运动变化规律,克服了单独研究晋商和单独研究陕商的局限性;对山陕商人的资本组织形式进行对比,特别研究了山陕商人的合伙制;对明清时期山陕商人在全国所建的会馆进行了分省数量统计,并对其分布特点进行分析:从

---

① 李刚、宋伦:《论明清工商会馆在整合市场秩序中的作用——以山陕会馆为例》,《西北大学学报》(哲学社会科学版)2002年第4期;李刚、宋伦、高薇:《论明清工商会馆的市场化进程——以山陕会馆为例》,《兰州商学院学报》2002年第6期;李刚、宋伦:《明清山陕会馆与商业文化》,《华夏文化》2002年第1期;宋伦、李刚:《明清山陕商人在河南的会馆建设及其市场化因素》,《西北大学学报》(哲学社会科学版)2009年第5期;王俊霞、李刚:《从会馆分布看明清山陕商人的经营活动》,《中国国情国力》2010年第3期;李刚、曹向阳:《明清时期陕西商人民间慈善活动及现实启迪》,《西部学刊》2013年第1期。

② 徐春燕:《清代河南地区的会馆与商业》,《中州学刊》2008年第1期。

③ 张民服:《明代中原商路与商品经济》,《史学月刊》2004年第11期。

④ 谭经龙:《通江连海:明清时期中原商镇与水运网络的兴衰研究》,中国海洋大学2012年硕士学位论文。

⑤ 王俊霞:《明清时期山陕商人相互关系研究》,西北大学2010年博士学位论文。

经商路线的角度入手，详细论述了明清山陕商人在河南、湖北、甘肃等省联合的基本情况。由分析可知，尽管与"下河南"经商浪潮相关的研究成果已发表不少，但是当前仍旧缺少区域整体研究。

（四）"下河南"商业历史研究视角多元

近几年来，不少专家学者也认识到成立"下河南"专门研究机构、搜集相关资料，细化研究课题的重要性。2018年，清华大学社科学院课题组开始对陕西党家村及河南唐白河流域一带的原经商市镇，开展了为期两年的走家串户式访谈调研，搜集和挖掘整理的史料，包括传承数百年的党家村各门分支的世系家谱、瓦店镇和赊旗镇等河南南阳地区百余家古街商铺的生意史资料，等等。依托调查资料，黄德海和刘国菊以党家村商业变迁为切入点，从新视角对"下河南"商潮进行了深入分析，探讨"下河南"与党家村生活方式、村落发展之间的关系。2019年，宣朝庆、贾岱铮[①]以清代河南周口山陕商人为例，考察商人职业共同体与道德规范的形成问题。作者分析了山陕商人会馆建设与组织活动，呈现商人统合社会网络、民间信仰与道德规范，建构职业共同体的过程，凸显职业群体援引关帝信仰，塑造群体认同，进而整顿其道德规范，育养新型商人行为的机制。2022年，张爱明[②]考察了近代山西的乡村危机与晋中农民经商浪潮问题，他指出，农业收入微薄、田税负担沉重、农民收支失衡、经商风气盛行是农民经商的动力。大部分农民都在农业之外从事商业活动，其中"贫农式家庭"或在农闲期做肩挑小贩，或与家庭辅助劳力合理分工，农商兼营；"中农式家庭"在店铺中当会计、小掌柜；"富农式家庭"在店铺中当大掌柜，或合股经营商铺，晋中农民家庭中普遍形成了"半耕半商"的经济结构。上述相关主题的探索，为"下河南"研究的推进提供了诸多有益的参考，本章将进一步探讨党家村农民"下河南"问题。

第二节　明末清初"下河南"营商环境分析

明末清初，党家村人"下河南"经商并取得成功的原因主要有三个：一是清初"休养生息"政策的贯彻使得这一带的人口迅速恢复，给经济的

[①] 宣朝庆、贾岱铮：《商人职业共同体与道德规范的形成——以清代河南周口山陕商人为例》，《广东社会科学》2019年第6期。

[②] 张爱明：《由农入商：近代山西的乡村危机与晋中农民经商浪潮》，《史志学刊》2022年第1期。

复苏提供动力；二是得益于本区域独特的地理位置、便利的水陆交通条件，以及各大商帮对这片消费市场和货物集散地的争夺；三是距离清代商业中心相对较近。清代全国四大商业中心为北京、汉口、苏州、佛山。河南的商业市镇则处于北京与汉口之间，是联结南北贸易的枢纽，地缘上的近距离又是党家村人外出经商的优先条件。这构成了党家村人经商成功的三要素，即"天时、地利、人和"。

一、明朝腐朽统治导致政权衰亡

明朝灭亡的原因复杂多面。从本质上看，明朝在崇祯年间崩溃的原因主要是内忧和外患，内有农民起义沉重打击了明王朝的腐朽统治；外有潜伏于关外的清政权虎视眈眈。具体而言，明朝和元朝灭亡的原因具有共性，主要包含以下几个方面。

（一）土地兼并导致农民失地

到明朝后期，土地兼并之风日盛，导致大批农民流离失所。在以自然经济为主的封建社会里，农民丧失了土地，就意味着丧失了生存的权利。而一旦农民丧失了生存权，那么他们对已成空壳之势的国家权力结构就是一个巨大的威胁。

（二）赋税和军饷沉重不堪

税收是明朝政府财政收入的主要来源，明朝税种名目繁多。一是田赋（土地税）。洪武十四年（1381年）全国田赋粮为2 610.5万担，至洪武二十六年（1393年）增加到3 278.98万担。万历九年（1581年）以后，部分徭役银也摊入田亩中征收①。二是盐税（属消费税）。明代实行盐的专卖制度，盐税分为盐课和户口盐钞两种。明初全国盐课折银每年为4.6万余两，弘治、正德时期（1488—1521年）为20余万两，嘉靖以后大增，隆庆初岁入盐课103万两。户口盐钞以嘉靖二十八年（1549年）为例，太仓岁入4.5万两②。三是商税。商税包括钞关船料（商品通过税）和狭义的商税（经营税）两种。万历年间，税吏遍布天下，不仅征货物税，连行李费也在搜刮之列，而且不限水路，陆路也设关征税。万历时期的钞关税更重，嘉靖时期钞关为4万两左右，万历二十九年（1601年）实征26.6万两③。四是杂税。杂税名目繁多，包括茶税、矿冶之课、贡献、捐纳、

---

① 肖立军：《从财政角度看明朝的腐败与灭亡》，《历史教学》1994年第8期。
② 《明太祖实录》卷一四零、二三零；《古今图书集成》食货典卷二四七、一二九等。
③ 《续文献通考》卷十八，征榷考一等。

僧道度牒、吏承班银、赃罚银等。

除以上诸税外，中央和地方还有许多额外科派。中央各部每年除向直隶省摊派许多物料等，还有战马4 000匹。滥征赋税和乱派军饷遭到了纳税者对政府政策的抵触和反抗，阶级矛盾、社会矛盾日益显现出来。

（三）严重通胀瓦解经济基础

奔腾式通货膨胀①破坏了明王朝赖以存在的经济基础。明崇祯年间，许多关乎国计民生的商品，如食盐、大米和肉类等，均与前几任皇帝当政期间的价格相比有了大幅度攀升。例如，上海地区在明末的16年间，盐价上涨了30多倍；米价约是正德年间的3倍；崇祯初年，虽然银价已略见上涨，但猪肉的价格仍能维持在每斤15~20文。然而到了崇祯末年，猪肉的价格则高达每斤1 000文，远远超出了正常的价格水平②。

（四）官僚体系崩溃

严重的通货膨胀不仅伤害了农民、手工业者和商人的利益，同时也降低了官吏的实际收入。在明朝，官俸水平比元朝更低，如果再加上物价上涨的因素，那么较低的官俸将势必影响到官僚集团的生活水平，从而造成官僚机构怠工（低效率运转）或极其严重的政府腐败行为。在这种情况下，倘若再发生农民起义，那么大量官员倒戈将无法避免。

（五）人心体系崩解

人心体系是君主统治术、士人儒家准则以及民众道德规范三者结合而成的社会政治伦理，政治体系与秩序的稳定态势与社会政治伦理联系紧密③。明朝是中国传统社会转型的关键时期，以人心体系为框架的社会政治伦理渐趋变化，但是受传统政治机制和体系本身构成学理的限制，体系转型失败进而走向崩解。明朝政权已无法凝聚力量重建统治秩序，人心已成离散之态④。

崇祯三年（1630年），李自成、张献忠、罗汝才等领导的起义军分别在陕西等地揭竿而起。到崇祯十七年（1644年）三月十九日，大顺军

---

① 指物价无限制地上涨，通货膨胀率达100%的通货膨胀。经济科学出版社《世界经济学大辞典》第5页。
② 余耀华：《中国价格史》，中国物价出版社2000年版，第789页。
③ 胡火金、敬淼春：《明朝灭亡原因新探——以明代人心体系的建构与崩解为视角》，《西南石油大学学报》2018年第4期。
④ 胡火金、敬淼春：《明朝灭亡原因新探——以明代人心体系的建构与崩解为视角》，《西南石油大学学报》2018年第4期。

占领北京，迫使崇祯帝自缢，从而结束了明王朝长达276年的统治。

二、清初经济政策推动商业发展

顺治元年（1644年），清军入关后，商业环境得到了极大改善。除地缘、业缘等直接促使商业崛起的原因外，明末战后经济的恢复、清初新的经济政策，以及随之而来的康乾盛世，都为商业的发展提供了适宜的政治与经济环境。

（一）清初恢复经济的五大政策

清王朝立国之初，采取了一系列政策来恢复经济。其中前两点特别值得关注，它们构成了清政府发展经济的总政策，不仅奠定了康雍乾三朝政治制度的基础，同时也体现了掌权者求富的经济思想。

（1）移民垦荒政策。清朝推行移民垦荒政策始于太祖努尔哈赤时期。16世纪末，努尔哈赤兴兵伐明，取得节节胜利，耕地面积逐步扩大，随之人口也剧增。为稳定占领区的社会秩序，满人推行了计丁授田的政策，引导人们掌握农作物的生长习性、气候运行变化、土壤肥力等知识，这为入关前农业生产的发展奠定了基础[①]。清王朝建立后，农业生产能否迅速恢复与发展是一个事关政权稳固的大问题。农民如果没有赖以生存的土地，那么他们会像李自成那样再次揭竿而起。在当时，满汉民族之间的矛盾比较尖锐，明政府残余势力伺机而动，再度爆发农民起义的可能性依然存在，因此如何实施土地制度改革来获得广大农民的支持是关键问题。

顺治六年（1649年），清政府通过确保产权的方式鼓励贫民开垦荒地。起初，清政府规定"令原主开垦，官给牛种"[②]。顺治十年（1653年）又补充道，"原主不能开垦，地方官另行招人耕种，给予印照，永远承业，原主不得妄争"。[③] 甚至"五年之内，逃户归来，对半平分；五年之后，悉归垦户，不许争执"[④]。四年之后，顺治帝又将"永远承业"改为"永为己业"[⑤]。为确保新土地制度的顺利贯彻，顺治朝还从政府内部着手，颁布对官员的劝惩条例，把垦荒与对官吏的奖惩结合起来。

（2）土地政策。清康熙朝规定，"盛世滋生人丁，永不加赋"；到了雍正朝，又将这一政策改为"摊丁入亩"，此举大大改善了农业劳动力

---

① 庄声：《清朝入关前的农耕技术及其发展》，《自然科学史研究》2018年第2期。
② 《清朝通典》卷一。
③ 《历史档案》，1981年。
④ 《清代内阁钞档》，地丁题本（九），山东四。
⑤ 《清世祖实录》卷一零九。

供给不足的问题。新土地制度的实施赋予了农业经济新的思想内容,即通过土地私有化使农民获得权利,从而赢得其政治上的追随。在相应的国家权力组织的保证之下,清政府以"土地换取服从"的方式终于取得了巨大成功,不仅农业生产迅猛增长,人口也呈快速增加的态势,从而为商业的繁荣奠定了基础,如表3-1所示:

表 3-1　清前期耕地面积、人丁数统计

年　代	耕地面积（千顷）	人丁数[①]
明天启六年（1626 年）	7 439	51 655 459
清顺治八年（1651 年）	2 909	10 633 326
顺治十八年（1661 年）	5 265	19 137 652
康熙十年（1671 年）	5 459	19 407 587
康熙二十年（1681 年）	5 315	17 235 368
康熙三十年（1691 年）	5 933	20 363 568
康熙四十年（1701 年）	5 987	20 411 163
康熙五十年（1711 年）	6 930	24 621 324
康熙六十年（1721 年）	7 356	25 386 209
康熙六十一年（1722 年）	8 511	25 763 498
雍正九年（1731 年）	8 786	25 441 456

资料来源:庞毅:《中国清代经济史》,人民出版社1994年版,第19页。

（3）重农重商政策。从国家总政策的视角看,清初实行的各项政策细则同此前历代王朝立国时颁布的政策相比,均带有明显的分权化特色,即把农民的权利还给农民。另外,分权不止局限于农业,对工商业来说也是如此。在具体的农业与商业政策方面,明清时期基本上改变了重农与抑商同时推行的策略,进而采取了重农而不抑商,即重农与抑商逐步相分离的做法[②]。尤其是在康熙平定"三藩"之后,清政府的产业、财政和货币政策开始逐渐呈现出更加尊重市场规律的趋势,全国性的商业活动日趋繁盛。康熙帝经济思想的核心内容也日渐成型,即实施重农而不抑商的经济发展总政策,从而开启了中国历史上长达100多年的康乾盛世。

（4）产业政策。康熙朝进一步打破旧制,在官营的基础上逐步推进盐业、纺织业、陶瓷业、矿业以及手工制造业等行业的私有化进程。比如:康熙朝改变了盐的官方专卖制度,允许私人煎煮贩卖;对纺织业,取

---

① "人丁"指 16~60 岁的成年男子。明天启六年的人丁数为实际人口数。
② 吴松:《中国农商关系思想史纲》,云南大学出版社2000年版,第231页。

消了从前规定机户"不得逾百张"的限制;废除了陶瓷业的各种"当官科派"的做法,规定"凡工匠物料,俱按工给值""悉照市价采买"。① 康熙二十年(1681年),朝廷还批准了云贵总督蔡毓荣提出的让商民自行开采云南铜、铅、锡、银、铁矿的建议②。

(5)财政与货币政策。清政府一方面大力整顿市场交易秩序,颁布诏令:百姓如遇"购买民物短少价值,强迫多买,殊失公平交易之道"者,可立即拿送官府,"治以重罪"③;另一方面,清政府又下令统一度量衡,规定国家统一制钱的重量,每文钱重一钱,每钱一串值银一两。康熙四十三年(1704年),清政府宣布废除盛京的金石、金斗、关东斗,规定一律改用底面平准的升斗。更为重要的是,清政府重视粮食贸易,打击各地粮商囤积居奇,利用供求关系平抑粮价。此外,清政府还取消针对商人额外征收的税费,规定"俱照定额征收","溢额者加级记录之例,永行停止"④。

(二)清中叶城镇商品经济的崛起

长期藏富于民的结果是有了一个新经济体的出现⑤。其突出标志是城镇商品经济的崛起⑥,至清中叶,全国集市总数至少可达2.2万~2.5万个⑦。除旧有的城镇重新恢复发展以外,许多是新发展起来的市镇。虽然大多数地处荒僻或已成战争废墟,但由于商品流通、商业网络的恢复以及驿站、商路的开通,这些新市镇犹如雨后春笋,纷纷拔地而起。清朝前期就有分布在全国东南西北的四大商业城市,号称"四聚",即:"北则京师,南则佛山,东则苏州,西则汉口。"⑧

以汉口为例:汉口地扼汉水与长江交汇之处,自明中叶崛起后,其商业地位迅速超过武汉三镇中的武昌和汉阳,至清前期已是长江商路中段最为重要的枢纽城市,素有"九省通衢"之称。清乾隆年间汉口人口数量已增至20万人,沿江码头常年停泊商船多达数千艘,镇上街衢纵横,大小店铺上万家,成为华中地区最重要的商业重镇。云南、贵州、四川、湖南、广西、陕西、河南、江西诸省流转商货,大都先集于汉口而转输东西南北各地。流

---

① 《景德镇陶录》,兰浦,卷一。
② 常玲:《清代云南的"放本收铜"政策》,《思想战线》1988年第2期。
③ 《清世祖实录》卷十五。
④ 《清圣祖实录》卷十四。
⑤ 许倬云:《从历史看组织》,上海人民出版社2000年版,第173页。
⑥ 蒋兆成:《明清杭嘉湖社会经济研究》,浙江大学出版社2002年版,第5页。
⑦ 许檀:《明清时期农村集市的发展》,载《中国经济史研究》1997年第2期,第21页。
⑧ (清)刘献廷:《广阳杂记》卷四。

通商品以食盐、粮食、木材、棉花、布匹、药材、日用杂货为大宗，商贾毕集，帆樯满江。① 另据记载，雍正年间，汉口往长江下游运米的船只，每年不下1 600艘；雍正九年（1731年），有10万石粮食经汉水运往陕西②。

与众多的新兴市镇一样，河南瓦店镇、郭滩镇和赊旗镇也是由村落发展起来的城镇级商贾云集之地。其兴起得益于当地独特的自然地理条件、"政治（包括战争，因为战争是政治的继续）"和经济发展的需要，再加上历代都十分重视水陆交通的开拓，从而促进了商业及其城镇的形成和发展③。至康乾盛世时，唐河、白河沿岸进入了商业鼎盛时期。

第三节 "下河南"浪潮与区域经济发展

党家村人外出经商首先来到河南唐白河④流域的一些码头、贸易集镇。在经营规模扩大后，将生意又向南延伸至汉口、南昌、福建、佛山一带，向北则扩展至北京周边。

一、明清时期唐白河水运日盛

唐、白河水系的主要通航线路为白河和唐河两条水道。白河，古称淯水，自古便可通航。清道光年间，南召余坪至汉水皆可通航。清光绪三十年（1904年），盛水期小型货船上行达南召李青店（今南召县城）⑤。清末，从湖北襄樊开出的大型货船可抵南阳⑥城关，小船仍可直达石桥镇⑦。据清光绪《南阳县志》载："南阳县有石桥河镇……南循洱淯乘涨之郡，瞬息可至，毂辂水陆，号为繁富。"⑧南阳的瓦店人还利用当时的水运南下贸易，

---

① 张忠民：《前近代中国社会的商人资本与社会再生产》，上海社会科学出版社1996年版，第25页。

② 庞毅：《中国全史·中国清代经济史》，人民出版社1994年版，第29页。

③ 郭敬：《河南省古今小城镇形成和发展问题初探（初稿）》，打印稿，现藏于河南省图书馆。

④ 唐河与白河南流在双沟交汇，称为唐白河。

⑤ 南召县地方志编撰委员会：《南召县志》，中州古籍出版社1995年版，第615页。

⑥ 南阳县（简称宛，指今河南省南阳市），位于河南省西南部，早在远古时代，这里就已有人类聚居繁衍。据《南阳县志》载，南阳在西汉时已成为全国冶铁中心，商贾云集，有"宛、洛富冠天下"之誉。东汉光武帝曾定为陪都，史称"南都"。整个县域东、北、西三面环山，形成了向南开口的扇形山间盆地。南面与江汉平原相连，东北角有方城县缺口与华北平原相通，地势具有明显的环状和梯级状特征，海拔140~200米。盆地中南部为地势低平的洪积平原和冲积平原，是由汉水支流白河、唐河侵蚀、冲积而成。

⑦ 徐少华、江凌：《明清时期南阳盆地的交通与城镇经济发展》，《长江流域资源与环境》2001年第3期。

⑧ 潘守廉修、张嘉谋纂：《新修南阳县志》，台北成文出版社1977年版，第285页。

第三章 "下河南"经商——党家村致富之路的重要探索

获利颇丰。清光绪《新修南阳县志·集镇》载:"县南三十里为瓦店……地濒淯水,民习舟楫,帆樯出入,时有赢余。其市多菽麦,亦有麻油枣梨。夏秋乘水涨,下舟宛口,输之汉,时获倍称之息。"①白河又南经新野境内,支流湍河、潦河数水汇入,水量更盛,"舟楫往来,更为频繁"②。

清朝末期,白河一年四季通航,一般水位在 0.5~0.7 米,汛期 1 米以上,10~12 吨的船只自张家湾可直达南阳,航程 167.5 千米;6~8 吨小木船,逆水可达南召县的刘村,航程 237 千米;竹排可达南召的白土岗,航程 275 千米。白河沿岸有船行 17 家,包括南阳县城关有 5 家,瓦店有 2 家,新野有 4 家,梁埠口有 3 家,石桥、新甸铺、岗头街各有 1 家,其中南阳城区船行,每年 4—10 月较为繁忙,每日发船可达百余只。

唐河,古称沘水。上游为赭水(即潘河),清中叶之前,城旁的潘河可以通航并且贸易繁忙。据民国三十一年(1942 年)《方城县志》记载:"潘河之水在清中叶可泛舟,沽客乘航直达东廓,四方之物无不毕集,城东南下货台即当日泊船下货处。"③潘河流经赊旗后与另一支流赵河汇流,水势益达,水运始盛。清末,通航终点已经南移到了今社旗县城关。清代唐河水盛时,襄樊货船可径抵于此。民国《大中华河南省地理志·沘源县》记载:"(唐河)航路北通方城之赊旗,南达襄樊、汉口,每日帆樯如织,往来不绝。京汉铁路未通以前,云贵之入京者,率由襄樊乘舟溯唐河北上。而北方货物之运往汉口者,亦顺唐河而下。"④清人郭平鼎《唐城怀古》诗云:"毂击戾摩比户卦,淮襄千艘竞并冲"⑤,极言唐河县城外的水运盛况。

白河与唐河两水交汇后,流量增大,行船更便,水运更为繁忙。因为处于唐河入汉之口,下游的新打洪和张家湾先后成为繁荣的港口。咸丰五年(1855 年),清政府在张家湾设立"百货厘金局",主要专收唐、白河过境船只的货厘,年额抽可达 3 万串之多⑥。水路畅通使唐、白河水域逐渐繁华,成为上通河南、下至汉口、西到樊城的重要码头。

水路交通便利刺激周边城镇商业的发展,也为党家村商人经商提供良好的契机。乾隆二十年(1755 年),唐县郭滩镇富商——党家村贾族贾翼唐,以东家身份聘请在武汉经商的党族十四世三门人党玉书做西家,合伙经营

---

① 潘守廉修、张嘉谋纂:《新修南阳县志》,台北成文出版社 1977 年版,第 289 页。
② 徐金位纂修:《新野县志》,乾隆十九年刊本。
③ 王凌云、杜绪赞修,张嘉谋纂:《方城县志》,民国三十一年铅印本。
④ 林传甲纂:《大中华河南省地理志·南阳县》,武学书馆,民国九年,第 276 页。
⑤ 唐河县地方史志编撰委员会:《唐河县志》,中州古籍出版社 1993 年版,第 123 页。
⑥ 襄阳县地方志编纂委员会:《襄阳县志》,湖北人民出版社 1989 年版,第 364 页。

"合兴发"。当时,唐河水深面宽,南经汉水连武汉,北经潘河至方城,是南北水运要道。实际上,唐河是古代丝绸之路的水路终端,与陆路起点方城相交。南方丝绸、茶叶、木材北运,北方皮革、粮食南输,唐河是必经之路,形成了南北物资交流的交通枢纽。那时,南阳一带战后待兴,建筑所需大量木料主要由南方运输而来,木材生意十分火爆。"合兴发"商号以木材生意为主,兼营南北货运茶叶和药材。后来,生意越做越大,党玉书之子党天佑,聘请贾大有任经理,将"合兴发"号分店移至北面的水陆码头赊旗镇,又创下了日进斗金的商业佳话。

二、万里茶道上的贸易中转枢纽

明清时期唐河的水运繁荣,河上运输的货物品类繁多且数量巨大。山陕商人主要从事茶叶、绸缎、刺绣、木材、食盐、布匹等商品的南北转运,其中以茶叶和粮棉贸易最负盛名。

(一)茶叶贸易

茶叶贸易古已有之,至明清时期发展迅速。清代是旧中国茶叶贸易的鼎盛时期,茶叶在贸易结构中长期占据首位,茶叶出口量不断增加,最终成为最重要的出口商品。在进行茶叶贸易的商人群体中,运销蒙古和俄罗斯的茶叶几乎由晋商垄断,他们逐渐打通了一条以"输出茶叶"为主的、由南到北经西伯利亚直达欧洲腹地的国际商路。晋商采买福建武夷山或湖南、湖北等地的茶叶后,由水陆两路运抵汉口,由汉水至襄阳,转唐河北上达赊旗,再改陆路,由马匹驮运北上过平顶山、洛阳,渡黄河,入山西,经晋城、长治、祁县,到太原、大同,再经张家口或归化(今呼和浩特),用骆驼穿越戈壁沙漠,运至库伦(今乌兰巴托)、恰克图。先与俄蒙商人进行贸易,再传入中亚和欧洲其他国家,使茶叶之路延长至14 000千米之多,成为名副其实的"万里茶道"。

唐白河流域的赊旗镇正是这条"万里茶道"上一个至关重要的中转站。山西祁县渠家长裕川茶庄遗留的办茶行商纪要——《行商遗要》[①],于近年被挖掘出来,该书描述了赊旗在万里茶路中的重要位置。以《平、祁、太经济社会史料与研究》一书编排的次序,《行商遗要》共分76小节,而赊旗出现在小节标题中共有13处之多,足见赊旗在"万里茶路"

---

① 《行商遗要》是祁县渠家长裕川茶庄遗留的办茶行商纪要,是经过长裕川茶庄几代办茶商人总结笔录而形成的文本。到民国年间,王载赓誊抄时,已是成文的书本。可惜原书已失传,只留下了王载赓的手抄孤本。这本手抄本为研究晋商文化及晋商万里茶路提供了翔实可靠的历史依据,对研究祁县茶帮、渠家长裕川茶庄办茶模式,是一个重大突破,具有极高的文献价值。

中所发挥的重要中转作用。当时赊旗镇为"百货皆聚"的水陆转运码头，为确保贸易顺畅，山陕商人还与当地运商磋议建立了分期付款制度。光绪年间《合行公议发货日期新定章程》载："汝州、禹州马车脚价付九欠一，以十天为期，二十天见票，误期每车罚银八两；会镇马车限十六天送到，三十天见票，误期每车罚银八两；汝州、禹州牛车每辆欠银三钱，限十二天送到，误期每车罚银二千。"①分期付款制度有利于缓解商人的资金压力，降低投资风险。

当时"万里茶道"中的茶叶贸易量巨大，北方的俄国是重要的出口地。该时期中俄贸易的基本格局是"彼以皮来，我以茶往"。崇祯十三年（1640年），俄使返国时带回华茶200袋奉献沙皇，沙皇饮后赞不绝口，从此俄国饮茶之习蔚然成风。由于经营茶叶贸易获利颇丰，吸引了大批商人从事茶叶贩运。北方的恰克图市场是晋商与俄国进行茶叶贸易的主要地点。

（二）粮棉贸易

河南在清朝时是北方重要的粮食输出地之一，所以粮食也是唐、白河河道上运销的另一项重要货物。粮食属于粗重商品，故而运输多采用水运，形成了以水运为主、陆运为辅，互为补充的水陆联运粮食运输网。河南粮食运输有北运、西进和南运三条线路，其中南运主要输入湖北、安徽一带，以豫南的粮食为主②。通过唐白河与汉口的粮贸交易，不管在数量上还是在规模上，均高于淮河水系上所进行的豫鄂两省间的粮食贸易③。

经销粮食是当时活跃在南阳各城镇中的山陕商人的重要经营项目，他们不仅在各地开设粮店，从事粮食经营，而且还在各地开设作坊加工造曲。乾隆三年（1738年），河南巡抚尹会在奏折《覆奏禁曲疏》中写道："臣查河南素称产麦之区，遂有山西大商大贾挟其厚资，乘麦收价贱之时，在于码头集镇广收麦石。"④光绪三年（1877年），山西灾荒，河东运城地方需粮甚多，该处"商贩凑备资本，分往河南南阳府之赊旗镇，及安徽颍州府六安州连界之陈州府属周家口等处，采买粮石（食）"⑤。粮食贸易遍布各大城镇，贸易量也十分巨大。清时南阳地处南北要冲，商业繁荣，

---

① 社旗县地方志编纂委员会编：《社旗县志》，中州古籍出版社1996年版，第251页。
② 邓玉娜：《清代河南的粮食贸易及其对城镇化的影响》，陕西师范大学历史文化学院2003年硕士学位论文，第21~22页。
③ 邓玉娜：《清代河南的粮食贸易及其对城镇化的影响》，陕西师范大学历史文化学院2003年硕士学位论文，第21~22页。
④ 徐颖：《黄河南北遍地香》，《大河报》2010年8月31日。
⑤ 王兴亚：《明清河南集市庙会会馆》，中州古籍出版社1998年版，第183页。

出现了专营粮食的粮行,有专门装卸粮食的码头。《源潭镇志》也记载:"清和民国时期,(源潭)输出以小麦、大豆、芝麻油为大宗,以唐河航运为主,牛车、手推车、肩挑为辅。"①

清代河南亦是北方重要的棉产区。棉花、棉纺织品成为集市贸易的又一重要商品。由于江南棉纺织业发达,因此每年南北棉、布交换量很大。徐光启在《农政全书》所记"今北方之吉贝贱而布贵,南方反是。吉贝则泛舟而鬻诸南,布则泛舟而鬻诸北"②,说的就是木棉与棉布的南北交换。同粮食贸易一样,唐白河流域成为豫南地区棉花运输的重要通道。

三、水陆码头促进陆海贸易互联互通

明清的商品经济较前朝又有显著的发展和变化,商品的流通是以水陆商路的畅通为重要条件的。而商品交换的市场不断扩大和活跃,又进一步促进了水陆运输的发展和繁荣。由于水运与陆运相比更为便利和价廉,因此当时的唐、白河成为沟通中原与江南的重要通道,南方各省物资通过唐白两河流向北方,北方各地也因唐、白河的便利而汇集于此进行交易或转运,商船往来不断,水运异常繁荣。

水运贸易的繁盛还表现在沿河所建众多的码头上,从事长途运输的商人们往往需要在水陆衔接、交通方便且自然条件良好的地方来避风、泊宿和装卸货物。久而久之,这些地方就逐渐成为船舶聚泊的处所,并最终形成港口或码头③。水运的繁盛与来往客商的增多会对码头形成一种愈加迫切的需求,促进着沿岸港口及码头的繁荣。从这个意义上来讲,一段河道上码头的多少及其繁荣程度,是该段河道水运是否繁荣的重要标志。明清时期,唐、白河两岸众多港口与码头的出现及兴盛,是水运繁荣的直接证明。

唐河边的码头以赊旗码头和源潭码头为盛。赊旗沿河有双庙、毛庄、大王庙、河口、相庄、三保树6个码头,码头沿后河东、北、西岸修建,用青石板铺设下货台及上岸的台阶。清同治朝以前,赊旗为唐河最繁盛的内河港,常停船数百只,沿岸码头长达1千米。码头的兴盛是赊旗商业发

---

① 《源潭镇志》编纂委员会:《源潭镇志》,河南大学出版社1999年版,第65页。

② 邓玉娜:《清代河南的粮食贸易及其对城镇化的影响》,陕西师范大学2003年硕士学位论文,第26~27页。

③ 港口是位于海、江、河、湖、水库沿岸的场所,具有水陆联运设备以及条件供船舶安全进出和停泊,是水陆交通的集合点和枢纽,工农业产品和外贸进出口物资的集散地,可供船舶停泊、装卸货物、上下旅客、补充给养。码头又称渡头,是一条由岸边伸往水中的长堤,也可能只是一排由岸上伸入水中的楼梯,它多数是人造的土木工程建筑物,也可能是天然形成的。一个港口必定包括了码头,还包括堆场、仓库、中转站等设施。码头只是港口的必备部分。

展的重要原因。光绪《南阳县志》记载："淯水之东，唐泌之间，赊旗店，亦豫南巨镇也……地濒赭水，北走汴洛，南船北马，总集百货，尤多秦晋盐茶大贾。"源潭码头紧靠唐河，又有深潭相联，东岸陆坡有利于船只安全停泊，是一个良好的河陆码头。沿唐河而下，还有一系列较小的码头。郭滩是水运码头，帆船航运是镇域一大特色，曾是豫、湘、川等地商贾云集地，素有"银郭滩"之称。苍台，明、清亦为水运码头①。

沿白河南下，两岸码头众多。南阳北的石桥港，"毂辂水陆"，有船行1家，南货由石桥登岸转陆运，山区土特产品可由石桥顺水南下，故为宛北货物集散地。地当"南襄溢道"要冲的南阳，白河流贯，水道宽平，利行舟楫，城关的装卸码头有4个，即大寨门、小寨门、永庆门、琉璃桥。大寨门多卸竹木、食盐及笨重货物；小寨门以卸煤油、白糖为主；永庆门多卸小件百货；琉璃桥运卸煤、柴、粮食、木材。清时，码头繁盛，在南关形成一条"新街"②：当时南阳城关有船行5家，每年4—10月船行如梭，每日行船300余只，靠岸停泊百只左右，桅杆林立，热闹非凡，上坡下河的货物装卸十分繁忙。逆水北上载运南方杂货、布匹、火纸、茶叶等，顺水南下装运粮食、丝绸、麻油、生猪等。南阳南的瓦店，也是沿岸的较大港口。瓦店镇船行3家，兴合德、兴合仁、兴合义三大商家，承包木船200余只。白河再南流便是地界豫鄂水陆交通要道的新野。新野县南的临河大镇新甸铺当时也有良好的天然码头，既是往来船只的避风港，也是新野、邓县南部的农贸市场和货物运输的集散点，常有汉口、襄樊等地商贩到此坐庄采购，所以该港航运繁盛、商业兴隆。支流湍河上有草场码头，位于湍河南岸。清时商船云集，双日为集市。

唐河与白河在双沟汇流之后，水势渐大，航运益盛，沿岸码头连绵不断。最兴旺的当属新打洪与张家湾。新打洪，原是唐、白河入于汉水的宛口，随着水运的发展，这里逐渐形成为舟船云集、铺店林立的港埠。据同治《襄阳县志》载："新打洪……往来行舟，夹岸停泊、商贾云集。"③后来唐、白河改道，张家湾代替新打洪成为唐、白河入汉之口。鸦片战争后，汉口开埠通商，成为长江中上游最大的商业中心，唐白河流域的黄豆、小麦、棉花、芝麻等农产品出口，必然以汉口为交易点，又必须在汉水改装大河船。张家湾位于二水汇合之处，水面宽阔，河岸弯曲，可以避风，民船停泊极便利，遂成为除樊城之外最大的港埠。张家湾泊船最多时达千只，岸

---

① 唐河地方史志编纂委员会：《唐河县志》，中州古籍出版社1993年，第762页。
② 南阳市地方史志编纂委员会：《南阳市志》，河南人民出版社1989年版，第475页。
③ 襄阳县地方志编纂委员会：《襄阳县志》，湖北人民出版社1989年版，第364页。

线长达 200 千米①。

四、战争后经济百废待兴

商人善于寻求商机，虽然战争对国民经济的摧残和破坏是巨大的，但战争过后经济百废待兴亦是经商的好时机。从表 3-2 可以看出，明末起义军征战的足迹几乎踏遍了南阳的每一个角落。农民起义军失败之后，清政府又对这一带进行了长达近十年的军事征服和政治安抚。从表 3-3 可以看出，顺治初年，南阳由于战乱等原因导致境内人丁仅剩 3 036 人，即平均每平方千米不足 2 人。但是，在清政府各项政策的鼓励之下，南阳地区的经济恢复很快，至康熙三十二年（1693 年），其人口数量就已经接近明永乐十年（1412 年）的水平。人口的快速增长势必给消费市场带来繁荣，从而也促进了小城镇的迅速发展。

表 3-2 明清时期南阳一带的战争

时 间	战 况 简 述
明崇祯六年（1633 年）	张献忠率所部进攻南阳，攻城未克；次年二月十六日，起义军败于城北安皋山，被杀 400 余人
明崇祯九年（1636 年）	秋，起义军出武关袭南阳，后败于大石桥
明崇祯十年（1637 年）	正月，南阳人郭四、郭三海、侯驭民等聚众起义，遭明将左良玉镇压
明崇祯十一年（1638 年）	正月，张献忠率部又袭南阳，左良玉迎战，箭中张献忠肩部
明崇祯十四年（1641 年）	五月初七夜，张献忠率部再袭南阳，未克。十月，李自成率兵围攻南阳。十一月四日，城破
明崇祯十五年（1642 年）	李自成再克南阳，命吴勤为县令，镇守南阳
清顺治三年（1646 年）	南阳境内因战乱十室九空，人员伤亡惨重

资料来源：《南阳县志》，16~17 页。

表 3-3 元明清时期南阳人口的变化

朝代	年 代	公元	户数	人口	户均人口数
元	皇庆元年	1312	692	4 893	7.0
明	洪武二十四年	1391	1 756	10 880	6.2
明	永乐十年	1412	1 906	9 648	5.1
明	正德十六年	1521	1 163	14 995	13
清	顺治初年	1644	/	3 036	/

---

① 邓玉娜：《清代河南的粮食贸易及其对城镇化的影响》，陕西师范大学历史文化学院 2003 年硕士学位论文，第 27~28 页。

续表

朝代	年代	公元	户数	人口	户均人口数
清	康熙三十二年	1693	/	9 240	4.3
清	光绪二十五年	1899	58 086	251 739	4.3

资料来源：《南阳县志》，554页。

南阳地处中原，自古就是南北货物水陆周转枢纽：向北可经洛阳直达山西、经开封直达京师；向南可至汉口、佛山；向西可至陕西及四川；向东可至安徽和山东，并与大运河经济带连为一体。特别是在康熙平定"三藩"的8年战争中，唐白河流域成了清军最靠近前线的后勤补给基地，从而促使这一地区的商业进入到一个快速发展时期。"合兴发"商号崛起迅速与南阳战后重建是分不开的。

五、唐白河水运繁盛的时代红利

交通是人类社会发展的需要和结果。发展经济学理论表明，交通运输的发达程度与人口密度和生产发展呈正相关关系。一个区域的交通条件可以制约社会经济的发展，但其本身亦受到社会经济条件的制约[①]。明清时期唐、白河水运的兴盛不仅因其地理位置重要、天然河道通畅，更是与当时商品经济和社会生产力的发展有着重要的联系。

明清时期，社会生产力得到了较大的发展，剩余产品愈来愈多，商品经济随之得到较大发展。在明代中叶我国出现了资本主义萌芽，商品生产的增长速度明显高于前朝。与此同时，南北经济的交流也逐渐增加，江南地区所生产的各种手工业制品越来越多，相关产品又为北方各地的必需品，这便急需通过长途贩运往北运输。而北方所产粮食及其他农副产品也为经济发达的江南地区所急需，这就要求往南的长途贩运活动。南运北输极大地刺激了大商人出现，促成了贩运贸易的兴旺，对于交通条件的要求也愈加强烈。在南北两类商品流动中，地处南北交通要道的唐白河流域既是南北贸易的必经之地，又是手工业品、生活日用品的市场及粮棉原料的产地，南来北往的商人对于水运自然是极尽利用，当时水运的繁盛也就可以想象了。

由商品经济发展而兴盛的商人群体，也是唐白河水运得以兴盛的重要原因之一。由于农产品和手工业商品化的加深，刺激了商业的发展，许多人不再单一经营土地，而转向兼营商业，从而成为巨商富贾，异地经商成为一种潮流。商人队伍有了显著增长，各地商人相继崛起。许多地方由于

---

① 杨筠：《发达国家的人口城市化进程及特征》，《重庆三峡学院学报》2019年第6期，第8页。

经商人数众多还形成了地方性的商帮。这其中以北方的晋商、陕商和南方的徽商最为有名。他们擅长经商敛财，拥有巨额资本，抑或操纵商贸市场、垄断食盐运销；抑或开办钱庄、票号，成为当时商业经济活动中显赫势力的代表。这些商帮在全国范围内从事商品的贩卖，大大促进了各交通要道的繁荣。如当时的山陕商人自从明代崛起之后，经清康熙至乾隆百余年的发展，进入了他们发展的兴盛期。

当时清王朝实施的诸项政策，如税务公开、照章纳税、废除溢额苛征等，为行商、坐商、小贩的发展提供了稳定、公正的环境。在这种环境下，大商富贾走南闯北长途贩运货物，可以无所顾忌，大大促进了商品流通。在白河流域，山陕商人不仅把着眼点放在南阳城内，而且在该县的赊旗镇、石桥镇、瓦店镇、禹王店也有不少的西商。康熙时期，"盖以秦、晋之贩，聚居贸易，乘乡民缓急称贷而垄断取盈"①。他们不仅在城内设店经营，而且结成山陕商帮，在县内源潭镇上也开设了店铺。他们还在唐白河流域建有多所会馆来维持乡谊，维护同乡同行利益。他们在当地的商业活动大多是依靠贩运实现的，这无疑会促使唐白河水运的日益繁盛。

第四节 党德佩"下河南"的创业动机

清顺治十一年（1654年），党族十一世二门人党德佩手牵毛驴，驮着两捆棉花，加入到"下河南"的人流中。背井离乡谋生存，使党德佩之行显得悲壮又豪迈，充分体现了当时商人阶层不畏艰险的胆略。这一点倒与陕商"时而江湖，时而边塞，风波险阻，备极艰危"的活动方式有诸多相似之处②。

一、党德佩对商贸路线的选择

党德佩离开韩城后，一路南下。在到达秦岭脚下时，他并未掉头向东直奔潼关，而是选择了连接秦豫的古老驿道"武关道"。清初时期，潼关一带常驻有重兵，是关中通往中原的咽喉要道。清兵不但扰民，而且还设立层层关卡，对过往客商滥征滥罚。因此，路人多选择从陕西华阴县往南翻越秦岭，至陕西商南县向东进入河南境内。一般来说，步行走完这段路程至少需要一个多月，更何况山路崎岖，盗匪出没。关于穿越武关道的

---

① 吴泰来修，黄文莲纂：《唐县志》，乾隆五十二年刊本。
② 黄德海：《党家村的白银时代》，陕西师范大学出版社2018年版，第13页。

崎岖惊险，在唐代诗人李商隐的诗中曾有描述："六百商于路，崎岖古共闻。蜂房春欲暮，虎阱日初曛。路向泉间辨，人从树梢分。更谁开捷径，速拟上青云。"由此可见，党德佩孤身一人穿越武关道需要多么大的勇气和智慧！

二、党德佩"下河南"的动力

清朝立国之初，"下河南"在韩城县北并不稀奇，犹如后来山东人的"闯关东"，晋西北的"走西口"。而对于党德佩而言，对先辈遗训[①]的遵从是其勇于"下河南"的直接动力之一。家族流传下来的习俗，可以被看做是家族制度在其灵魂深处留下的某种根深蒂固的约束性影响，只是随着时间的推移，这种影响没有使其故步自封，反而成了一个梦想。在以家庭为基本单位的农耕社会里，家族传统习俗的力量往往十分强大，令人不可抗拒。因为它不仅是传统伦理观念的浓缩，更多的则是凝结了长辈对晚辈提出的进步要求和期盼，以维护及改进既有生活结构。为了实现这个梦想，党德佩不得不面对来自家族内外的生存与竞争压力。当时欲实现党家村望族地位的唯一选择，也只有直面竞争这一条路可走。

促使党德佩"下河南"的动力之二是为生活所迫。作为农民，由于置身于社会最底层，发家致富及光宗耀祖的愿望在他们的身上总是体现得格外强烈[②]。在当时的党家村，党氏家族所面对的现实是人多地少，仅仅依靠农耕不足以发家致富，当然也就更谈不上光宗耀祖。因此学习山陕商人"致富皆在数千里或万余里外，不资地方"的做法，就成了年轻时代党德佩的一个愿望。其之所以能在一个几乎"老死不相往来"的"桃源之乡"中产生从商的念头，并最终付诸实践，使愿望成功实现的原因，至少源于这样两个方面的深刻变化：其一是社会从商环境优化，"社会风气"与"消费习尚"发生了显著变化，民众从不愿消费、不敢消费、不会消费到愿意消费、敢于消费、精于消费；其二是社会传统（包括官方）的主流商业观念发生了变化，从轻视商业、限制商业、鄙视商人转变为重视商业、搞活商业、尊重商人[③]。其三是清初战后的重建工作已在全国各地迅速展开，

---

① 在党家村，一般家庭在安排子女的未来时，总是提倡一门从农，二门从商，三门从文，四门从军。虽然老一辈人在叙述过程中总是提及这一做法，但从实际情况看，并不尽然。后代子孙信仰结构方面的差异，以及性格因素有时候会与家族的安排背道而驰。

② 王学军：《伦常关系与王权崇拜》，载《安徽农业大学学报》（社会科学版）2002年第2期，第59页。

③ 张忠民：《前近代中国社会的商人资本与社会再生产》，上海社会科学院出版社1996年版，第47页。

举国上下商机无限。这对于"久有此心"的党德佩来讲,无疑是一个绝好的从众机遇。眼见周围乡亲外出经商赚得盆满钵满,如在辽东经商的李村卫家,在河南唐县经商的解家村解家,在南方经商的柳枝村孙家,等等,党德佩早就跃跃欲试了①。

对于"闯荡江湖"式的商人来说,人格因素是其实力的最大体现。其"冒险"经历展开之后,党德佩仍需要竭尽所能来寻求其他增强实力的因素,以降低从事商业活动的风险等级,比如说诚信、资金和商业组织形式等。从党德佩"下河南"的前后历程来看,这一商旅轨迹表现得尤为明显。

---

① 党康琪:《党家村人说党家村》,内部出版物,陕渭新出批〔1999〕字第20号,2001年,第112页。

第四章 "铜瓦店"——党家村商业兴起的第一次高潮

河南民谚说:"金赊旗,银石桥,铜瓦店,铁安皋。"铜瓦店是指河南南阳瓦店镇。该镇自明朝起就已经成为白河上游的一个重要水陆码头。随着康乾盛世的到来,整个白河流域商贾云集,南船北马,日渐繁荣。沿白河顺流而下,不出几日便可进入汉江,直达汉口。这条横穿河南、湖北两省的水陆交通要道曾被当地人冠以"宛襄大道"的美称①。党德佩"下河南"选择在贾营落脚,并跨河移居瓦店镇,而没有在南阳创业或继续南下至汉口,在今天看来的确是一个比较理想的选择。实际上,无论是当时的南阳还是汉口,对于以"一头毛驴、两捆棉花"闯天下的党德佩来讲,都曾是一片敢想而不敢踏入的市场。

第一节 "铜瓦店"的形成及商业概况

明清时期,以南阳为中心形成了一个大商业圈。虽然瓦店镇位于其南部边缘地带,但它却是连接南阳与汉口、襄阳的一个水陆枢纽,在该商业圈内占有独特的区位优势,因而其商业能够在明朝崛起,并在清初繁荣发展。优越的水陆交通环境将南阳盆地与当时在全国各地崛起的商帮紧密地联结在一起。

至康乾盛世之际,南阳地处各大商帮及其发源地的包围之中:西有陕商,北有晋商,东有鲁商,南有洞庭商帮,东南则有徽商,等等。经过多年的积累和发展,几大商帮对河南形成了合围之势,共同瓜分了这一大片市场。尤其是山陕商帮,凭借着与河南境内"反客为主"的山陕移民之间

---

① 明清时期,以南阳为中心通往全国的道路主要有:号称"云南官路"的方城道,上达北京,下至云南,民国以后,此道渐废;唐代被称为"长安邓州道"一部分的武关道,位于陕西省商南县境,西通长安,向南经河南新野进入湖北;明清时号称"宛洛通道"一部分的三鸦路,主要连接南阳和洛阳,至清末因道路曲折难行被荒废;有"官道"之称的宛郢道,是连接南阳盆地与江汉平原的交通要道之一,也是古代楚国北通中原的大道,如今在瓦店镇的界中街北,古官道的痕迹仍依稀可见。参见逯富太、白万献:《南阳纪行》,五洲传播出版社2000年版,第450~451页。

的乡情纽带①,把南阳一带视为其南下的商品中转基地,并在此与其他各大商帮展开了长达几百年的激烈竞争。

一、瓦店镇的兴起与发展

瓦店镇在先秦以前的历史无从考证。关于老瓦店名字的由来有两种说法,一是民间传说刘秀的叔父刘瓦在此开设饭店,沿称刘瓦店。二是传说古时此处有制瓦的瓦店而得名。汉朝它被称为"小长安",其由来大概与其当时的繁华有关。据《清修光绪南阳县志》记载:"地处南阳县南端的瓦店,曰汉之小长安也……民习舟楫,帆樯出入,夏秋乘水涨,下舟宛口(唐、白河交汇处),输之汉,时获倍称之息……"②白河在新野境内还汇接了潦河、湍河、朝河数水,流量大增,"舟楫往来,更为频繁"③。潦河沿岸有安众、王村铺、安皋等镇,其中安皋镇乃南阳府重镇之一。白河航运对城镇商业发展的作用很大。白河这条商业发展的黄金水道,从南阳府顺流而下至襄阳注入汉江,襄阳城外十里处之新打洪码头沟通各支流的航线,唐河、白河、滚河、清河之水由此至白河嘴入汉,往来行船夹岸停泊,商贾云集。

在汉朝,宛城已发展成为全国六大商市之一。明清时期,商业活跃,外地来南阳经商的很多,尤其山西、陕西商人来宛更多,南阳城内及赊店、瓦店、石桥、安皋等大集镇均建有山陕会馆。

康熙年间"三藩之乱"时,南阳是靠近"平藩"战场的地区之一。持续8年多的战争及其战后重建时期,也为南阳唐河、白河航运和商业网络带来了无限商机,有着航运和驿道双重便利的瓦店镇,商品流通自然十分繁忙。

在清初,南阳县城镇经济都很繁荣发达,比较有名的有赊店、石桥、瓦店、安皋等镇,这4镇各守南阳县一方门户,在康乾盛世时期,社会比较安定,民间转输舟车商旅,交通货物有无,使这些集镇接纳人流、吞吐货物,呈现繁忙气象。人们按其街市规模及经贸实力,把4镇称之为金赊旗、银石桥、铜瓦店、铁安皋。还有一种说法就是只称金赊店、铜瓦店两座重镇。其中赊店镇纵横72道街总集百货,是当之无愧的集市老大。瓦店镇就只有一南一北两条交叉呈"十"字形的街道,但是它地邻新野,接近襄樊、汉口,陆路设有驿站,东寨外有陆地要道;西寨、南寨外紧依白

---

① 杨银鹏、赵静:《百年沧桑社旗镇》,载《南阳日报》2003年2月8日。
② (清光绪)《南阳县志》。
③ (清光绪)《南阳县志》。

河处有广阔的空地，是天然的优良交易场所，河道宽阔，方便大小船只停靠；北寨门码头外，又有县境内较大的渡口，渡口摆渡非常繁忙。航运把本地盛产的土特产品运往商洛或武汉，南北商人又把日常用品运到此地，一到集会日，瓦店镇内外人山人海，其交易量和繁华程度引人注目。

二、瓦店镇的水运与行船状况

汉江干支流的航线很长，分布于陕西、河南、湖北3省70多个县市。在中国最早的地理著作《禹贡》中记载："浮于江、沱、潜、汉逾于洛，至于河南。"① 即由汉江经长江入夏水，转入东荆河，再经潜江境内东荆河支流——芦洑河进入汉水，然后溯汉水而上，经白河逆水到达伏牛山南麓（今石桥或皇路店），然后经古鸦路翻山而过，再经洛水入黄河至帝都。说明了在2000年前汉江已是今湖北、湖南和四川、陕南向中原运输贡赋的要道。

白河水系是河南境内唯一的汉江北部支流，贯穿盆地南北的新野、邓州、南阳、南召等县，是盆地内最重要的水路干道。白河船运据有文字记载，始见于战国时期的"鄂君启节"②。即楚怀王发给鄂君启的经商通行证，每个船队限额150支，航行路线"自鄂注，逾沽（湖）过（上）滩（汉），庚芭阳……内（入）"③。即自鄂城出发，经吴塘、梁子等湖，溯汉水而上，入白河，经棘阳，然后舍舟登陆，经阳丘出邡关，再由淮水抵达寿春。

唐朝南北运输在长江中游仍以汉江为主，汉江经唐河、白河而沟通中原。公元755年至763年，"安史之乱"期间，大运河被隔断，江南漕粮改由汉水北运，途经南阳，再从陆路运接转达京都洛阳，促进了南阳沿白河两岸市镇经济的发展。

元明清时期，帆船北上可达南召县白土岗。直到清末，从襄樊北上的大型货船可抵达南阳城关，夏秋时仍到达石桥镇。沿白河而上的主要集镇有新曲铺、新野县城、瓦店、南阳府城、溧河店、新店、石桥镇、南召城等。据民国《省通志》载："白河通汉口，是为河南运输之要道"④，沿河有船行9家（瓦店2家，石桥1家，城关6家）。民国十七年（1928年）以后，由于军阀混战，散匪拦截，河道淤塞，水位下降，航道逐渐缩短，水运渐趋衰落。民国二十七年（1938年）后，仅夏、秋两季，约有300只小木

---

① 袁海东：《中州名镇铜瓦店》，北京燕山出版社2013年版，第17页。
② 袁海东：《中州名镇铜瓦店》，北京燕山出版社2013年版，第16页。
③ 袁海东：《中州名镇铜瓦店》，北京燕山出版社2013年版，第18页。
④ 袁海东：《中州名镇铜瓦店》，北京燕山出版社2013年版，第18页。

船往来运输，船行仅剩城关4家和瓦店2家。1948年末至1949年初，为支援解放军大军南下，运粮载物多由水路南下，装卸码头有南阳、三十里屯、瓦店三处。解放后，这些小木船集中在瓦店附近，往返于南阳、襄阳、樊城及老河口之间，运送军粮及城镇用品。

白河行船是为了养家糊口，却也成了一道美景，河中帆光云影，相映生辉，如大雁衔引连接江汉。远看船只往来穿梭，细看船只亦有区别，按形状可分为小船儿、鳅子、艑子、铲子等几种类型，其主体都是用杉木做船底，外帮用楸木做边，俗称"杉木底，楸木拉"①。也有少量全用楸木做成的船。造船的方法是，把船体对接成型后，再用铁钉、铁爪子打造，接缝处用麻油和批灰塞实，船体内外用批灰批好几遍，用熬好的桐油刷几遍，用以防渗防腐。船头和船尾高于船舱，而船舱宽于船头和船尾，船底的前部按一定的弧度向上翘。各类船的差别在于船头、船尾以及船体长宽。

这些船也是有地域性的，小船儿、排子是白河的常行船，鳅子是淅川、丹江的常行船，艑子是唐河的常行船。这些船根据雇主的需求会驶到不同的江面上，时间长了，行船的人一看船的模样就知道这船是从哪里驶来的（见表4-1）。

表4-1 瓦店商船的类型及功能

类型	功　　能
小船儿	小船儿也有大小之分，大的长约5丈，宽约7尺，载货约10吨；小的长约3丈，宽约5尺，载货约5吨。船头随船身弧度收拢，于最末处平齐
鳅子	船头弧线收紧，艄处翘尖，且歪向一边，称为"歪尾巴鳅"。传说有人撑船遇险，船头卡在石缝之中。在危急时刻，有神仙伸手搭救，船只脱险，只是船头缺失一块，显得向一边歪着。船主为了感谢神仙的救命之恩，后来做船时就有意把船尾做歪，以示纪念。这种船小的有5丈，大的有6丈，能装载10多吨货物
排子	船口表面平齐，头尾不上翘。也有大小之分，大的长约8丈，宽约1丈，能装20吨货物；小的长约4丈，宽约5尺，能装6吨货物
舶船	舶船和小船儿形状差不多，只是相对宽一些，不住人，以装载货物为主，能装10吨货物
艑子	头尾上翘，呈圆弧形，长约5丈，能装10吨货物

资料来源：袁海东：《中州名镇铜瓦店》，北京燕山出版社2013年版，第50~51页。

运货的船都带有桅杆，10吨以上的船用两根桅杆，主桅杆在中间，另一根在船头。杆材都是杉木，主桅杆高约5丈，前桅杆高两丈五六，用帆布做帆，俗称"帐子"。帆按船的大小用布，一张帆少则15匹布，多

---

① 袁海东：《中州名镇铜瓦店》，北京燕山出版社2013年版，第19页。

则30匹布。帆由十来根横木撑着，竹竿的两端固定在帆的两边，靠绳索和滑轮升挂在桅杆上。船老板用连在船帆竹竿一端的绳索来调整帆船受风吹的方向，并控制着船舵，借助风力使船前行。为加快船速，船工还会用竹篙撑船前行。风力实在不足时，还会有人拉纤。行船时船老板随时观察水流、水势，判断出哪里是浅滩，哪里是行船的水槽。顺流而下的叫"下水船"，把船帆降下收起，放下桅杆，附在船帮处，船老板只需掌着船舵，船基本上可依靠水流前进。船老板携家带口，吃住在船上，为水上运输而忙碌着。

船上的伙计称为"拉搭板"，有风时撑船，无风时拉纤。因为他们平时都是赤脚、剃光头，河边的人一见就能认出他们的身份，为此还编了一句顺口溜："赤巴脚，光光头，不是船老板就是老球。"①

从瓦店到汉口是顺水船，以摇橹为主。大一点的船是双橹，船身左右各一支，称为边橹，小一点的船是在后面有一支橹。如果有风，就张起风帆，"船得顺风行似快马"，在河面漂飞，三五天便到汉口，日程可缩短近2/3②。因为白河航船很多，汉口是河南船只的集汇地，那里有个地方叫桥口，有河南人的专门码头，其实也是为南阳人而设的。有不少船主在那里等候生意，等候着一趟船来维持生计，养活家人。有一句话来形容行船的人，"早上没米下，晌午买马骑"。溯水而上，从汉口到瓦店，有风了扯帆，没风了就靠撑船、拉纤，得一个月左右才能到家③。

下汉口装的货物一般也是有季节性的。顺流下行的货物运烟叶、药材、红枣、瓜子、羊皮、木炭、焦炭等山货到江陵境内各港。在瓦店运装的有香油、烧酒、小米、小麦、苹果、梨、柿子、西瓜、甜瓜、杜仲、蔓菁仔、枸杞、芝麻、花生、蔬菜、生猪、羊、各种毛皮等土产货物。船返回时一般装运杂粮、陶瓷、鞭炮、纸张、冥纸、布匹、竹器、糖、酒、盐、榨菜、水产品及燃油等日用品。也有部分船只上行到南阳、石桥、南召等地，把货物渐次送到商洛一带。

瓦店镇的兴起主要是因为商业机缘，江浙湖广、闽徽山陕的商人们在特定的历史条件下或定居，或迁走，还有附近的村庄人家因为生意关系在此增置产业④。瓦店的生意方向主要就是汉口，从到汉口的距离以及航道的优质程度上，瓦店要比南阳府优越得多，直到民国时期，瓦店做大宗生

---

① 袁海东：《中州名镇铜瓦店》，北京燕山出版社2013年版，第19页。
② 袁海东：《中州名镇铜瓦店》，北京燕山出版社2013年版，第17页。
③ 袁海东：《中州名镇铜瓦店》，北京燕山出版社2013年版，第17页。
④ 袁海东：《中州名镇铜瓦店》，北京燕山出版社2013年版，第17页。

意者往返汉口的次数要比来往南阳多，有的干脆就在汉口或襄樊等地做起生意。

第二节 党家村"恒兴桂"商号的创立

党家村商业的辉煌是由经营民间日用陶器发端的。经营瓦盆、瓦罐及其他日用杂货本小利薄，不需要承担太大的风险，再加上陶器与瓷器、木器相比，价格低廉，市场需求量大，因而暂且以此养家糊口是可行的。

一、商业资本的积累

进入河南后，党德佩经西峡—内乡一线来到南阳。他将棉花在南阳府瓦店镇售卖，但他并未在此停留，而是沿白河继续南行至贾营。从现在掌握的资料分析，贾营虽然是南阳南部的一个普通村庄，但是它与当时商贾云集的瓦店镇却隔河相望，尤其是住宿成本比较低。党德佩以出售棉花所得做资本，在白河码头边摆摊子，贩卖瓦盆、瓦罐的生意，盈利逐渐增多。

据《三翁堂家谱》记载，党德佩摆摊的地方有一黄姓老板，本是云南人，在瓦店做瓦罐生意，是瓦店镇有名的商人。一天，黄老板突然收到家书，急需回家处理家事，仓促间将生意交给党德佩帮忙打理。党德佩接手后，细心经营，逐项记录每一笔买卖，并将所得银两分文不少地存下。8年后，党德佩再见到黄老板，便请黄老板到家中吃饭。席间他从室内搬出一箱白银和一本明细账本，为几年来卖瓦罐所得，要如数还给黄老板。黄老板听后非常吃惊："这是你辛苦赚来的钱，怎么能给我呢？"黄老板坚决不收。党德佩说："这是你的瓦罐卖的钱，本来就是你的，一定得收下。"二人互相谦让多时，黄老板见继续推辞下去有伤情分，便说："本钱我收下，给你留下200两算做工钱。"党德佩只好收下。但党德佩把经营瓦罐仅仅作为一个过渡，这点可从党德佩日后发迹以及党家村四合院的建设规模和质量来看，他并没有满足于小商贩的角色[①]，而是一只眼盯着瓦罐，另一只眼盯着瓦店，他在等待时机[②]。

其实，党德佩所等待的商机就是几百年来党家村人一直传诵的木粮生意。在当时，木材和粮食是商业交易的主要种类，也是人们生活的必需品。这两者在当地市场内，一个潜藏着巨大的需求，另一个则蕴涵着源源不断

---

① 黄德海：《党家村的白银时代》，陕西师范大学出版社2018年版，第69页。
② 参见电视纪录片《风雨党家村》脚本，杨茵撰稿，陕西卫视，2002年。

第四章 "铜瓦店"——党家村商业兴起的第一次高潮

的供给量。

清初，宛南一带正值战后恢复重建阶段，再加上这一地区在历史上名人辈出①，士风醇厚，人们向来比较注重建造住宅及装饰②，因此当地人对木材的需求量很大；另外，宛南盆地沃野千里，粮食产量较高，除供本地消费以外，多北运山西、陕西、蒙古和北京等地。两种物资结合在一起，为瓦店各商家提供了无限商机。

在一个偶然的机会，瓦店镇一位广东商人因回家奔丧，需要把一部分未脱手的木材委托给党德佩代售。这对于正在苦苦等待机遇的党德佩来讲，无疑是天赐良机。代销只意味着收取小额代销费用，虽然利润低薄，但风险较小。党德佩瞅准时机，在价格高涨时售出木材，买进粮食；当粮价上涨之后，他再卖出粮食，买进木材。如此几轮倒手之后，木粮生意的规模开始不断扩大。几年后，当广东商人再回到瓦店，看到堆积如山的货物时便惊呆了。党德佩翻开账本，将"木粮生意"逐笔交代清楚，广东商人听后更是啧啧称赞，感激不已。

从此以后，因诚实守信，党德佩的名字便成了一个响当当的金字招牌，其影响力顺着白河一路传到襄阳，入汉口，并远扬至江浙及广东佛山一带③。木粮生意一直被党家村人赞为是党德佩在商场上的首战告捷式生意，它不仅增强了他作为商人的人格魅力，同时也赋予了其以后进一步扩张财富的权利。一方面，这归因于党德佩从党家村家训、货殖理论，以及从山陕商人那里感悟并继承而来的"以诚为本"的优秀品质；另一方面，它却是党德佩抓住了一次证明自己能力的机遇。襄阳—汉口及以远地区蕴藏着巨大商机。沿各商路两侧，不仅有许多较大规模的城镇，同时还有徽商、江右商和粤商等大商帮的发源地以及活动区域。几十年之后，党家村另一位商人贾翼唐也是主要沿这几条商路打入南方市场的。

在当时的商业圈之中，信义也是信息，它以极快的速度在商界传播。它表现为以关公为楷模来衡量和规范自己的商业行为④。这样做既可为从商者带来更大的机遇和利益，同时反过来也可促使他们敢于去承担风险，从而为扩大经营规模寻求到发展资金。

清初，河南农民在经过一段时间的"休养生息"之后，生活渐渐有了

---

① 南阳曾养育了范蠡、张衡、张仲景等一大批历史名人。沿瓦店向北有南都遗迹和诸葛亮早年住所卧龙岗；向南则有三国古战场新野县等。

② 至今，若从郑州或洛阳南行至南阳，会发现南阳民居比沿途其他地方的民居建筑有颇多讲究，给人以耳目一新的感觉。

③ 杨茵：《党家村史话》，打印稿，2002年。

④ 张正明：《晋商兴衰史》，山西古籍出版社2001年版，第105页。

富余。但在当时，瓦店一带的民众尚未从明末清初的战争和匪患中恢复过来，怎样稳妥保存自己的财产是一则难题，尤其是如何保存大量金银货币，困扰着当时一些富户。对于当地富人来说，不安全因素并非来自商业经营风险，而是持续多年的匪患。特别是在19世纪，河南曾被贬为"土匪王国"，其中匪患最猖獗的地区是距离瓦店不远的豫西南和豫西的伏牛山区①。

土匪活动的频繁程度一般同社会的稳定程度成负相关。虽然说历史已进入康乾盛世初期，但是瓦店一带仍不太平，大部分富户并不敢把金银藏于家中，而是存储到一些信誉较好的字号或商号之中。

在机遇面前，党德佩并没有犹豫。他敞开大门，吸纳民间资金。在当时，字号吸纳民间资金并不同于今天的银行向储户支付利息，而是充当了一个资金"保管员"的角色。富户把钱存入字号后，不仅不要利息，而且还要交纳一定比例的"保管费"，比如说，存入100两白银，到期后只支取90两，剩余10两为"保管费"。在党家村发现的一份咸丰元年（1851年）的存单曾记载：在短短的两三个月时间内，就有近百名富户在党德佩的店内存过钱，涉及瓦店附近二三十个村庄，金额达数千两②。

二、由农人商的转变

（一）身份转换：由农民到贩商、铺商

资金问题解决之后，党德佩又抓住时机创立了自己的商铺——"恒兴桂"商号，从而由贩商转向铺商。其职业身份由农民转化而来，此时虽然已是职业商人，但他从本质上讲还仍属于农民的等级系列③，因而在经商的同时，仍不忘记置办地产。

所谓贩商，又称行商，是指以长、短途贩运为职业的商人。他们是跨地区，乃至跨国范围内商品流通的主要组织者。清初，贩商的范围主要包括跨省区的远程贩商、省区内的中程贩商和地区市场内的短程贩商。除此之外，还有走村串户的小商贩。贩商，尤其是中、远程贩商，一般都拥有雄厚的资金，一定规模的运输工具和雇员。比如，清前期从事盐业、茶叶、粮食、木材运销的山陕商人往往"每家资本约二三十万至百万两""数千里攫万金而来"④。当然，大宗商品的交易常伴随着高风险，但高风险随

---

① [美]菲尔·比林斯利：《民国时期的土匪》，王贤知、姜涛、李洁等译，中国青年出版社1991年版，第90~91页。
② 黄德海：《党家村的白银时代》，陕西师范大学出版社2018年版，第74页。
③ 封越建：《清代前期商人的社会构成分析》，载《中国经济史研究》2000年第2期，第17页。
④ 黄德海：《党家村的白银时代》，陕西师范大学出版社2018年版，第75页。

之而来的往往又是丰厚的商业利润。据估算，明清时代的贩运利润率一般可高达50%~100%，甚至更高。

所谓铺商，又称坐商，即就地经营的意思。铺商一般以拥有固定经营店铺为特征，往往从事商品的批发和零售业务。铺商在我国具有悠久的历史，早在唐朝以前就以坊、市的形式出现，通常聚集于都邑城市、交通要冲和官府驿站。铺商虽不像贩商那样走南闯北追求暴利，但是却因货物品种繁多、成本低、风险小，经营灵活而在商海之中占有一席之地。正是由于铺商经营场所固定的特点，才使得经营者倍加珍视信誉，因为在城市、城镇激烈竞争中的失信者最终将被市场淘汰。

既从事长途贩运又在瓦店镇坐地经营正是党德佩的精明之处。贩商的身份不仅使他能够将业务重点置于长途贩运之上以追求高额利润，同时也可为"恒兴桂"号采购到较低成本的货物，以利于通过具有比较优势的批发业务吸引其他铺商的注意；而坐商的身份则帮助他为自身扩张揽存到经营资金，这既为其贩运业提供了必要的财政支持，也为其采购到的外地货物找到了一个坐地交易的场所。两者相辅相成，使他日后在瓦店镇众商家中进退自如，财源滚滚。

（二）"恒兴桂"商号的由来

党德佩何时成立"恒兴桂"商号（以下简称"桂"号）至今仍然是一个谜。杨茵的研究成果表明，"桂"号大约成立于康熙初年，也就是党德佩在白河岸边摆摊经营瓦罐生意之后大约5~6年时间[①]。循此线索，笔者走访了当地商人的后代，并查阅了仅有的一点资料，其中多数人对这一观点表示赞同。但是，"桂"号何时成立并不十分重要，重要的是随着"桂"号的成立，党德佩从此加入了"坐贾行商"的行列，并且其作为职业商人的权力结构也因为添加了特定的组织形式而逐渐完备。职业商人是一个关键概念，它表明，党德佩的身份已发生了根本性变化。

"桂"号因庭院当中的一棵四季飘香的桂花树[②]而得名。在笔者的采访过程中，许多党家村人都刻意提到过这棵吉祥之树，似乎是它为党族"下河南"生意的成功带来了好运。

实际上，"桂"号的成立应该说是一件水到渠成的事情，因为仅仅拥有基于信誉的人格和资金无法完善党德佩作为商人的权力结构[③]。换句话

---

① 参见电视纪录片《风雨党家村》脚本，杨茵撰稿，陕西卫视，2002年。
② 桂花树又名丹桂。成年桂树枝繁叶茂，树身高大，在南阳一带并无大面积种植，但却常见于府衙、商贾、富豪之庭院，象征着权贵、财富、吉祥和永恒。
③ 黄德海：《党家村的白银时代》，陕西师范大学出版社2018年版，第79页。

说，信誉和资金只是开展商业活动的必备条件。商人若要通过商业活动赚取利润，那么他就必须依靠商业组织。在商人知识与信息一定的前提下，组织是其权力的最大来源。组织的行为代表了商人的利益和目标，因为商人很少具有单独行动的能力，他对权力的行使大多依赖其他人的反应。商人最大的权力是交易权，而交易是一种双边或多边经济关系，因此其权力的主要行使对象也就成了其货物的购买者。另外，商人权力的主要来源是资本，因为只有"钱"才能使他有权力在贸易中或市场上获取货物的所有权，并通过所有权的转移实现其追求更多资本的权力。

在清朝260多年的统治历史上，嘉庆时期被史学家认为是清朝经济兴衰的分水岭，准确地讲，是嘉庆四年（1799年）[①]。在此之前，清朝的经济一直处于快速增长阶段，被后世誉为"康乾盛世"；此后，清朝经济增速明显放缓，甚至开始走下坡路，并且这一趋势一直持续至宣统三年（1911年）才宣告结束。

清朝党家村在唐白河流域的生意也经历了发端、鼎盛和衰败三个阶段。从这个意义上说，一个村庄商业历史的变迁轨迹，无论如何也逃脱不了中国历史的发展框架。它只能在这样一个大背景下自发地形成，无法远离其而孤立存在，且随着各个朝代制度的变迁而变迁。

在康熙统治期间，较大规模的战争主要有三次："三藩之乱"、蒙古噶尔丹叛乱和台湾朱一贵起义。其中，后两次战争因远离南阳一带，因而对当地商业的直接影响并不十分明显。但是平定"三藩之乱"给南阳一带的社会生活带来了极为深刻的直接影响，同时也重新安排了当地的商业秩序[②]。

持续了8年多的战争及其战后重建工作为唐白河流域的商业网络带来了无限商机，从而也使党德佩在瓦店的生意驶入了快车道。党德佩是在天时地利的条件下打造起了党家村的商业辉煌[③]。

从本质上讲，战争对商业具有破坏作用，尤其是对处于战场所在地的商业圈更是摧毁性打击。它不仅阻断商路，掠夺钱财，同时还征召商人入伍。但是仅就"平定三藩"这场战争而言，由于战场被局限于长江以南，清政权未遭受重创，发展经济的总政策没有改变，整个国家的商业网络只

[①] 郭成康等：《康乾盛世历史报告》，中国言实出版社2002年版，第23页。

[②] 在此，我们仅谈论了战争积极的一面，但这并不说明本书支持"战争有益于经济"这一观点，相反，本书同意马克·斯考森的理论，即：战争带来了正负两方面的影响和重建。参见[美]马克·斯考森、肯那·泰勒：《经济学的困惑与悖论》，吴汉洪、苏晚囡译，华夏出版社2001年版，第181页。

[③] 参见电视纪录片《风雨党家村》脚本，杨茵撰稿，陕西卫视，2002年。

第四章 "铜瓦店"——党家村商业兴起的第一次高潮

是局部受损而已。而且南阳一带的商业（其他各大商帮所在地也一样），能因"平定三藩"而"大发战争横财"，其根本原因在于当时清政府推行的军饷筹集政策。

在康熙时期，清政府一直推行解饷、协饷制度，旨在采取平衡中央和地方财政的手段来调拨军费及军需物资。协饷又称协拨，是指每年春、秋两季，各省上报库存银款，经户部核实和全年开支预算后，指定有余的省份拨银给不足的省份，并限令于4月、9月两次完解。如余款悉数解交户部，称为解饷，或称京饷。解饷、协饷在中央由户部统一掌握，地方则由布政司主管，按户部指令具体执行。遇有重大征战，军饷由户部直接拨发，或责令战区附近省份调拨，领兵将领并无饷权，地方督抚也无权支配战时协饷。由于中央政府牢牢控制了军事财政，使得各地督抚将帅无法据此称雄一方①。

既然军饷的来源不由作战将领自行解决，因此他就不会"骚扰"地方商人。但是文中所论及的"太平天国运动"却与此不同，太平军以及与其作战的湘、淮两军均"就地筹饷"，听任下属军队自辟财源，从而把商业逼入"绝境"（进一步讨论详见下章）。当"三藩"平定的战争向纵深推进时，中央政府为筹集军饷一般多采取保护商业的政策。除增加赋税、开源节流和号召商人"捐纳"以外，通常是向民间购买并租用民间车马运往战场，从而把官商关系维持在一个相对可控的限度之内。

第三节 "桂"号独领风骚三百年

党德佩父子在瓦店经营"桂"号的时间前后大约70年。这对党德佩来说意味着为"桂"号倾注了毕生精力。期间，"桂"号由小变大，由弱变强。到了雍正初年，"桂"号已经是瓦店镇数一数二的大商家，不仅拥有镇东北部一大片房产，同时还拥有85顷土地②。沿着时间脉络，"桂"号的经营历史可分为三个阶段，并且每个阶段皆分别呈现出不同的演变特征。

一、第一阶段：自由贸易特色明显

"桂"号成立之后，党德佩仍旧依赖个人才能辛勤经营着。他更多的是扮演了贩商的角色，主营木材及杂货。贩卖瓦盆、瓦罐获利后，党德佩转行开始贩卖竹竿和杉木杆（橼）。作为房屋建筑、水利建设、生产交通

---

① 杨东梁、张浩：《中国清代军事史》，人民出版社1993年版，第196~198页。
② 党康琪：《党家村人说党家村》，内部出版物，陕渭新出批〔1999〕字第20号，2001年，第69页。

工具及家具制造最基本的用料,竹木和杉木是中国传统社会的一项重要商品,尤其是商业自宋元以来日渐发达,到明清时期成为大宗交易商品。

在清代,全国用林主要集中于三大区域,即东北、长江中上游和华南区域。据党家村中老人介绍,党德佩主要从长江中上游地区购买竹木。长江中上游地貌多样,地理复杂,整个流域内分布着山脉、河流、湖泊、平原、丘陵,基本上是亚热带气候,降雨量充沛,属湿润、半湿润区,是中国的宜林地区。流域内成片面积较大的山区有秦巴山区、川西林区、黔东南林区、湘鄂西山区、皖南山区、赣南山区、浙西山区等。长江中上游在明清之时竹木蕴量很大,还未受到深度采伐,该区域成了清代全国最重要的竹木来源地。

同时,党德佩利用租借的船只,将河南当地的农产品及北方商人由陆路转运来的毛皮、布匹、烟叶等商品,沿白河一路长途运销至汉口以远的市镇,并在返回时再运载大量的木材、粮食、食盐、茶叶等物品销于内地,低廉的水路运费遂成为其商业长期获利的一个重要因素。

除此之外,"桂"号还有两项业务①也被后人记录在册:一是农产品加工业;二是金银存贷业务。这两项业务连同长途贩运一起构成了"桂"号一条龙式的经营服务,充分体现了南阳一带众商云集之后所形成的"商不分行,自由贸易"的经营特色②。

二、第二阶段:家族企业开始形成

党德佩之子党景平的加入,使"桂"号的经营进入了第二个阶段,从而也使"桂"号真正成为瓦店镇的家族企业。从时间上推断,党景平从韩城老家来到瓦店镇的时间应该在"三藩之乱"战争之前或初期,因为这时正是整个唐白河流域以及南阳驿道商品流通最为繁忙的时候。他的到来不仅是为了适应"桂"号业务不断扩大的需要,同时也是为了满足家族企业经营管理方面历史延续性的需要。

此时党德佩因年迈力衰,令其子运升(字景平)主持经营。党景平继父遗绪,励精图治,盈利浩博③。他利用白河水运低廉的运费之便长途运

---

① 由于旧瓦店消失在1953和1954年的洪水中,因此"恒兴桂"号的遗迹已无处可寻。据当地老人回忆说,1949年以前,旧瓦店镇东北部还散落有"桂"号及其系列分号用于加工和包装食油、烟叶、毛皮、粮食等物资的作坊和工具,其中有盛油的竹篓,以致后来瓦店人又把"桂"号院称为"篓"号院。另外,还有一位名叫党仁发的老人回忆说,他小时候时常在"桂"号开设的票号门前玩耍,亲眼见过"桂"号发行的"帖子"。

② 党康琪:《党家村人说党家村》,内部出版物,陕渭新出批〔1999〕字第20号,2001年,第71页。

③ 党元恺:《党家村家谱》,手抄本,1995年,第7页。

销，还经营过粮、油及农产品加工业。

在"恒兴桂"商号迅速发展的基础上，党德佩于康熙中后期（1682—1722年）决定分设"恒兴栋"商号，后分设"恒兴永"商号，继而分设"恒兴庆"商号。"恒兴庆"商号以经营杂货为生。"恒兴桂""恒兴栋""恒兴永"商号均以经营木材为生。3家商号经营业务不同："恒兴桂"商号主营大规模基础设施用材，如竹木、杉木等；"恒兴栋"商号主营优质硬木，如紫檀木、黄杨木和乌木等，这些材料可以制作阁楼地板、装饰材料及家具；"恒兴永"商号主营普通家具用木，如榆木、槐木、椿木、桐木、杨木、核桃木、桦木、柏木等，这些材料多就地取材。其中榆木的为白榆，槐木为国槐。这些木材的广泛使用，除了当地气候、土壤适宜栽种的原因外，还与当地人们对这些木材的偏爱有关。例如槐木与"怀"同音，意为多子多福；桐木与"铜"同音，象征金钱和财富；椿木与"春"同音，象征兴旺发达，等等。

为货运便利，各商号拥有大小木帆船多艘，木材与货物均由白河船运达湖北襄阳、樊城、武昌、汉口等地。生意兴隆，是以能在康熙末叶至咸丰末年的百余年间于本村大兴土木，建造楼宇，增设私塾，兴办公益事业，惠及子孙。

"桂"号后被析产分号，其结果和管理模式为我们分析传统家族企业提供了一个很好的例证。党景平晚年时，将先父和自身在瓦店创设之商号分给四个儿子："恒兴庆"商号归长子定疆（西报本祠前院一支之始祖）。"恒兴桂"商号归次子镇疆（西报本祠东院一支之始祖），镇疆因生有五子故分得老字号。"恒兴栋"商号归三子卫疆（西报本祠后院一支之始祖）。"恒兴永"商号归四子守疆（西报本祠南院一支之始祖）。此后，四子各自经营。各商号趁荒年地廉之机，在南阳府、瓦店镇附近大量购置土地，合计将近500顷。各商号均拥有大量资金、街房和从业人员。自析产分号之后，4个新商号之间，既竞争又协作，此消彼长，又延续了将近200年①。

事实上，不论"桂"号析产与否，其全部资产的所有权一直控制在党氏家族手中，并且这种权利还被顺利地移交给党族的后代。据党丕经先生考证，自"桂"号析产后，党家的子孙仍旧坚持"经商以信义为本，谋利以诚实为先"，在南阳一带，始终以信誉不断开辟经营发展的道路②。先

---

① "桂"号被一分为四之后大大削弱了原商号的实力。对于许多传统家族企业来说，"分家"似乎在所难免，也给企业的后续经营带来了根本性变革。关于这一点，我们还将在讨论"合兴发"号的经营历史时详加论述。

② 党丕经、张光：《明清时期党家村经济状况分析》，见周若祁、张光主编：《韩城村寨与党家村民居》，陕西科学技术出版社1999年版，第195页。

是"桂"号继承和发扬了商业经营的优良传统;等它衰败之时,"栋"号接续兴起,生意做得更大,时间持续更久;"栋"号衰败之时,"庆"号、"永"号同时兴起。它们各自辉煌了数十年,累积拥有土地约 200 顷,动产无法计算①。

其中,党德佩的四孙守疆在成立了"永"号之后,其家庭三代单传人力缺乏,生意疲惫,到其曾孙辈,才有兄弟俩——秀才党庸五和处士党慎八,决心重振"永"号,相约轮番赴瓦店亲自经营,一轮 2 年。去时兄弟俩卖了本村上等土地 20 亩,每亩得价银 100 两。兄弟俩发誓:"日后还要把这块地买回来!"有 2 000 两白银做资本,每人一去 2 年,总计轮了 10 次,终使"永"号复兴,他们果然也把那块卖掉的土地给买了回来②。清代中叶,瓦店镇商业繁华区在南北大街,后渐移至东西大街③。"桂"号院、"永"号院、"庆"号院均在东西大街上,这也足以说明"永"号院经营成果丰硕。

在党家村的商业活动中,瓦店生意为后来人树立了"父业子承,兄弟相随"的一个典型事例。咸丰年间(1851—1861 年)因太平天国运动,南北交通受阻,西南几省的商旅改道由襄樊经瓦店至南阳北上,使党家生意又达到一个顶峰。他们"各领风骚数十年",加上以前老"桂"号共历时 200 多年,累计拥有土地 500 公顷,动产无法统计。党家村人也有不少到瓦店安家落户,繁衍生息。

三、第三阶段:从自由贸易走向商业垄断

垄断是一种商业现象。在明清时期,商业垄断还带有浓厚的江湖气息。也就是说,这一时期的信义并不是纯粹意义上的信义,而是掺杂着类似于绿林好汉般的"铁骨侠肠"及"以强凌弱"成分的商业习俗。垄断的目的在于获取垄断利润,并且其过程往往是通过拼实力的方式来实现的。这一现象不仅在瓦店镇存在,同时也存在于南阳乃至清朝的整个商界。

按瓦店镇的习俗,商界的龙头老大常被称做"寨主"。在乾隆年间,商家们要推选有实力有威望者为领头羊,以协调关系,裁判争执。但王、党两家拥戴者数量旗鼓相当,最后议定以财力决出雌雄。两家各把许多 50 两的大元宝抬到寨子上,墙下是滔滔的白河,由官府做裁判,一家一

---

① 在现有的党族家谱中,较为完整的是党二门的家谱,其中曾记载了二门十八世祖英选的业绩。他曾于光绪年间在河南瓦店镇"恒兴桂"商号(东院一支之商号)中担任掌柜,后因积劳成疾病故于商号中。《党二门家谱》。

② 党康琪:《党家村人说党家村》,内部出版物,陕渭新出批〔1999〕字第 20 号,2001 年,第 111 页。

③ 蓝成云:《南阳历史上的"四大名镇"》,《人力资源开发》2014 年第 17 期。

个元宝轮着往水里扔,谁舍不得扔了谁输。

与党家争盟主的王家,现在于史无考。据老人们讲述,可能是回族王家。据王家后人讲,他们家的鼎盛时期是在乾隆年间。王家起先也是做小生意的,有所发展后开始做皮货生意,在九江、武汉、襄樊都开有店铺,为当时瓦店镇首富。王家在镇内的藕池坑东侧建有大片房屋,楼门头上挂着"耕读传家"的匾额,一直保存到老街搬迁。其家在沿溧河两岸外置有大量田产,镇内南街洪埠夹道左右都是他们家的生意门面,院落和字号统称为"太盛宫"(据史料推测可能为德盛恭),商业贸易一直延续到清末。在光绪年间王家还出过一个文秀才,叫王德玉;一个武秀才,叫王德存。到王德玉这一代时,因为家族人口太多,有相当一部分人迁至别处,分别在襄樊、老河口、邓县、新店落户,家产也随之分散,在瓦店街的经济实力下降。后来因社会动荡,再加上有一部分家族成员吸大烟成风,到民国时期家道逐渐败落。但是其后代仍有许多奋发有为者,有不少人参加了革命工作,或移居国外[①]。

实际上,不仅单个的山陕商人的成功得益于商业垄断,甚至连整个山陕商帮的崛起也是商业垄断的结果。山陕商人每到一处,也是如法炮制,类似的做法数不胜数[②]。比如,明清时期中国金融业在由典当业向银行业发展的历史过程中,尤其是从账局发展到票号,可以说主要是由山西商人经营的,其他商帮很难插手,如表4-2所示。

表4-2 清代后期山西商人开设的账局统计

年　代	账局家数	各省商人开设情况								
		山西	顺天府	山东	江苏	浙江	安徽	陕西	直隶	奉天
咸丰三年(1853年)	268	210	47	4	4	1	1	1		
宣统二年(1910年)	52	34	8	2		2			4	2

资料来源:张海鹏、张海瀛主编:《中国十大商帮》,黄山书社1993年版,第40页。

另外,在当时的北京城,商业资本最多、规模最大的粮店也是由山西巨商亢百万所开。他自称:"上有老苍天,下有亢百万,三年不下雨,陈粮有万石[③]。"

纵观山陕商帮的经营活动,其垄断行为大致可分为实力垄断和官商垄

[①] 袁海东:《中州名镇铜瓦店》,北京燕山出版社2013年版,第107页。
[②] 袁海东:《中州名镇铜瓦店》,北京燕山出版社2013年版,第108页。
[③] 张海鹏、张海瀛主编:《中国十大商帮》,黄山书社1993年版,第40页。

断两大类。前者主要指商人凭借自身实力在竞争中击败对手,从而形成对当地某一行业或商品的垄断;而后者则是指商人凭借"贿赂"政府官员等手段,以获取对某种商品或行业的专营权。通常情况下,这些垄断企业聚集在一起,构成了该地区商业中心的组合经济效应,它直接决定了这个地区商业中心区规模发生变化的幅度和周期,形成商业黄金地段,制造出商业级差利润,从而使垄断企业的收益远远高于非垄断企业。换句话说,垄断企业的兴衰往往决定了一个市镇或一个地区经济社会的兴衰。

照此结论进行推断,"恒兴桂"号的垄断行为当属于实力垄断类型,并且其垄断地位是建立在清朝正式制度缺位与非正式制度又无力制约之间的一片真空地带上。党德佩对"寨主"地位的争夺并没有采取价格、数量等市场手段,而是简单地拼实力,因此,当"寨主"的生意衰败之后,瓦店镇在整个白河流域的商业中心地位也随之开始衰败,亦即"寨主"权力的强弱直接决定了瓦店商业的兴衰。此一现象至少在一定时期内是如此。

四、第四阶段:斥资兴建陕山会馆

瓦店镇历史悠久,大量的古代建筑坐落在镇内。镇东南部建有文昌庙,西门外建有祖师庙、火星庙、灶王庙、马王庙、奶奶庙等庙宇。西南部建有龙王庙、泰山庙,还有千佛寺①。陕山会馆是瓦店镇的标志性建筑,蔚为壮观,坐落有序。

瓦店镇陕西、山西商人"联乡谊、通乡情"的活动场所被称为"陕山会馆"。它位于瓦店寨内东北角,大东门内双石碑处,是以"桂"号党家为主出资兴建的,人们又叫它"陕西会馆"。会馆南北长约120米,东西宽约70米。分前院、戏院、大拜殿三部分,戏楼、大拜殿为两个主体建筑。有东西两座大门,西门面对三元宫②,是正门,为屋顶式琉璃筒瓦楼门;

---

① 蓝成云:《南阳历史上的"四大名镇"》,《人力资源开发》2014年第17期。
② 三元宫在陕山会馆西侧靠前,与陕山会馆只隔一条小路,是瓦店最初的陕山会馆。后来嫌它规模不大,于是在东边辟地另建,就把它改造成了三元宫。三间山门正对东街阁楼旁的新戏楼,山门东边挨着的两层楼房是魁星阁。与山门正对的是第一重殿敬三元大仙,古人以天、地、水官合称为"三官大帝",亦称"三元大帝",传说天官赐福,地官赦罪,水官解厄(困境、灾祸)。每逢婚丧喜庆及年节必焚香礼敬,以求天地保佑。第二重殿敬十天女像。东边相邻的是关爷殿,下面月台约有一米高,殿前迎殿门有一个八角亭阁,亭内地面刻有八卦图形,人称此亭为"八卦撺标",殿前没有台阶,要进关爷殿必须先登上此阁才能进殿,这是三元宫内较吸引人的殿阁。后一重是遗迹,是两层高楼,敬奉的是玉皇大帝,称为"天爷楼",此楼在清末遭火焚毁。两侧偏殿各敬有吕祖、云霄、碧霄三位娘娘,两旁侍从为菡芝仙子和彩云仙子。民国二十四年(1935年),国民党四十军一团部在三元宫驻扎时,扒掉了山门。又在山门西面,花布行东面处的水井旁盖了一个澡堂,那是瓦店街的第一个澡堂。后来,山门处被街上居民所占,魁星阁的穿堂门就成了三元宫的大门。

东部面临大东门，是便门。

进西门后是第一层院落，前后距离约30米，为看戏者或拜神聚会者停放车辆之处。和第二层院隔着的是戏楼，戏楼是三大间楼房，庑式房顶。戏楼面阔约15米，进深约7米，下层中间是通道，上层是面北倒坐戏台。台面用十分厚实的木板铺成，在下层用直径约50厘米的柱子支撑，楼下两旁各摆放四门榆木喷火大炮。戏楼两旁有面北向的房屋，分别为厨房、马房和演员住所。西面房间原来是瓦店街的理门会所驻地，后来迁出。戏院深度约有50米，和大拜殿隔着一道院墙，院墙楼门前摆放着两座大石狮子，石狮连底带座高约3.34米，每头狮子上都可坐7个小孩。石狮底座上雕两层莲花，中间还雕刻着民间故事；两头狮子雕刻精细，姿态逼真。东侧雄狮高大威武，右前足踏着一个石绣球，神情威严；西侧雌狮左前足抚弄一头幼狮，带着慈祥之情；幼狮抬头凝视雌狮，尽显顽皮之意。大狮项下銮铃佩穗，摆向一边，似随风飘荡，叮当作响。狮子旁边有两个方条石柱，上面插着碗口粗的杉木旗杆，高两丈有余，顶梢处安有锡头，稍下一点设有刁斗，上可藏人。方石柱放倒之时，发现里面残存有猪、羊、鸡骨。

进了后院门，迎面大拜殿前有一座三间四柱三层木牌坊，高约7米，也是直径约50多厘米的大柱子，各个柱子周围都是用长杉木杆子倾斜撑护。大拜殿是会馆主建筑，分两部分：前为拜殿，高约11米，面阔约24米，进深9椽，约12米。殿前柱子上有一副楹联，上联：木林森林南海岸，下联：石砳磊磊罗棋山。在殿门东侧走廊处靠墙立有一块石碑，上面记载的是在嘉庆年间建成的经过等内容。往后是一凉棚式屋顶建筑，有柱无墙，南北深约4米，后接连大殿，为进出前后院遮风挡雨，称为卷棚。后面大殿进深约14米，高约10米，屋梁前坡比后坡少一椽距离。大殿和拜殿房顶都为歇山式房顶，琉璃铜瓦，脊兽装饰。拜殿大门前面两侧各有一间房屋，分别是钟楼和鼓楼。在大殿的东西两侧各有三间偏殿，东面是马王庙，西侧是药王庙。房基有两米多深，都是码放的石条奠基。拜殿前面院落的两厢分别有面向东西的两排房屋，是当时的和尚①居住或存放杂物的地方。

陕山会馆在民国时期为区政府和寨局驻地，在院子西北角有一个小院，为民国时瓦店区的区公所。1946年，光武中学由光武祠迁于此处。1951年南阳县师范学校创建于此。陕山会馆里面有两件东西为当地人称道：一是石狮子，当地老人在回忆时感叹说，走遍南阳也没有碰到过雕刻得如此

---

① 海悟和尚俗名赵亭海，自幼出家，先在镇平菩提寺后又迁到瓦店。1949年，至武当山做道士，法名道静。

高大又活灵活现的石狮子；二是木牌坊，纯杉木做成，上层镂空雕刻，非常精致，8个孩子在上面捉迷藏，谁也发现不了谁，当时是和赊旗镇的铁旗杆齐名的①。在民国时期因当时的区长嫌木牌坊的撑护架子占据空间，就下令去掉，谁知那一年刮大风，木牌坊没有倚护而被大风刮倒了。

第四节　党家村经商文化的形成与发展

党家村的经商文化根植于党家村的乡土文化，吸收了党家村文化中儒释道三种文化的优点，集儒商文化、佛商文化、道商文化的崇德、修身、无为而治于一身。

一、汲取儒商文化优点

信仰一般是指对某种思想或者宗教的笃信和敬仰，也可以是对某个人或者某一事物的信任和敬仰，并把这些当做自己的行为准则。信仰带有主观和情感的体验色彩。儒商的信仰体系是在儒学基础上构建起来的。儒学的影响渗透到了社会的方方面面，商人也不可避免地受到熏陶，尤其是儒商，更是商人和士人的结合。所以，儒商是商人将儒学文化浸入到了自己的价值链中，并以此来作为自己的信念和行事准则。

第一，儒学推崇人格完善，对于管理者的要求自然也很高。在儒家看来，管理者必须具备健全的人格、善良的内心以及良好的德行，品德低劣的人没有资格做管理者。管理者的修身是管理者的自我管理，自我提升。所谓修身，就是管理者对个人身心的修养、修炼，以使自己的品格更加完善。

第二，儒商的修身有志向、德行的修炼，正所谓"志意修则骄富贵，道义重则轻王公"。一个人有了高洁的志向和良好的品德，就不会被富贵、名利左右。而儒商讲究的更是大志向，儒商的志是"独善其身""兼济天下"的大志，他们要实现的是"修齐治平"这项伟大的事业。所以，儒商"以智谋财"不是根本，而是完成使命的手段。他们要博施于民，为家国天下的公益事业做出更多的贡献。

第三，儒家讲仁爱，商人重"利益"，所以，在儒商身上存着"义"和"利"一对矛盾体。其实儒家对于"义"和"利"有着深刻的认识。在儒家看来，人们谋取利益是正当的，也是合理的。儒家还认为，要想教化

---

① 袁海东：《中州名镇铜瓦店》，北京燕山出版社2013年版，第112页。

民众，就要先让他们富裕起来；国家要想富强，也是以民富为根本。正所谓"民以食为天""有恒产者有恒心"，而且追逐富贵是人的天性，是人最本真的欲望，也可以说是天经地义的事情。因此，儒家认为人们经营商业，赚取利润是符合天道、天理的。但是儒家也很清楚地认识到"逐利"会腐蚀人的道德和精神，也会给社会带来许多负面影响。儒家认为，"利"会扭曲人性，会把人性中许多阴暗的东西释放出来，会让人变得贪婪、道德沦丧。过度追逐利益甚至会让人丧失人格，毁坏"天道"。所以儒家一方面肯定谋利无可厚非；另一方面也对"逐利"保持警惕，重视对"利"的制约。

第四，引导君子树立正确的义利观。对士君子而言，不能因"利"损"义"。儒家讲究对欲望的控制，对"利"的超越，这是儒家进行修身的重要方面。在追求利益的过程中，儒家讲究谋利的合理性，正所谓"君子爱财，取之有道"。商人在谋取利益的时候，手段必须合理、正当。这是因为儒家不仅仅追求目的之善，也讲究手段之善、过程之善。《论语·里仁》中有这样几句话，子曰："富与贵，是人之所欲也，不以其道得之，不处也。贫与贱，是人之所恶也，不以其道得之，不去也。君子去仁，恶乎成名？君子无终食之间违仁，造次必于是，颠沛必于是。"①

这段文字深刻地阐释了儒家的"义利观"，即君子有所取，有所不取，合义则取，不合义则不取。绝不可以在谋取利益的时候采取不正当的手段，更不能见利忘义。受儒家传统文化影响的儒商在进行商业活动的时候也是如此，其取利的行为必须符合"义"，不能违背天理人性，不能违背儒家的核心价值观。

另外，儒家在进行商业活动的时候还应该秉持"诚实守信""仁爱"的价值观。因为"仁"和"信"也是儒家所推崇的价值观、人生观。作为儒商，其商业活动必须在"诚信"这一原则指导下进行。

二、汲取佛商文化优点

纵观商界人士，有些商人不论在任何场合，都是那么从容淡定，完全看不到久经沙场的戾气，反而带着一种返璞归真的单纯与真诚，言谈举止都令人如沐春风，而且他们自身的恬淡气息也会对交谈者产生影响，与其共事与合作，有一种非常舒适且愉悦的体验。

佛商以自身独有的智慧、觉悟和取舍之心，游刃于凶险的商界之中，

---

① 引自（战国）孟子等：《四书五经》（中华经典普及文库丛书）中华书局2009年版，第11页。

显得从容又淡定。他们以内修化解外界的压力，让自己能够心明眼亮地去面对、解决困境。虽然专家学者对佛商的定义仍众说纷纭，但学术界对于佛商的解读仍具有重要的理论和现实意义。

广义上的佛商是有慈悲心、公益心的商人。即使不笃信佛教，但是他们热爱公益事业、善待员工，还具有卓越的佛慧，就都可以称为"佛商"。狭义的佛商，简单来说就是佛学理念为基本指导，将佛的智慧与商业之道结合起来的经营者。可以说是"佛+商"的结合体。在这个层面上，讲求的不但是指信佛这一形式，看重的更是有佛心、佛智、佛行这一品性。所以说，信奉佛法，追求佛慧，做事合乎佛行的企业经营者，基本上都可称之为佛商。

佛商与普通商人之间的本质区别体现在能够承担责任、热爱公益事业、以慈悲为怀的慈悲心，以真诚、善良、仁爱等品质待人的菩提心，有忘我的、持久的修行之心。而且佛商最重要的核心思想就是：慈悲、取舍、因果、智慧、平等、缘起等。佛商在经营企业时，以佛家的智慧、观念、心境等指导和规范自己的商业行为，从而形成自己的一套商业哲学和智慧。这种商业哲学和智慧不仅能够指引商人坦然应对危机、解决问题，增强商铺的管理能力和提升其整体形象等，还能帮助商人平衡工作与家庭的矛盾，使其放松压力、享受生活。从小的方面来说，佛商的智慧对其自身的发展获益良多。从大的方面来说，佛商的种种行为有助于建立和谐社会，让商业在良性环境中运作与发展，有着不容小觑的社会意义。

三、汲取道商文化优点

党家村商人在"下河南"商圈中淘到的第一桶金，源于他们能够处理好营利性诉求与责任性要求的平衡，即汲取了道商思想中的精华"经商必须有道，无道则商不兴"。道商就是以道家的精神气质来从事商业经营的人[①]。道商秉承"道"的思想与精神，运用"道"的规律和力量来经商治事，实现人生大成。道商的理念为以道经商、以商显道；道商合一，利生万物。

"道商"与一般商人最本质的区别就是非常重视商业智慧与创新通变。同时，由于道商在营利性与责任性两个维度都有很好的表现，因此道商所代表的商业文明也就与以往的商业文明有所不同。道商型的新商业文明是对逐利行为的超越，是对于坑蒙拐骗、欺诈交易的纠正，是对于攫取资源、破坏环境的超越。为此，道商型的新商业文明重视皈依客观规律之道，把

---

① 李海波：《道商》，中国经济出版社 2009 年版，第 2 页。

商业行为看成修行觉悟的方式,而利人救人是商业行为核心价值指向[①]。

综上所述,党家村的商业文化是在汲取儒商文化、佛商文化、道商文化优点的基础上发展起来的。其形成与发展的逻辑为:在"生活—商业—生活"的循环框架下,党家村乡族制度的发展促进党家村商业文化的形成与发展,而商业化的兴起又促进乡族文化及生活方式的改变。

---

① 张党珠、齐善鸿:《社会企业、道商与新商业文明探究》,《现代管理科学》2018年第2期。

第五章 "银郭滩"——党家村商业的进一步发展

　　党家村商业的持续发展，源于党家村人竭力去探索如何致富、积极发掘具有更高投资效益的生产领域。党德佩及其子孙在瓦店以经营木材生意为主，粮食生意为辅。党德佩欲扩大"恒兴桂"商号的粮食贸易，但因年老体衰未能成就。其晚辈贾翼唐则表现出更大的商业抱负，他在积累一定的商业启动资金后，便直奔郭滩镇经商。

　　当时，粮食和茶叶是郭滩镇商业的主打商品。因晋商对茶叶贸易的垄断经营，贾翼唐最终选择从事粮食贸易。郭滩镇是唐河、新野、宛城三县农副产品的中转站和集散地。它东邻黑龙镇、上屯镇，南接龙潭镇、苍台镇，西邻新野县，北与张店镇和官庄接壤。依赖其土地肥沃、水路发达、地理位置得天独厚等条件，周边的粮食、油料、棉花、布匹、竹木、牲畜、山货等货物交易于市。商贾云集此处，单日成集，颇为热闹。

　　与此同时，郭滩镇也具有诸多不利于粮食交易的自然条件，致使贾翼唐在苦苦经营25年后，将所创"合兴发"商号从郭滩镇迁至赊旗镇。这次商号迁址活动是党家村人对商业市场的进一步探索，以及商业经营模式的调整，为党家村商业史上黄金时代的到来埋下伏笔。

第一节 郭滩镇历史由来与商业繁盛的内因

　　郭滩镇历史悠久，东汉时已为相当繁华的河道码头。明初毁于水灾，后郭姓自山西洪洞县迁此地始建村，因其住地紧临唐河河道水潭，曾名郭家潭。此后，河道码头渐次恢复，形成集市，又因当地生产西瓜，每到夏季瓜果上市量颇大，习称"瓜滩街"。"郭""瓜"谐音，加之居住者为郭姓，称为郭滩，沿用至今。

一、郭滩镇的历史沿革

　　郭滩镇位于唐河县西南部，南阳盆地腹地，距唐河县城33千米。唐河县城始建于北魏，城池在南宋绍兴十一年（1141年）完工。县城位于

第五章 "银郭滩"——党家村商业的进一步发展

县境中部,东依垄岗,西邻唐河,南、北为平原。唐河县城古为"荆襄藩篱","唐河舟楫直达襄汉"。今方城—枣阳、信阳—南阳、驻马店—南阳公路相交于此。历史上这里曾为襄阳县、上马县、泌阳县、唐县、沘源县、唐河县县城。

明朝时期,郭滩镇集市贸易处于缓慢发展状态。嘉靖年间郭滩镇被称为"郭家滩店"。到康熙年间,山西、陕西、豫北怀庆府商人相继来此开店经商。他们不仅在城内设店经营,山西商人还与陕西商人结成山陕帮。雍乾时期,郭滩镇开始兴建会馆,会馆"通商情,叙乡谊",控制了大宗商品交易。乾隆年间郭家滩店改称"郭家潭"。由于集市贸易日渐繁华,该时期的郭滩镇成为唐县四大集镇之一。乾隆五十二年(1787年),镇内重修城墙,周长约4.52千米。城墙内土地面积4.36平方千米,其中建筑用地面积1.28平方千米(含道路),占土地面积的29%;西关①建筑较密集;其余部分除少量菜地外,多为荒地、坑塘、坟地和冢形地。城墙外土地面积1.14平方千米。城区内东西走向的中心大街为重要营商区域。南阁至北阁为朱仙镇至夏口的必经通道,商贾往来不断。城西唐河渡口(亦称西关码头、西河头)为水运码头。西关商业较盛,他处则较萧条。

道光二十年(1840年),郭滩镇发展成为水陆便利、商业码头林立的市镇,帆船航运是镇域一大特色。因作为豫、湘、川等地商贾云集地,素有"银郭滩"之称。咸丰年间,山陕商人和淮商相继开设了太顺贞、和合张、太顺亨等八大商号,其中较大的和合张、太顺贞有资金逾七八万两白银。这些商号均在汉口、襄樊、老河口等地设有办事机构,资金数万两,从业人员多时达万余人②。郭滩镇商品集散强劲,财源滚滚而来。光绪年间,来此镇经商者日渐增多,商人们在水、陆交通比较便利的地点设店开业。

到清末光绪年间,本地商人兴起,在县城设店开业,资本扩大,逐步占主导地位。县城就有同裕成、富太昌、大汉明等批零兼营商号百余家,不断增加从业人员,扩大门面。为增加财政收入,政府开始推行加税政策。在经济上,光绪五年(1879年)十一月,河南省开始加抽唐县"货厘"。在社会管理上,随着外地商人的增多,为了加强管理,光绪三十二年(1906年),在城关设立邮寄代办所。民国初年改为三等局。民国末年改为二等局。③邮递级别的不断上升也从一个方面反映了当时唐河商业的发展势头。

到清末民初,郭滩镇已拥有商号近40余家,银楼2家,综合性商家

---

① 清末形成西关区域,为商业繁华地段。
② 唐河县郭滩镇志编撰委员会:《唐河县郭滩镇志》,中州古籍出版社2017年版,第71页。
③ 唐河县地方史志编撰委员会:《唐河县志》中州古籍出版社1993年版,第24页。

3家，是赊店至襄阳唐河航运五大码头之一，亦是唐河西南一带重要繁华商贸古镇①。

二、郭滩镇商业发展的优势条件

郭滩镇自古商贸发达主要有两个优势条件：一是水运便利，繁忙的水路码头促进了物流之集散、商贸之繁荣。二是土地肥沃，适合种植农作物，成为唐河县优质粮油作物的生产地之一。

（一）水路贸易发达

郭滩镇位于唐河中下游，属长江流域汉水水系。镇域内水资源较丰富。境内有4条主要河流。唐河呈东北—西南走向纵穿全境，涧河从镇西穿过，中部有清河、漕河分别自北向南、自东向西汇入唐河。

明末清初，唐河水运繁忙，豫、鄂、晋、陕等地客商穿梭于唐河郭滩码头，货运集散力强劲，尤其是南方运往北方或国外的茶叶均经郭滩码头，使这里素有"万里茶路"通道之称。渡口现仍留存引坡约100米，用石头砌成，作为当时商贸繁荣的见证物。

唐河自县北部的源潭镇白庙冯村入境，流经源潭、城郊、城关、上屯、昝岗、黑龙镇、郭滩、苍台8乡镇，于县西南部的苍台乡于湾村出境；入湖北省后，汇白河，入汉水。全长230.24千米，总流域面积8 685平方千米。县内河段长103.2千米，流域面积2 512.4平方千米。两岸地势属川谷形，河道弯曲，弯曲段31处，素有"唐河湾，白河滩"之说。河床最大宽度1.2千米，一般宽度0.3~0.5千米，一般水深0.4~0.6千米。源潭以下河段，河床渐宽，河水较深；其上窄而浅。每年6至9月为丰水期，11月至次年3月为枯水期。深潭处底质为粉细沙，其他处均为砂层。唐河是全县地下水补给的主要来源。

明清之时，唐河富舟楫之利，航路北可通方城赊旗镇，南达襄樊、汉口，帆樯如织，往来不绝。繁盛的水运大大促进了唐河商业的发展。清朝以前，郭滩镇大宗商品贸易主要由本地人经营。

（二）农产品贸易繁盛

郭滩镇土壤肥沃，农产品种类丰富。郭滩镇是唐河的冲积平原，全镇土质分为黄胶土、壤黄土、灰沙土等，肥沃的土壤适合作物生长。郭滩镇

---

① 唐河县地方史志编撰委员会：《唐河县志》，中州古籍出版社1993年版，第123~124、417~421页。

境内资源丰富，粮食作物以小麦、大豆、绿豆、玉米、高粱、稻谷、红薯为主，其次有大麦、豌豆、黑豆、扁豆、豇豆、蚕豆、荞麦等；棉花、芝麻、花生、蔬菜等经济作物也大规模供应市场。中药材有210多种，以半夏、柴胡、香附、全蝎最为著名。郭滩镇属伏牛山植被山系，有乔木130多种，灌木20多种。用材树以泡桐、杨树、榆树、椿树、楝树、柳树、楸树为主，其次有青桐、桑树、槐树、皂角树、柏树、枫杨树、冬青树等[①]。

郭滩镇并不盛产茶叶，却因"万里茶路"中转站的有利位置，茶馆文化经久不衰。物流之集散，商贸之繁荣，促进了茶馆文化的兴盛，时沿河古街，茶馆肆坊云集，多达30余家。300年的茶馆延续至今，集镇现有茶馆12个，每天过往茶客不下千人，茶馆内下象棋、吹拉弹唱、交流信息，堪称郭滩人了解国事、家事、天下事，享受文化娱乐、交流致富经验的良好场所，茶馆文化由此闻名南阳盆地[②]。

三、郭滩镇商业发展的不利条件

（一）地缘经济格局的劣势

若从发展战略的视角去观察，郭滩镇地理位置的选择并非明智之举，因为该镇既远离南阳商业圈，又远离襄樊商业圈，或者说，郭滩镇由于地理上的原因被远远地置于以南阳、瓦店和赊旗为三角核心的大商业圈之外。郭滩镇位于唐河中游，也是清代豫南的重要水路码头，被夹在南阳、赊旗镇商业圈和襄樊商业圈之间，与两者之间均有相当长的一段距离。自北向南的北方陆路商人以及自南向北的水路商人，自然不会把郭滩镇选作主要的中转和交易场所。在当时，商路和驿道均为南北走向，而郭滩镇的东西方向皆为山区，不利于长途贩运以及布设官方驿站和商业网点。

（二）自然条件不利于商业经营

关于唐河的走势有"唐河弯"和"唐河没有三里直"两句民谚，说明弯处势必造成迎流顶冲的险关，河岸溃垮严重，使河床来回移动，故有"三十年河东，三十年河西"之说。

据《唐河县郭滩镇志》记载，明清时期唐河自然灾害频发。明末，由于天灾、兵祸、瘟疫连年不断，百姓死亡，流离失所，路断人稀。明代从

---

① 唐河县地方史志编撰委员会：《唐河县志》中州古籍出版社1993年版，第123~124、417~421页。

② 唐河县地方史志编撰委员会：《唐河县志》中州古籍出版社1993年版，第123~124、417~421页。

外省移民内实，郭滩一带又变成了移民开垦之区，人口缓慢增长①。清初，因"宫图录级"，虚报开垦地亩，加派田赋，滥用民力，加之连年旱涝，民不聊生，相继外逃，人口减少。只是到了康熙和乾隆年间，由于实行"滋生人丁永不加赋"和"招抚逃亡"等政策措施，郭滩镇一带的人口才有所增加（如表5-1所示）。

表5-1　清代唐河县自然灾害状况

顺治五年（1648年）	大雨连天。洪水横流，庄稼淹没
康熙十五年（1676年）	夏秋大旱。民多饿死
康熙十七年（1678年）	夏、秋大旱
雍正四年（1726年）	唐河大水
雍正八年（1730年）	唐河大水
乾隆八年（1743年）	唐河大水
乾隆十七年（1752年）	绵虫伤麦
乾隆十九年（1754年）	唐河大水
乾隆五十一年（1786年）秋	虫伤作物，老百姓叫"过蚂蚱"
嘉庆十九年（1814年）	唐白河流域春、夏旱。"人相食，斗米千钱"
同治五年（1866年）	夏、秋，唐白河流域淫雨成灾
光绪三年（1877年）	大旱。大饥，人多吃榆叶，"饿殍载道"
光绪五年（1879年）	大旱。粮价猛涨，"麦、米三百五十五一斗"。百姓吃树皮、树叶，饿死者到处可见
光绪十四年（1888年）	旱。秋作物基本绝收

资料来源：《唐河县郭滩镇志》，中州古籍出版社2017年版，第45页。

第二节　清代郭滩镇商业发展的时代因素

清朝时期，郭滩镇商业的繁盛，得益于茶叶之路与粮棉通道的时代红利。明清时期唐河的水运繁荣，河上运输的货物品种繁多且数量巨大，其中以茶叶与粮棉贸易最负盛名。加之，商业组织发挥重要作用。

一、茶叶贸易的中转站

晋中茶商主要采买武夷山区的茶叶，茶市在福建省崇安县的下梅镇。茶由产地陆运至河口（今江西省铅山县），再水运经信江、鄱阳湖、长江至汉口。太平军起事后，茶商改为采运两湖茶，而湖茶更适合俄罗斯及蒙古人的胃口。以后遂主要采买湖南安化县、临湘县羊楼司、聂家市及湖北

---

① 唐河县郭滩镇志编撰委员会：《唐河县郭滩镇志》，中州古籍出版社2017年版，第45页。

蒲圻县羊楼洞的茶。加工后的茶先集中于汉口,由汉水至襄樊,转唐河北上至赊旗镇。由此联运北上,经洛阳,过黄河,入太行山,经晋城、长治、出祁县子洪口,然后在鲁村换畜力大车北上,经太原、大同至张家口或归化,再换骆驼至库伦、恰克图。

唐、白河水系成为当时漫长的茶叶之路上一段极为重要的水路运输线,唐河岸边的赊旗镇是这条著名"茶路"上极为重要而关键的水陆中转站。号称山西"外贸世家"、在恰克图开设"四大玉"的榆次常氏家族,与蒙古和俄罗斯贸易的茶叶就是经由赊旗镇运往恰克图的。常家享誉中外的玉字号大德玉、大泉玉、大升玉均在赊旗镇设有分号。而祁县城有名的"贺财主"在张家口开设的兴隆茂茶店也在赊旗镇有分号,这些分号捕捉沟通商品信息,洽谈购销业务,督运中转货物,对总号的经营起到了积极的作用①。

当时通行于此路上的茶叶贸易量是很大的,俄国是重要的出口地。俄国人不论长幼贫富都嗜饮茶,以致达到"宁可一日无食,不可一日无茶"的地步。当时经营茶叶贸易可获得惊人的利润,吸引了大批的商人从事茶叶的贩运。北方的恰克图市场是晋商与俄国进行茶叶贸易的主要地点。在这里,茶叶受到俄商难以置信的欢迎,甚至充当了交换的一般等价物。晋商的茶叶贸易量可以从中俄茶叶贸易量、晋商与恰克图茶叶贸易量进行估算。

清咸丰七年(1857年),马克思在《俄国的对华贸易》中说:"(在恰克图)中国人方面提供的主要商品是茶叶,俄国人方面提供的是棉织品和皮毛……以前,在恰克图卖给俄国人的茶叶,平均每年不超过4万箱;但在1852年却达到了17.5万箱,买卖货物的总价值竟达1 500万美元以上的巨额……由于这种贸易的增长,位于俄国境内的恰克图就由一个普通的要塞和集市地点发展成一个相当大的城市了。②"茶叶所占贸易比重不断攀高。1858年,茶叶占我国出口恰克图总值的30%。茶叶占贸易比重迭创新高,清嘉庆二十五年(1820年)为88%,清道光二十年(1840年)底,更是增至90%以上③。

二、粮棉产品的重要输出地

粮棉是通行在唐河白河河道上的另一项重要货物。伴随着商品经济的发展,河南的粮食开始大规模外运。而唐河就是湖北与河南不同粮食品种对流的重要运道。唐河帆船将境内粮食、棉花、油品及土副产品南运老河

---

① 李希曾主编:《晋商史料与研究》,山西人民出版社1996年版,第166页。
② 马克思、恩格斯:《马克思恩格斯选集》(第一卷),人民出版社1995年版,第10页。
③ 吴孟雪:《中俄恰克图茶叶贸易》,《农业考古》1992年第4期。

口、襄樊、武汉,然后将那里的工业品运抵境内或直上赊旗、方城,盛时帆船达千余只。粮食贸易最为繁忙的当数南部的襄樊港与张家湾港。

据民国十四年(1925年)《鄂北城镇概况》记载:襄樊港每年交易额米约万担,黄豆万吨,小麦、芝麻各万吨,杂粮约万吨,来自豫南、鄂北的土特产必须经本港转运,设有粮行多家,庆大、仁顺二家垄断整个粮食业,每到旺季(六、七、八月),出口粮食日达千石。当时的粮食行栈按其经营形式和所在位置,有坡上粮行和河上粮行之分。坡上粮行一般做本地生意,粮食销行当地。河上粮行一般多做河下生意,粮食装船运销。交易品种以小麦、黄豆、高粱、芝麻、小米、香豆、豌豆等为大宗。河、坡粮行分为数帮,其中即有河南帮①。

棉花贸易亦是如此,清代河南是北方重要的棉产区。唐河境内的棉花与粮食一样通过水运到达襄樊,河南南阳就有农户,年年种植千亩棉花,收成后"载往湖湘间货之"。当时的襄樊港棉花成交旺盛,拥有棉花行60多家,成为港口的主要货种之一。河南南阳的棉花常从襄樊转口运入"湖湘",而南方的棉布也常从襄樊输往北方。

清代,唐河县税收主要来自田赋和杂税。农业税,旧称田赋,百姓称之为皇粮。清顺治三年(1646年),重新登记耕地、人口,编造《丈量册》(地亩册,亦称鱼鳞册)、《皇册》(户口册),作为课征田赋、丁役银的依据。雍正五年(1727年),将丁银摊入田粮(摊丁入亩),以田亩为征收对象,统称丁地(亦称地丁)。乾隆五十一年(1786年),耕地1 533 196亩,征地银24 609.77两;实有人口229 434丁,摊派丁银1 117.03两,地丁合计25 726.8两。道光以后,田赋加增日多,明目有地丁、漕粮、租课、粮折,还有漕运银、耗羡、余补库存之不足、杂摊补等各种费用。

乾隆五十一年(1786年),定额征银26 620.15两。其中田赋25 727.66两,占96.6%;杂税892.49两,占3.4%。第一次鸦片战争后,军需浩繁,赔款累累,税收日增。光绪三十四年(1908年),征银64 136.8两。其中田赋30 315.8两,占47.3%;杂税33 821两(当税、契税两项居多),占52.7%。民国初期沿用清制。民国二十四年(1935年),征税174 089元(法币)。田赋和杂税的增加,给唐河县商业的发展,造成极大的困扰。

三、商业组织发挥作用

光绪年间,郭滩镇商业设货会,会长由商业界中实力最大或名望最高

---

① 邓玉娜:《清代河南的粮食贸易及其对城镇化的影响》,陕西师范大学2003年硕士学位论文,第22页。

的人担任。下有师爷（秘书）1人，随从1人，一直延续到1949年前后。其任务是上传下达，摊派款物，对内是协调、商量，解决街坊一切事情。外地来此经商，首先与商货会取得联系，注册登记、交纳费用。

清朝中后期，手工业者为了便于生产和经营，各行业均成立行会。清末、民国初，又成立公议社。公议社属自发性民众组织，其宗旨是增进生产交流，办理各行业的事务，调处劳资纠纷，提高手工业者的社会地位，各行业手工业者均可参加。起初，会首由众人推选在社会上有影响的人担任，第一任会首王国恩。行会名为民管民的民众团体，实则由地方绅士把持。

民国十九年（1930年）《公会法》颁布后，成立了多种行会。行会各有始祖，并带有迷信色彩。凡行会均有会首，并订立同仁共守的行规。比较有代表性的有鲁班会、金匠工会、财神会、葛仙会、灶君会、罗祖会。鲁班会也称八作公会，吸纳木、泥、石、刻、画、油漆、竹、扎（纸扎）行业手工业者参加，信奉鲁班，入会者称鲁班弟子。城关有鲁班庙（与三皇庙在一起），早期会首为杨玉清。金匠公会成员较多，冶炼业（金、银、铜、铁、锡、铝）、"洋铁"和烧窑、榨油等业的手工业者均可参加，奉老君，入会者称老君弟子，早期会首为吴文学。财神会又称财神社，凡工商业者均可参加，奉赵公元帅。来自陕西的工商业者多奉关公（称武财神）。城关东门内路北有财神店（庙），今唐河县面粉厂址有关爷庙。葛仙会靠水经营的行业（如印染、磨豆腐、制粉丝等）的手工业者均可参加，奉葛仙，每年农历三月三日祭祖。灶君会则是饭馆、商号等厨子加入。常在厨房奉灶君（也称灶神、老灶爷，名张奎），每年农历腊月二十三日祭祀。罗祖会也叫剃头公会，理发者（旧称剃头匠）入此会。奉罗祖师（也称罗师，名罗爱全）。

除此之外，织业（纺织、裁缝业）、肩贸（肩挑行商）、船业（航运业）、脚行、货郎担儿、钉锅、卖花机团儿、卖针、莲花落等，均有自己的行会。行会会员数量多也表明当地商业繁荣、手工业发达。

第三节　贾翼唐商号的建立及发展

根据《贾家长门家谱》记载，贾翼唐生于康熙三十九年（1700年），娶邻村陈氏为妻。陈氏给贾翼唐生3子后便撒手人寰（享寿29岁）。发妻过世后，贾翼唐将长子叙伦出嗣给胞兄翼周，三子敦伦出嗣给堂兄翼商，然后于雍正八年（1730年）赴河南唐白河流域创业。当时，同村党族十三世镇疆承袭了"恒兴桂"老字号，贾翼唐在白河边与之相遇。于是，贾翼唐到"恒兴桂"商号做雇工，由东家镇疆付给工资。至"恒兴桂"开设木厂时，贾翼唐入了一份"红股"（又称"人股"，旧时以劳力或特别原因，不出资本而得之股份）。到设立"恒兴桂"分号时，贾翼唐入了一股人银各半的股份。几年以后，贾翼唐打算自立门户，他以"恒兴桂"商号分得之红利作资本，往河南唐河县郭滩镇自行经商。

贾翼唐到河南赊旗镇南部的郭滩镇以后，他首先采取"顶盘"（收购的方式）买断韩城解姓商人在郭滩镇的生意，从而使自己起步便进入了正式的商业运营阶段。然后将其经商模式转变为"合伙求财"的"股份制"经营，即西家经理和资深店员，由挣"身钱（工资）"改为参加"人股"（相对东家的"银股"而言，俗称"顶生意"）分红。让从业者的报酬同商号的盈亏直接挂钩，来最大限度地调动他们的积极性。贾翼唐在创业时期就聘请掌柜党玉书做西家，开了一个好头。参加入股的经理即掌柜的，有的是东家在自己了解或别人推荐的人中间聘请的；有的是由只管吃饭不挣钱的店伙，向挣身钱的店伙进而"顶生意"的大店伙，一步一步熬上去的。无论聘请来的，还是熬上去的，绝大部分是韩城县北乃至本村本族的人；在河南当地雇佣的人多在店铺内做杂役、当伙计，能熬到参加"人股"分红的可谓是凤毛麟角。

对东家的本金也要作"人股"分红。各号的东家往往不是一家，西家也往往不是一个人。谁入银股多少，谁入人股多少，各家都有其具体数目。几年结算分红（多为3年），分红如何提留，各次分红的具体数字等，这些都记载在《万金账》上。《万金账》是商号的高度机密，一般店员实难见到，更不要说外人了。因此，对河南商号规模大小，都是说拥有土地若干顷，而不说拥有多少银两。平时，商号要定期定量给东家送银子回去，供日常花销，名曰"支使"，分红时扣除。如果说党家村河南商号实行的股份制已具有资本主义因素的话，那么它在用人上的唯亲唯乡做法则带着浓厚的封建色彩。

第四节　商号迁址：从郭滩镇移至赊旗镇

贾翼唐在郭滩镇所从事的商业活动大约持续了25年，几乎整整1/4个世纪，获利微薄。和其他产业一样，商业也需要商人付出很大的初始成本。通常情况下，初始成本总是不可避免的，除非当事人发现放弃这一成本的代价小于因此而获得的收益。那么，贾翼唐在郭滩镇经商不成功的原因是什么呢？

第五章 "银郭滩"——党家村商业的进一步发展

一、自然环境影响商业布局

贾翼唐在郭滩经商的 25 年中，共经历两次大规模的水灾、一次虫灾。第一次遇灾是在乾隆八年（1743 年），当时他已在郭滩镇经营近 10 年，获利不少。这次水灾虽说对他的商业发展产生较大的冲击，但是贾翼唐并没有灰心，伺机东山再起。八九年后，贾翼唐凭借自身的经营智慧，生意渐入佳境。乾隆十七年（1752 年）和乾隆十九年（1754 年），郭滩镇水灾、虫灾相继爆发，这给原本信心满满的贾翼唐重重一击，迫使他不得不思考自然环境对商业布局的影响问题。

二、居民消费需求不足

一方面，受自然灾害的影响，本地居民捂紧口袋、节俭度日，造成居民消费需求低，难以拉动市场经济复苏。另一方面，郭滩镇地处南阳盆地边缘地带，人口密度自然不比南阳、瓦店和赊旗。同时，市场的容量也不像贾翼唐所希望的那样庞大。因此，他虽然手握大量商业资金，却无法得到全部施展。在笔者的调查中，也有专家和当地的精英人士对贾翼唐的战略选择提出了批评。换句话说，贾翼唐选择郭滩镇与当初做出离开韩城来河南经商的选择相比，后者似乎显得更加稳妥和富有计划性。这表明，在商人的营商行为中，搜集知识与信息的能力也是增加财富的重要法宝。

三、经营战略失误

古人云：男怕入错行，女怕嫁错郎。贾翼唐经商不成功与其所选择的营商行业也是分不开的。他将粮食生意作为主营业务，如果经营成功确实可以获利颇多。不过，粮食业受自然条件和政府政策影响极大。一是粮食种植靠天吃饭，对于洪水、干旱、虫灾等恶劣条件，当时种粮农民难以抵御。二是粮食关系国计民生，历代政府均十分重视。清末，官粮由县署户房管理。县衙户房管理财政，并由库房、仓房具体办理银粮保管、出纳等事宜。全县设粮柜 5 处，粮食自由交易。同时，唐河县出口商品主要是粮食、油料、棉花、活猪、牛皮、羊皮等土特产品，多数由水路运往汉口等地，再经"洋行"转销国外。贾翼唐作为私商来从事粮食贸易，在与官商夺利时无异于"虎口夺食"。

四、时间成本大于收益成本

对贾翼唐来说，了解当地市场行情的最佳手段首先是开辟一个立足之地，比如一个摊位或一间铺面，然后是迅速地融入当地商业圈，并与其打成一片。通常情况下，融入得越深，信息越充分，从而收益也就越大。但是在经商地点不适宜的条件下，如果花费时间越多，那么为此付出的成本也就越大。贾翼唐付出的时间成本和精力成本过大，而收益却没有达到他的心理预期，促使他不得不另觅新的营商地。经过深思熟虑和多番考察，贾翼唐于乾隆二十年（1755年）将商号迁至赊旗镇。

总而言之，由于郭滩镇经常受自然灾害的袭击，造成镇内大量商业历史资料的散失，因而贾翼唐在郭滩镇经商史料未能完整保存下来，使读者不能窥见其经商过程全貌。但是，党家村商人在郭滩镇对商业的探索和调整，对于党家村后续商业的发展至关重要，它为党家村商业发展的第二次高潮奠定了基础。

第六章 "金赊旗"——党家村商业发展的第二次高潮

雍正八年（1730年），党家村贾族十三世传人贾翼唐在筹集到了充裕的开业资金后①，也追随党德佩的脚步，先是来到唐河县郭滩镇，后又迁入南阳赊旗镇（今社旗县）闯荡，并于乾隆四十年（1775年）成立了"合兴发"商号。在贾翼唐的带动下，"兴盛昆"商号、"玉隆系"商号相继成立。党家村人用自己的"勤劳朴实""信义忠诚"描绘出了一幅"人人经商"的生动图景，党家村商业由此步入了黄金时代。

第一节　中州商业重镇："金赊旗"

"锣鼓一打颤嗦嗦，普天下没有赊旗店的景致多：进北门有座石牌坊，出南门见文昌阁；进西门有座双碑楼，魁星盖在东南角；关帝庙有对石狮子，山陕庙里景致多……"这首《旱船歌》在南阳盆地流传了200多年，至今脍炙人口，长盛不衰。它形象地描绘了清代著名水陆码头、繁华商埠——赊旗镇，当年的繁盛景象。

一、赊旗镇的缘起及商业发展

赊旗镇②，又名赊旗、赊店、赊店镇（全书统称赊旗镇），系由镇南

---

① 《党二门家谱》在描述贾翼唐筹资经商的过程时这样记录说，二门十二世祖党琳（字德佩）于清康熙十年（1671年）在瓦店白河码头经营竹竿和杉木竿（橡）。因生意红火，独自经营忙不过来，于此之际，在白河边碰见了刚由韩城来此的本村人贾翼唐。伊言因避难而来，没活干，生活无着落。于是一同生活，贾翼唐为雇工，帮忙做生意，由党德佩付给其工资。至德佩开设木厂时，贾翼唐以"人股"方式入股。多年之后，贾翼唐辞别了"恒兴桂"号，以其在该号所得之红利作资本，前往河南唐河县郭滩镇自行经商。

② 1965年8月14日，南阳行署向河南省人大常委会呈送《关于赊旗镇的地名来历和设县后是否更名的报告》。报告说：赊旗镇的地名来历有两种说法：一据《南阳县志》记载："镇莫知所由起，或曰，元分旗屯田，军主氏余而讹也"；二是民间传说，东汉刘秀起义于此，赊旗访将，故曰赊旗镇。为尊重民俗，仍沿用旧名，将"赊"改"社"，寓社会主义旗帜之意。1965年11月13日，国务院159次全会通过，设立社旗县，县址设社旗镇（《社旗县志》，11页）。另，清代诗人尚志亭在《咏赊旗店命名》一诗中有"白水真人起义师"的句子，记述了刘秀在赊旗访将，起兵兴汉的史事（摘自《中州明珠资料：社旗山陕会馆》，宣传资料，第1页）。

兴隆店①发展而来，今河南省社旗县县城所在地。赊旗镇历史悠久，自远古时期就已有人类在这里繁衍生息：该地域周时为申伯国，春秋时属楚，战国时属韩，秦时属南阳郡，三国时属荆州，隋时复属南阳郡，唐时属唐州，五代十国时属泌州，宋、元、明、清历代隶属南阳府辖。清乾隆二十年（1755 年），改称赊旗镇②。

赊旗镇位于豫西南南阳盆地潘河③、赵河④交汇处，东西宽 2.5 千米，南北长 1.5 千米，总面积近 4 平方千米。镇北陆路纵横达北方数省；镇南则河网如织，汇达汉水入长江。因其独特的地理形势及位置，早在明代，关羽故乡山西解州人氏就在此居住经商。据县博物馆存原镇南之河南街南阁壁上所镶《兴隆店》文："山西平阳府解州安邑县人段国祯室人练氏，现在南阳府东本镇居住，暨合社人等起建白衣观音宝阁"，文末署"万历四十年十二月二十八日"⑤。可见，明朝时期赊旗镇商业已获得良好发展。

早在清代前期，赊旗镇即是豫南水陆交通枢纽。其中，陆路交通在清中期是可北达裕州，西通南阳府，南经埠口、兴隆镇、青台、李店、源潭到唐河县的官路，并与泌阳—饶良、方城—陌陂的大路相通⑥。其水路交通又假潘、唐⑦河运之优，赖官道通畅之便，招致十几个省的客商，尤其是山陕商人来此投资经营。

赊旗镇在康熙年间业已形成集市，到雍正二年（1724 年）已有 20 多

---

① 兴隆店在赵河南岸（即现在的河南街），明朝时是一个过路小店。由于水陆交通便利，加之明、清战乱的结束，过往行、住之人渐多。康熙年间，已自然形成占地 1 平方千米的初具规模的水旱码头。康熙四十七年（1708 年），裕州知州董学礼把兴隆店扩大为集市，名曰兴隆集（时属裕州管辖）。雍正年间，兴隆集逐渐向河北扩大发展，由数家店铺而形成一条跨赵河南北岸的兴隆街。随着生意的兴隆，人们争相购地，建房设店。外省商团为了同乡联谊，合作经商，着手兴建会馆。镇内计有山陕会馆、江西会馆、福建会馆、湖北会馆。到乾隆年间已发展成长 3 里、阔 4 里的繁华巨镇（《社旗县志》）。

② 之所以使用赊旗镇而不使用社旗镇的原因，一是为讨论方便；二是为顺应当地民谣中有"金赊旗"一说。

③ 潘河在县东附郭。《明府志》载其发源当阳山下暖泉。《隋书·地理志·慈丘注》："后魏有潘州"。在今方城泌阳间，正潘水流域，后魏潘州当治此左右。《宋志》：潘河源出七峰山东当阳寺南"。（社旗县地方志编纂委员会编：《社旗县志》，中州古籍出版社 1996 年版，第 538 页）。

④ 《宋志》大河注：在州西三十五里，上源为大河下流即赵河。赵河注：在州西三十五里，发源郦山麓。《明南阳府志》作大河，"源出罗汉山"。赵河有数源，李郁朵、郦山、罗汉山均有之。（社旗县地方志编纂委员会编：《社旗县志》，中州古籍出版社 1996 年版，第 539 页）。

⑤ 黄德海：《党家村的白银时代》，陕西师范大学出版社 2018 年版，第 101 页。

⑥ 社旗县地方志编纂委员会编：《社旗县志》，中州古籍出版社 1996 年版，第 255 页。

⑦ 当地人习惯于将潘、赵两河交汇之后的河段称之为唐河。它同白河一起构成了南阳盆地的两大水系。"恒兴桂"号在白河岸边，"合兴发"号在唐河岸边，两者遥相呼应，形成了党家村在河南的两大生意主体。

家店铺，码头也初具规模。至乾隆二十一年（1756年）有各类商号424家，镇内流动人口多达10万余人，21家骡马店朝夕客商不断，48家过载行日夜装卸不停，72道街分行划市相聚经营①。

至清中叶，这里已发展成为舟来车往、商贾云集、人口稠密、生意兴隆的繁荣巨镇②。赊旗镇与朱仙镇（位于今开封市）、周口镇（位于今周口市）、道口镇（位于今安阳市滑县）被誉为"中州四大商业重镇"。馆（赊旗镇山陕会馆）藏清乾隆四十七年（1782年）《创建春秋楼碑记》云：《南阳府志》记载："南来舟楫，从襄阳至唐河、赊旗、方城或从赊旗复陆行方城至开封、洛阳，是南北九省商品集散地"③，素有"天下店，数赊店"④之称。

到了清末，随着帝国主义势力的侵入，国内外形势的变化，赊旗镇的商业逐渐衰落。1965年11月13日，国务院全体会议第159次会议通过设立社旗县，以南阳、唐河、方城、泌阳四个县各一部分行政区域为社旗县的行政区域。至今镇南两河沿岸尚有码头遗址多处，镇内的街道名称、布局及铺面形象等仍多保留原貌，从采自民间的"赊店古镇略图"中，人们不难想象当年镇内贸易的繁荣火爆景象⑤。

二、赊旗镇商业繁荣的地缘经济因素

从地理经济学的视角看，赊旗镇位于中州四个商业重镇中最靠南的位置，成为当时中原四大商业重镇朱仙镇、汉口、佛山、景德镇，全国四大商业中心北京、汉口、苏州、佛山的商品贸易沟通的枢纽。赊旗镇还处于南阳大商业圈的东北部。虽然它与瓦店镇同处一个商业圈，但是和后者不

---

① 光绪三十年《南阳县志》。
② 赊旗镇位于潘、赵河交汇处。明清之时，水可泛舟，是贯穿南北9省的交通要道，南船北马，总集百货。南河大桥以东，经镇南绕城东下到河口为赵河码头，从河口逆流而上经东河大桥，到镇北的北大石桥为潘河码头。潘、赵二河码头，日停船数百只，桅杆林立，白帆一片；珍珠河之上的桥头镇码头，日停船百余只，嘉庆三年（1798年）后停航。当时往返船只大体为鳅子、鳊子、筏子3种。鳅子体小灵活，两头尖，用于装运零担货物；鳊子底平体大为大型货船，用于装运烟酒、茶叶等农副土特产品；筏子即木筏或竹筏，主要装运竹木、石器、石料等建筑用材。赊旗镇水运鼎盛时期当数清乾隆、嘉庆年间，到同治初年，潘河上游水源枯竭，水流量骤减。中华人民共和国成立后，潘、赵二河的正常流量为1.5立方米/秒，洪水暴发时可达2 600立方米/秒（社旗县地方志编纂委员会编：《社旗县志》，中州古籍出版社1996年版，第254页）。
③ 黄德海：《党家村的白银时代》，陕西师范大学出版社2018年版，第103页。
④ 河南省古代建筑保护研究所、社旗县文化局编：《社旗山陕会馆》，文物出版社1999年版，第1~2页。
⑤ 河南省古代建筑保护研究所、社旗县文化局编：《社旗山陕会馆》，文物出版社1999年版，第1~2页。

同的是，赊旗镇又自成一体。它依托周边的四大卫星式商镇，成为"圈中之圈"，因而民间才有"金赊旗"的谚语。

四大卫星商镇是指围绕赊旗镇四周的饶良镇、青台镇、桥头镇和陌陂镇。在历史上，它们为赊旗镇的商业繁荣曾做出过巨大贡献。与此同时，在争夺商业资源方面又与赊旗镇成为强有力的竞争对手，尤其是到了清末，其竞争日趋激烈，甚至曾一度到了水火不容的地步。《社旗县志》中对此四大商镇的历史沿革均有记载。

饶良镇。饶良位于赊旗镇东南 26 千米。西有红云岗，东有马庄岗，纵贯南北。东西南三面饶良河和饶良西河环抱，有"饶良盆地"之称。饶良旧有正大街、西怀街、山货街 3 道大街，商家云集，店铺林立，市肆繁荣。因街内共有老式坡面楼房 100 余座，可谓方圆名镇。到清代中叶，集市复兴，山陕商贾在饶良设商号 48 家。清同治年间，为加强集市防卫，集资筑寨。清光绪十八年（1892 年）有饶良古镇"岗峦清秀，清流映带。更有林木丛蔚，商民云集"的记载。清末至民国初年，又遭战火匪患。

青台镇。青台位于赊旗镇南 15 千米，方城—枣阳公路西侧。掉枪河紧靠街西折流东南，群众俗传："东靠唐河西靠港，中间夹河为掉枪。"相传，青台原为青台阶，中间高，四周低，如阶梯状台面。到宋时称金华城，有碑载"古金华"。镇内的掉枪河传说就是因宋代金花公主将银枪掉在河中而得名。元初，金华城因战争而毁。明清时，青台因地处裕州通往唐河的交通要塞而成为裕州四大商镇之一，集市繁华。

桥头镇。桥头是一个古老的集镇，位于赊旗镇西 12.5 千米，曾易名桥子头、金鸡屯、桐源镇。始建于秦，东汉时已有大型炼铁厂，既是宛城通往裕州的要塞，又是南北水路码头。洞川（现珍珠河）穿桥头南下入襄，当时水流量约 15 立方米／秒，商贾货船可直达汉口，来往船只，首尾相接，热闹非凡。工商业在清代最为兴盛，有大商号 18 家，商业、手工业 500 余家，号称繁富。镇内建有南大寺、曹寺、山陕会馆、泰山庙、祖师庙等，建筑宏伟，富丽堂皇，经济发展仅次于赊旗镇。

陌陂镇。陌陂位于赊旗镇东北 10 千米。相传，汉光武帝刘秀曾派开国功勋朱佑在此处设"狱营"监押战俘，地址在今陌陂东门外。为了监押方便，朱佑便选择了北靠河流、南通宛唐的一块黄土平地建立侯府。后用高粱秆扎设九宫八卦阵（俗称黄河九曲连），招引游客商人，从此以后，这里便出现集镇。因北有山溪横流，南有东西大街故取名陌陂（北面滨河为陂，南有横街为陌）。陌陂成为集镇以后，尽管是山货、土特产的重要贸易集镇，但因靠近山区，时有土匪出没，故各朝代不敢于此设立行政机

第六章 "金赊旗"——党家村商业发展的第二次高潮

构。明末，李自成起义军攻打陌陂，富豪起兵抵抗，被起义军攻破寨门，杀灭九族，房屋被焚，集市从此衰落近百年。直到晚清，才又因贸易地位的优越而逐渐发展起来。民国初，又复繁华。

光绪三十年（1904年）《南阳县志》记载："淯水之东，唐泌之间赊旗店，亦豫南巨镇也……地濒赭水，北走汴洛，南船北马，总集百货，尤多秦晋盐茶大贾。""晋人固善贾，县又通水路，乾嘉时城厢及赊旗镇号为繁富。"①民谚曰之："拉不完的赊旗店，填不满的北舞渡"，极言其繁富无比。由于赊旗镇商业交易的"市声远播二十里外"②，美国人菲尔·比林斯利曾这样总结说：河南西南部的赊旗镇是当时经唐河和白河运往汉口货物的装卸地，来自蒙古和西北地区的商人车队都在此落脚，然后把他们的货物装上船去。从南方开来的空船返回之前，也停靠在此地。总而言之，赊旗镇曾是全国最繁荣的贸易中心之一③。

因此，赊旗镇与汉口镇、景德镇和佛山镇一起才被党家村人赞誉为清代的四大商业名镇④。从当时地理环境条件看，商业名镇均为水陆发达之地，便于物资集散，外来商贾往返方便。

三、赊旗镇商业文化特色

文化特色是商业兴盛繁荣的吸引力和助推力。赊旗镇商业文化对党家村人的吸引力源于时代红利、商业集中、交易安全等特征。同时，厘金局、票号、商业会馆的设立和建设也为当地贸易的发展起到一定的推动作用。

（一）七十二道商业街分行划市

赊旗镇镇开8门⑤，与城外两河的6个码头相照应，人称八门镇。镇内街道细致分工，72道商业街分行划市。山货街专营土特产品，铜货街集中经营日杂用品，骡店街主要是店家为骡马客商提供日夜宿店服务。所营商品多为药材、生漆、桐油、竹木、粮食、棉花、布匹、茶叶、食盐等。

---

① 光绪三十年《南阳县志》。
② 光绪三十年《南阳县志》。
③ [美] 菲尔·比林斯利：《民国时期的土匪》，王贤知、姜涛、李洁等译，中国青年出版社1991年版，第90~91页。
④ 在众多的有关商业历史的著作中，关于"四大名镇"的说法有好几种。有人说是湖北的汉口镇、江西的景德镇、广东的佛山镇和河南的朱仙镇。但是韩城一带的学者们则一致认为，赊旗镇应取代河南的朱仙镇而名列四大商业名镇，即：汉口镇、景德镇、佛山镇和赊旗镇。
⑤ 《社旗县志》载，社旗县地处唐河上游，年平均降雨量841.4毫米，降雨集中在七、八、九三个月份，当地易受洪水之灾。为了避免洪水灾害，防洪的重点放在堤防上。县城堤坝始建于清咸丰七年（1857年）初，八月份筑成土寨，后用大砖砌镶，共设9门。建设县城堤坝的过程就包含了党玉书"元宝退贼兵"的故事，详细描述见下一节。

其中尤以茶叶、木材、布匹、食盐为大宗。据传，极盛时单药材一项月销售量就达10余万斤；6家货栈行日成交木材1000余立方，竹竿5万余斤；八大粮行每天成交粮食10余万斤；9家染坊中，最大的一家可日染青蓝布300余匹。还有一条街专门经营小食品麻花，民间就称之为"麻花街"。

除此之外，比较有代表性的还有："万聚炉"，始于清朝末期，所产刀具、铁器均采用上乘钢材锻造。山陕会馆的部分铁制构件、广盛镖局的押镖武器均出于此。该店第四代传人张金山，在原有传统工艺基础上对锻造技术又加以革新，使其产品更加经久耐用，而且设计上不断创新，使刀具、铁器的功能也有很大拓展。瓷器街，宽约10米，全长400余米。它形成于康熙年间，是当年南北瓷器的集散地，鼎盛时，有60多家瓷器店铺。清朝时期曾云集来自北方的定窑、均窑、耀州窑、磁州窑和南方的龙泉青瓷窑、景德镇青白瓷窑等华夏六大窑系及众多名窑的瓷器，被称为"中原瓷都"。赊旗镇瓷器街，是迄今全国以瓷器命名的街道中最古老的街道。刻录在瓷器街的诚信文化，不仅是中原文化体系的重要组成部分，也是中原商业文化的瑰宝。

赊旗镇文化多种多样，其中烙画葫芦和木版年画颇具地方特色。烙画葫芦图案品种繁多，有书有画，体积虽小，气象万千；烙出的色彩古朴典雅，其他颜料无法替代，是一种集古朴自然和高雅精美于一体的民间艺术品，具有很高的欣赏价值和收藏价值。赊旗镇木版年画，构图饱满，主次分明，线条密实且一丝不苟，颜色丰富而对比鲜明，均衡中力求变化，制作流程沿用古法手工形式，从画墨线稿、贴版、粘版、刻版到设套色、刻套色版、印刷，至少要经过十三四道工序。

（二）在万里茶路中左右逢源

明清时期，随着生产力的发展，商品化程度越来越高，明代李鼎在《李长卿集》中描述，"燕、赵、秦、晋、齐、梁、江淮之货，日夜商贩而南，蛮海、闽广、豫章、楚、瓯越、新安之货，日夜商贩而北"[①]。在商品流通量迅速增长的前提下，原有的运河、驿站等线路已经满足不了实际运输的需要，万里茶路便应运而生。海禁的实施，促使河道贸易和陆路贸易的发达。当时京广铁路还未修筑，赊旗镇遂成为当时南北九省要道。水通长江，陆走汴洛，总集百货，多聚于此。

运送茶叶的道路陆上有五条，海上有三条，向南洋和欧洲运送茶叶走

---

① 李晓鹏：《从黄河文明到"一带一路"》（第1卷），中国发展出版社2015年版，第22页。

第六章 "金赊旗"——党家村商业发展的第二次高潮

的就是三条海路。陆上的五条茶路，除了茶马古道，其他四条茶路基本以赊旗镇为中心，所以赊旗镇是茶路的关键点①。第一条路从赊旗向北出发，从山西到山东，沿着运河经天津到朝鲜半岛。虽然运送的茶叶数量不多，但应该说是一条固定的线路。第二条路从赊旗往北走，进入洛阳，或者不经过洛阳，走郑州然后经开封向河北的方向到北京，继续向正北走到齐齐哈尔，再向北到西伯利亚。第三条路从赊旗出发向北到洛阳，从郑州西过黄河到山西晋中等地，出燕塘关。下了燕塘关不远往北，有个地方叫黄花梁，这是走东口和走西口的分界线，西口是杀虎口，东口是张家口。出东口就是经蒙古一直到俄罗斯。第四条是主线，从赊旗走洛阳，经山西杀虎口到呼和浩特，经库伦绕过贝加尔湖，然后经西伯利亚、莫斯科到达圣彼得堡，这一条就是所谓的万里茶路。这条茶路总长约1.4万千米，我们所说的万里茶路，指的是国内的里程，如果延伸到俄罗斯是2万多千米，这条茶路是主要的。还有一条线路，是从赊旗出来以后进南阳，向西北方向去，或者不走赊旗，从汉水继续往北到老河口，老河口也是水旱码头，然后改由骆驼向西安到甘肃到新疆到现在的塔城，最后到达阿拉伯地区②。

其中，万里茶路可以分为三段，第一段南段，汉口往南，是茶叶的生产加工基地，这些基地大部分或者基本上都是晋商建的。第二段从汉口开始到长春，西到杀虎口，东到张家口，这是中段。这是山西商人的大本营，晋商占主导。第三段是自赊旗向北到目的地③。商人们到达赊旗，不仅意味着约2 600多千米水路到终点站了，也意味着在经历过一段共同的风雨历程后，他们稍加整顿将各赴前程。明末清初，晋商山西榆次常万达开拓俄罗斯恰克图后，共开了20家商号，即"十大德"和"十大玉"，主营茶叶。茶路重要地点均设有"十大玉"分号，赊旗独设3家，足见此地对常家之重要④。

唐河水为赊旗送来的不只是茶叶，借这条纵贯南北的国际运输线路之便，商人们也会将在南方采买的绸帛、花布、纸、糖、瓷器等物资贩运过来，因此交易是多方面的。这条商道以茶叶为主要商品，同时兼营丝绸、陶瓷、布匹、粮油、铁器、药材、日用杂货、皮毛、牲畜等，运输业、服

---

① 孔祥毅：《社旗是万里茶路枢纽》，《万里茶路枢纽：赊店》中国地图出版社2014年版，第8页。
② 孔祥毅：《社旗是万里茶路枢纽》，《万里茶路枢纽：赊店》中国地图出版社2014年版，第9页。
③ 孔祥毅：《社旗是万里茶路枢纽》，《万里茶路枢纽：赊店》中国地图出版社2014年版，第10页。
④ 梁玉振：《赊店——万里茶路上的一颗明珠》，《万里茶路枢纽：赊店》中国地图出版社2014年版，第5页。

务业配套发展。到达赊旗后，商人们或者经方城，继续迤逦北上过黄河，径往山西；或者在方城，通过驿道，到达洛阳，去往陕西；又或者向东北行，由舞阳县北舞渡入沙河抵周家口，然后转贾鲁河到达开封；也可以顺沙河东下进入安徽。因此，应该说万里茶路的枢纽地位，为当时赊旗送来了难以计数的财富，这些财富让赊旗在清代得以迅速崛起。

（三）赊旗镖局：为贸易保驾护航

明末清初，随着商品经济大潮的涌动，封建制度对市场垄断和控制被削弱，商人开始获得了经商贸易的自由，从事银钱货贷交易的人越来越多。赊旗镇据此假水陆交通之便，引商纳贾，一度呈现出"南船北马，总集百货"的繁荣景象。由于当时盗匪横行、抢劫成风的社会混乱局势，以武术世家戴隆邦及其儿子戴二闾为首的赊旗广盛饭店老板，根据广大商贾的需求，于清嘉庆七年（1802年）春创立广盛镖局。镖局作为一项新兴产业，在促进地域经济的发展方面扮演着重要角色。

时至今日，广盛镖局已经成为社旗县乃至河南省的重要历史文化遗产，它们所弘扬的武术文化，历史悠久，博大精深，是我国优秀传统文化宝库中的璀璨明珠。广盛镖局之所以能够遐迩闻名，成为"华中第一镖局"，除了总镖头戴隆邦、戴二闾武德高尚、武艺精湛之外，还拥有一支强有力的团队。

广盛镖局的创始人为戴隆邦，后因其年事日长，于嘉庆十一年（1806年）将总镖头位置传给幼子戴二闾担当。当时戴二闾年仅29岁，人送外号"神拳戴"，与平遥王正清、文水左二把合称"华北三杰"。戴氏所立镖局位于赊旗石门街北端，坐东朝西，面向"后河"古码头。镖局有门脸儿房5间，中间是一座高大门楼。门口立着一根高高的大旗，旗上书有"广盛镖"3个大字。内为一进三的大院落，分设会客厅、签押房、仓房、镖头居室、镖师居室、练武场等。

广盛镖局的镖主要走陕西、山西、湖北、安徽、江苏、山东、河北、北京、张家口、天津等地。走镖时，镖车上插有镖旗，趟子手还要一路"喊镖"。当时河北沧州为武术之乡，各地镖局为表示对沧州武界的尊重，一进入沧州地面便不能再喊镖。一次广盛镖局镖走山东，路过沧州，一位新入行的趟子手不懂规矩，贸然喊了镖。沧州武界以尹玉文为代表的三位武师拦路兴师问罪。戴二闾一再表示歉意，可三位武师仍不依不饶，一定要与之交手。戴二闾无奈，只好与他们动手过招，结果三位武师均败于他的拳下[①]。自此"戴家拳"名声大振，广盛镖局更是声名远播。

---

① 魏从敬：《赊店广盛镖局探佚与考证》，《赊店春秋》2020年第1期。

第六章 "金赊旗"——党家村商业发展的第二次高潮

局内的镖师除了戴文量（大闾）、郭威汉外还有任志等人。局内有镖头、镖师和镖徒。山西祁县的心意拳大师陈振家，在自己所编著的《原传戴氏心意六合拳》一书中说："戴隆邦、戴文量（大闾）、戴文熊（二闾）、郭威汉（祁县温曲人）、贾大俊（祁县王村人）、孙术论（祁县孙家河人）、李洛能（祁县人称老农民，河北深县羊窝乡窦王庄人）、陈大、陈二（祁县祁城村人），① 以上人员除孙术论一人没有介入镖局，连同李洛能均为广盛镖局成员，个个武艺高强。"② 还有从小就跟戴二闾学拳的戴良栋（戴二闾的祖叔），也经常前往赊旗镇，协助二闾押镖。

《祁县票号》记载，在祁县孙家河元丰玖票号，"戴二闾巧遇在孙家当账房先生，且比他年龄小许多的祖叔戴良栋。后良栋辞去账房先生一职，跟随二闾下河南执镖局旅店业"③。在赊旗经营镖局期间，以戴二闾为首的镖局成员曾多次抗击捻军。据记载，咸丰三年（1853年），一支捻军队伍出关入赊旗，他们攻进城后，打骂商人，抢劫财物。看到这一情景，总镖头戴二闾义愤填膺，立即率领全体镖徒英勇抗击。经过一个多小时的激战，擒获了首领，余众闻风丧胆，抱头鼠窜，镖局有力地保卫了全城商人和居民生命财产的安全④。

另据祁县高降衡先生在民国二十四年（1935年）所著《形意拳基本行功秘法》一书中记载："咸丰年间，山西通往河南的必经之路潞安有捻军作乱，山西和河南多次派兵联合围剿，不但无果，每每损兵折将。后清帝派兵和多家镖局前往围剿，广盛镖局也在其中。广盛镖局前往总寨剿灭捻军，交战中二闾生擒其首领，朝廷论功行赏，四人俱有功焉，二闾为最。清帝赐黄马褂以表其功，被誉为'靖国御难之士'。这一壮举，虽受到了官方的奖赏，商人和百姓的赞扬，却结下了势不两立的仇家。之后，镖局全体人员返祁，退出江湖"⑤。

捻军是一支活跃在长江以北皖、苏、鲁、豫4省部分地区的反清农民武装力量，从1853年起义至1868年覆灭。捻军内部派系林立，纪律作风不严密。1851年，捻军便在豫南南阳、南召、唐县（今唐河）等地聚众起事。南召一直是捻军的大后方⑥。据《陕县志》记载，南阳的"捻子，以角子山为巢穴"。咸丰元年（1851年）时，南阳捻军乔建德就曾聚众2 000余人，

---

① 魏从敬：《赊店广盛镖局探佚与考证》，《赊店春秋》2020年第1期。
② 魏从敬：《赊店广盛镖局探佚与考证》，《赊店春秋》2020年第1期。
③ 张春岭、凌寒：《万里茶路枢纽：赊店》，中国地图出版社2014年版，第91~95页。
④ 魏从敬：《赊店广盛镖局探佚与考证》，《赊店春秋》2020年第1期。
⑤ 张春岭、凌寒：《万里茶路枢纽：赊店》，中国地图出版社2014年版，第91~95页。
⑥ 张春岭、凌寒：《万里茶路枢纽：赊店》，中国地图出版社2014年版，第96~100页。

在南阳、泌阳附近角子山活动,后发展到万人以上,活动范围达 10 余州县,进行打家劫舍,还一度攻入陕西商南县城,杀死清知县施做霖等①。按此推算,赊店广盛镖局的收撤时间最早也只能在咸丰四年(1854 年)之后,前后经营时间达 50 余年。

(四)厘金局:小城里的大衙门

踩着青石板铺就的道路,徜徉在瓷器街头,很容易被一座青砖灰瓦的双层建筑吸引,倒不是建筑本身有多特别,而是它门头上的石兽极为"凶悍":一只面目狰狞的怪兽栩栩如生,只见它头似龙,口如狮,身似麒麟,蹄如马,张牙舞爪,气势汹汹,浑身火苗乱窜,仰头欲吞烈日。传说这只怪兽名"贪",即贪婪之兽。它贪得无厌、欲壑难平,不仅要将世间的金银财物占为己有,还妄想把太阳也吞入己腹,最后被活活烧死。门的正上方题有金光闪闪的"厘金局" 3 个大字。厘金局是清代新增设的税收机构,将"贪"兽悬置于此,其初衷自然是为了警示官员当清正廉洁,不要贪赃枉法、玩火自焚。

赊旗厘金局设立于咸丰八年(1858 年)。当时国内农民起义风起云涌,严重威胁了晚清政府的统治。政府为筹集平乱军费,"设立省局,抽取商捐,统名厘税"。厘金局门口那副"天子何忍伤民财,因小丑猖狂,扰滋守土;地丁不足济军饷,愿大家慷慨,输此厘金"的对联,叙述的就是厘金征收的原因和宗旨。赊旗地处九省通衢,商业繁盛,因此同陕州、开封一起被列为河南首批征收厘金的地区。之后,征收范围进一步扩大,诸如荆紫关、乌龙镇、蒋家集、周家口等水陆市镇,"一律分设厘卡,委员经收",但那已经是 7 年之后的事情了。

赊旗镇厘金局第一任委员叫桑宝,据说是天子近臣,为正三品官阶。按照当时官制,南阳知府为从四品,赊旗只是南阳府下属的一个镇,镇上厘金局的长官竟比知府还要官高两级,这样的"高官低配"多少有些不寻常。不寻常的背后,固然是朝廷为了收税便利、避免各方掣肘的需要;另外赊旗地殷民富、日进斗金,高官愿意来此肥差"屈就",也在情理之中。

"高官低配"的成效显著。效果之一:据清宫档案显示,从厘金局咸丰八年(1858 年)三月设立,到年底仅 9 个月时间,河南三局征缴税银 6 万余两,其中赊旗占了半数②。光绪《南阳县志》有"(赊旗)市岁税常巨万"的说法,着实不虚。效果之二:翌年,商民暴动。"赊旗镇委官苛税,商民怒毁厘局,逐委员而罢市,知县曹敬生去职"③。

---

① 魏从敬:《赊店广盛镖局探佚与考证》,《赊店春秋》2020 年第 1 期。
② 盛夏:《厘金局当差一年胜过一个州官》,《大河报》2001 年 4 月 26 日。
③ 盛夏:《厘金局当差一年胜过一个州官》,《大河报》2001 年 4 月 26 日。

厘金本是作为一种临时筹款的方式而诞生,但之后因为清政府的财政需要,非但没有解除,反而进一步扩展和推广,使得厘金局得以长期延续。直到1931年,国民党政府正式将之废除,厘金局才慢慢淡出人们的视野。目前全国保存完整的厘金局旧址只有湖南洪江和河南社旗两处,而赊旗厘金局因其级别高、保存相对较好,成为我国厘金史上一个珍贵标本。

(五)票号:清代私人金融机构

票号的出现晚于镖局。票号是集存款、放款、汇兑业务于一身的私人金融机构,其性质类似于今天的银行。我国最早的票号是道光三年(1823年)山西平遥商人雷履泰成立的日升昌。

道光六年(1826年),与日升昌齐名的蔚盛长票号在赊旗镇最繁华的瓷器街设立第一家分号。这也是中原第一家票号。蔚盛长票号可以在北京、天津、广州等30余地汇兑,覆盖半个中国。次年,又在相邻的关帝庙街设立蔚盛厚分号。蔚盛长当年主营汇兑、存贷款和代办捐项,也发放银票;主要服务对象是当地工商铺户,也承汇政府业务。蔚盛长票号最初资本12万两,后来发展到16万两,至民国歇业时有资本24万两,资本较为雄厚。赊旗镇的蔚盛长票号,守信重诺。据地方史料记载,清咸丰七年(1857年),捻军攻陷赊旗镇,许多商家准备逃难,拿银票拥向蔚盛长要求兑现。蔚盛长在自身遭受重大损失时,克服种种困难调集兑付,其诚信美德被赊旗商人传为佳话,生意越做越大[①]。

此后,赊旗镇先后建立的票号还有广东商人在福寿街开办的"广顺生",山陕商人在老街、中山货街、马神庙街、南瓷器街开办的"福临协""泰临协""万盛镒""荣盛大""天顺长"等。赊旗镇面积不大,但票号数量却不少,因票号分布密集,后人将赊旗戏称为清代的"中原华尔街"。票号崛起后,为客商护送银两为主要业务的镖局生意日渐惨淡。

(六)商业会馆林立

商业会馆的修建,是赊旗镇商业繁盛的标志。在赊旗镇商业发展的鼎盛时期,全国共有南北16个省的商人云集此地经商。各地商人为了同乡联谊,互通商情,合力发财,在赊旗镇内建立的同乡会馆就有:山陕会馆、湖北会馆、湖南会馆、江西会馆、福建会馆、广东会馆等10余座,其中尤以最早寓居此地并处于全镇商业领袖地位的山陕会馆最为雄伟壮观。在中原地区,南方会馆寥寥无几,但赊旗却有保存完整的福建会馆。它兴建

---

① 张春岭、凌寒:《万里茶路枢纽:赊店》,中国地图出版社2014年版,第163~165页。

于嘉庆元年（1796年），位于南瓷器街南端，是万里茶路源头福建武夷山茶商在赊旗开设的同乡会馆。本章第五节将详细论述山陕会馆对党家村商业的影响。

第二节 "合兴发"商号的百年兴衰

笔者在党家村调查时，所采访到的每一位党家村人几乎都异口同声地夸耀说，100多年前，党家村曾创下"日进白银千两"的神话。据考证，嘉庆年间，"合兴发"号拥有赊旗镇南北太平街上的全部房产[①]，常住雇员数百人，赊旗镇内日均成交的1 000立方米木材和5万斤毛竹中，绝大部分是在太平街上交易的[②]。每当镖银进村之后，党家村人一片欢腾。人们齐聚分银院，按各自参股的数量分红[③]。分银院共有3处[④]，也有人说只有1处[⑤]。据村中老人回忆说，他们曾见过咸丰年间玉隆杰号给东家的几份"红单"（结算分红报告），其3年分得的红利金额平均在1.5万两左右[⑥]。

虽然并无确凿的账目来考证这段历史，但庞大的四合院群落足以说明这极有可能是真实的。如果说党德佩在河南生意场上开辟了一片新天地的

[①] "合兴发"号所拥有的房产大多指临街铺面房。在清代，这些房产具有鲜明的建筑特色，既美观又实用：商业房根据商号的大小，门头3~5间不等。房屋建筑均为二层，墙包木柱，墙倒屋不塌。所用木材皆用生桐油漆刷，以防腐蚀、虫蛀。一楼主房进深5~6米，板打门作前墙，后墙和山墙都用桐油白布裱糊。砖砌墙壁砖铺地面，以防货物受潮。前墙之外用半坡山形式从二楼窗户之下砌有约2.5~3米的营业厅，营业厅前墙也用板打门，以利开闭。板打门之外砌有约1米宽的人行道，在半坡山前檐之下，以避风雨，方便顾客选货。二楼用木楼板，重梁起架，梁用木柱贯穿，椽子上面用木板钉实后，刷生桐油，而后铺八砖，最上面用小青瓦平铺。临街面除用花式通窗外，全用刻有花纹的木刻装饰，并用土漆油刷。

[②] 杨茵：《党家村史话》，打印稿，2002年。

[③] 在党家村，分红的凭据有两种：一种是《万金账》；另一种是《封纸家谱》。对外，人们只知道某个商号拥有多少土地，而不知道拥有多少银两（党康琪，1999）；《封纸家谱》是党家后二门独有的分红凭据。每年腊月三十晚子时，家谱封纸。封纸前入册的人可以来年在分银院领银子，而封纸后出生的或未入册者则必须等到第二年腊月三十晚再说。参见《杨茵采访笔记》，手抄本。

[④] 贾家一处，党家二门、三门各一处。参见《杨茵采访笔记》，手抄本。

[⑤] 后者描述说分银院曾是当时的金库和分银之所，该院在村内东西向大巷中之南侧，南北向小巷之北端，大门为"艮"字门，檐下饰有木雕垂帘，称垂花门楼。北房背靠大巷，楼房二层朝巷开，有为节日看社火的窗户。另据传说，分银院房顶通常罩有铁丝网，以防盗贼。任喜来：《民居瑰宝党家村——韩城四合院建筑民俗的典型》，见中国人民政治协商会议陕西省韩城市委员会文史资料研究委员会编：《韩城文史资料汇编》第17辑，韩城市印刷厂1998年版，第9~11页。

[⑥] 党丕经、张光：《明清时期党家村经济状况初析》，见周若祁、张光主编：《韩城村寨与党家村民居》，陕西科学技术出版社1999年版，第208页。

话,那么是贾翼唐又把这一生意推向了鼎盛时期。

在第五章里,笔者曾提到过贾翼唐将商号迁至赊旗镇是乾隆二十年(1755年)。这一时期正是康乾盛世的巅峰阶段。雍正朝所实施的"摊丁入亩"和"耗羡归公"等改革措施此时如火如荼地展开,无论是农业、手工业还是商业等都进入了一个崭新的发展阶段,并且人口的快速增长也给市场带来了巨大的消费需求。

一、赊旗"合兴发"商号的崛起与兴盛

贾翼唐在党玉书的帮助之下,不仅将主营业务由郭滩镇迁至赊旗镇,同时还成立了一家规模和层次远超越"恒兴桂"的商号——"合兴发"号。党玉书的加盟使党、贾两族终于为了共同的利益而拧在一起。至此,"合兴发"号成了这一时期党家村河南生意的代表,其业绩让煊赫近百年的"恒兴桂"号"黯然失色"①。

党玉书(1759—1817年),党族十四世三门人,14岁便弃学从商,进入襄樊商界后崭露头角,20岁时才华大显,誉满武昌②。据其《墓志铭》碑文载,党玉书"……赴武昌时,持身严正,交易公平,会计之暇,即阅经史,是以江夏缙绅士大夫见其举止端正,吐属蕴藉,咸饮其品而乐与之游,以为市井中仅有也"。③

据考证,14岁之前,党玉书在山庄子里度过了自己的少年时代。他随父辈在山中开荒种地,有时还靠在粮市里扫粮食粒为生,风餐露宿,饱尝人间艰辛④。据传说,党玉书之子党天佑成亲时⑤,家中土屋低矮,送亲的人伸手就能触摸到房檐。因此,送亲的人临走时,不得不与新娘子挥泪告别。这件事对党玉书刺激很大。事后他愤而南下,奔走于襄樊、武昌之间。先是为人打工,后又自立商号"玉隆协"。在建立起了个人的商业信誉之后,他又以信誉为基础建立起了自己的商业网络,并在当地积累了相当的实力。

---

① 《杨茵采访笔记》,手抄本。
② 党丕经、张光:《明清时期党家村经济状况初析》,见周若祁、张光主编:《韩城村寨与党家村民居》,陕西科学技术出版社1999年版,第286页。
③ 此碑立于1817年,全称为"皇清大学士显考玉书党府君暨待赠孺人显妣段太君合葬墓志铭",属阴阳碑,即夫妻合葬墓碑。前半块现存于党家村党重阳家,后半块存于党养民家。两个半块可以重合,展开之后即为一块通碑。
④ 参见电视纪录片《风雨党家村》脚本,杨茵撰稿,陕西卫视,2002年。
⑤ 从时间上推断,党玉书14岁时赴武昌,中年时才与贾翼唐联手,因此这一事件应发生在"合兴发"成立之前。但是本书仍按村民的回忆如实记录,实际上不过是想表明,家境的贫困是他愤而南下的主要动力。

二、"合兴发"商号的商业模式

(一)"合兴发"号经商资本的来源与积累

当贾翼唐邀请党玉书加盟时,两人几乎是一拍即合。"合兴发"号由3家出资组建,其股份结构包括银股和人股等形式,其中贾翼唐因为出资最多被称为"东家",处于控股地位;党玉书除将"玉隆协"号折银并入"合兴发"号,从而占有一定比例的银股以外,还作为经理人员以"智力"入股,亦即"人股"。他在商号中习惯上被称为"西家",属第二大股东;第三方是原被收购的韩城解家的生意。解家也以"股东"的身份占有一定比例的银股,但是与东、西两家不同的是,解家的地位仅限于股东,在商号中并无任职。

"合兴发"号的股份结构大致呈"1+4+1"的比例特征,即原解家资产占银股的1/6,贾翼唐占4/6,党玉书占1/6,三方按照银二人一的比例分配红利。采取这种组建方式使三方的利益与商号的经营绩效紧密地联系在一起。也就是说,商号的生意越好,三方的收益也就越大;而收益越大,三方致力于商业经营的积极性也就越高。

前文曾总结支撑"恒兴桂"号长期获利的重要因素为南阳地区水路运费低廉,实际上,该时期劳动力成本低亦为党家村商人获利的另一重要因素。后者与传统商号中的学徒制度① 有关:师傅(东家)一般并不直接向学徒定期支付工资,而是以年终分红等形式激励员工努力工作,从而为商号的日常运转节省了一大笔周转资金。"合兴发"号的起步阶段,得到党家村子弟的大力支持,有钱筹钱,有力出力。

(二)"合兴发"号主营业务

在党玉书的倡导之下,"合兴发"号终于在赊旗镇内挂匾开张。由于

---

① 有专家曾撰文讨论过韩城一家明代药房的管理模式。其中对本文有补充说明作用的篇章是其内部的管理制度,即:店规严明,恩威并用。东西两家以诚相处,相依为命,义里求财。该店所有从业人员,连顶生意的掌柜在内,都是由学徒一步步培养起来的。他们不用半途而来的把式,也从来不半途开销人员。他们深知药材行业工序繁多、责任重大,所以从招收学徒始,就注意人选。学徒期满,经考核合格提升为二槽把式后,方可参加店内外各项业务活动。由二槽把式提升为掌柜一般根据论资排辈、德才兼备的原则,由掌柜提名东家同意决定。他们都是由学徒一步步升上来的,因而才能成为久经锻炼多谋善断的实干家。掌柜对人手十分关心,生活体贴入微,年终给发帽子、毛巾、肥皂,表现好的还给发奖金。学徒们常说:"掌柜的对我们这么好,我们能不好好干吗?"为了激发从业人员的积极性,该药店倡议改革投资制度,即将原来的东家出银西家出人,银五人五年终分红改为允许西家入股,变成十多家集体连东带掌,从而使本钱越来越多,人们的劲头越来越大,生意越做越红火。李长喜、张喜宾:《永兴合药店》,见中国人民政治协商会议陕西省韩城市委员会文史资料研究委员会编:《韩城文史资料汇编》第7辑,韩城市印刷厂1987年版,第64-65页。

第六章 "金赊旗"——党家村商业发展的第二次高潮

镇内市场行业划分细致，而且行规极严，因此在贾翼唐的支持之下，党玉书决定避开由晋商、徽商、粤商等商帮所控制的盐、茶、粮、棉等行业，专营木材。木材用途广泛、灵活且具有易于保存的优点。乾隆、嘉庆年间，赊旗镇各行业有"大十行"和"小十行"之分①。像盐、茶、粮、棉和木材等都属于"大十行"。由此可见，"合兴发"号从一开始就跻身于赊旗镇大商贾的行列。

除确定了商号的主营方向以外，"合兴发"下设许多分掌柜，即所谓的"二槽掌柜"，全权负责分店的业务。为加强对外联络，"合兴发"号还任命贾翼唐的孙子贾大有专门负责社会交际，包括与官府打交道，类似于今天的公关经理。贾大有生活阔绰，为人豪爽，他捐了个布政司理问虚衔，常把绿呢子大轿抬到南阳知府的衙门口，似与知府平起平坐。因他行八，赊旗镇人常称呼他"贾八爷"，风光了数年②。

为便于大宗商品的长途贩运和交易，党玉书利用原"玉隆协"拥有的商业渠道扩大经营，先后在襄樊、武昌、长沙等地建立分号，并组建了自己的商业船队。进而，他又把分号延至佛山镇③，从而一举奠定了其在赊旗镇木材行业当中的龙头地位，完成了"寡头垄断"的战略目标。

党康琪的研究成果中记录了这样一件有趣的交易史事，即柴火生意。这可以被认为是党玉书出山之后的"小试牛刀"之作。据说，当时赊旗镇及其周围农村既缺煤又缺木材，当地人唯一的燃料是农作物秸秆，也就是"柴火"。有一年，庄稼丰收之后，农人多就地丢弃秸秆，而这时"合兴发"号则看准时机，大量收购囤积。第二年大旱，赊旗镇一带寸草不生，柴火价格大涨，"合兴发"便趁机大量抛售，赚取了不少银两，从而给日后生意的扩张奠定了基础④。

赊旗镇本为八门镇。但是自从乾隆末年开始，清朝的经济开始走下坡路，南阳一带土匪活动日益猖獗。嘉庆初年，赊旗镇即遭遇围攻，对全体商人商业的扩张构成了严重威胁。镇内山陕会馆的一处石雕曾描绘了众神在城门上与侵扰者作战的场景，从中不难看出商人们对已逝太平盛世的内心渴望。

在一次战斗中，党玉书奉官府命率领"合兴发"号雇员守卫水门一带。土匪使用炸药炸开了城墙，试图冲入城内，情况十分危急。此时，党玉书

---

① "大十行"指粮业、棉花业、油业、盐业、药业、酒业、杂货业、京货业、木业和纸业；"小十行"指银业、烟业、丝绸业、鞋业、帽业、染业、铁业、食品业、饮食业及竹篾业等。
② 《党家村贾族家谱》，手抄本。
③ 贾翼唐对经商路线的选择与党德佩如出一辙。
④ 党康琪：《党家村人说党家村》，内部出版物，陕渭新出批〔1999〕字第20号，2001年，第25页。

命人抬来整箱的金、银元宝，向贼众砸去。土匪本为钱财而来，眼见着元宝自天而降，自然欢呼雀跃。他们一哄而起，争抢地上的银钱，而后又呼啸而去，赊旗镇之围不战而解。自此，"合兴发"号威名远扬。官府为奖励党玉书退贼有功，特准在土匪炸开的垛口上修建一座"水门"码头①，专供"合兴发"商号使用②。此举不仅使赊旗镇有了九门一说，同时更为重要的是，"合兴发"号的船队可由潘河驶入水门，直接在码头装卸并交易货物，从而大大节省了运输成本。

（三）"合兴发"号经商资本的出路

又经过几十年的苦心经营，"合兴发"号拥有了沿水门内城码头向南至东门的一大片街区，占据了南北太平街上的全部房产。明清时期经商资本的出路主要有，购置土地、助修祠堂书院、助饷助赈、兴水利筑道路、抚孤恤贫、奢侈性消费、投资产业等。"合兴发"商号也在唐河、方城一带大量购置土地，数量高达10多万亩，从而使其利润总额之中又添加了土地租金这一项。

课题组曾就此事专门访问过党家村村民党凤洲老人。当时老人已近90岁高龄，依然耳聪目明。17岁时，他曾为处置家里的地产和房产去过赊旗镇，因而成了党家村河南生意后期兴衰的见证人。老人一往情深地回忆说，"合兴发"号当年拥有土地的数量远不止10万亩。党玉书不仅生意做得好，从事农耕管理也是高手。为此，嘉庆皇帝还向"合兴发"号御赐过一块"良田千顷"的牌匾。

党家村人经商获利后大买土地并非偶然现象，当时这为商号通例。当地习惯，丰年、太平时地价腾贵，荒年、动乱时地价骤跌。商号在跌价时大量买进土地，但是，买地不是为了倒贩，赚取差价，而是为了收租。他们将所获的农产品作为商品投入市场，售后收入除去管理费用和交纳田赋，就是商号盈利。

对商号来说，这种做法有利有弊：弊端是没有把商业资本更多地投入到商业周转金上，扩大商业规模，为"货畅其流"做更大贡献；利是买地成了它们安置商业盈余的手段之一，是一种变相的"投资"，而且土地是

---

① 当地人称"太门""小东门"，党家村人习惯上称"水门"，为遵循这一习惯，本书仍沿用"水门"一说。据有人记录说，赊旗镇九座寨门犯了皇城九门的禁忌，于是清廷旨令禁用，不得已在平时将东北水门堵上，至运料的大船到来之际，临时扒开，转运后再堵上。杨银鹏、赵静：《百年沧桑话赊旗镇》，载2003年2月8日《南阳日报》。尽管传说水门曾被禁用过，但这至少证明确有水门一说，况且出入的还多是大船。

② 参见电视纪录片《风雨党家村》脚本，杨茵撰稿，陕西卫视，2002年。

稳定资产、不计提折旧，盗匪也抢不走，成了他们财富的避险商品。正是因为有这些土地，在商号关门之后，他们的继承者借地利仍延续了半个多世纪。这倒符合了太史公提出的"以末致富，以本守之"的货殖原则，用商业赚来的财富来经营农业。

三、"合兴发"商号的强弩之末

党玉书去世之后，其子党天佑继承父业，主理"合兴发"号的日常业务。党玉书生有3子，天佑行二。到他这一代时，其生意规模超过了党玉书。在他个人的资产中，除拥有"合兴发"号的股份外，仅在党家村就建有13座四合院，其业绩由此可见一斑。三门后人为感激党玉书父子，也像二门一样在村中修建了东报本祠①，以纪念其"功德"②。

据笔者找到的一份光绪年间《山陕旅河南南阳赊旗镇同乡录》记载，当年参与捐银修建赊旗山陕会馆的商人③中，贾族商人有6位，党族有4位，其中，党玉书的后人——党燕堂的大名赫然醒目。除党燕堂经营着"玉隆杰"商号以外，当时在赊旗镇其他有身份和地位的党家村商人共计有10人，经营有规模的商号有6家（如表6-1所示）。该时期党家村商业的繁盛得益于党家村商业在太平天国运动爆发初期，虽遭受战争冲击被迫收缩经营规模，而后又因为战争补给而重新找寻到商机。

表6-1 光绪年间党家村在赊旗镇的主要商人和商号

商号名称	姓名	字甫	职别	年岁
玉隆杰	党燕堂	贻谋	东家	26
	樊荫槐	茂三	号长	63
	王儒珍	鸿斋		56
	党铣堂	季昭		19
耿俊堂		子英		27

---

① 类似的祠堂除党族二门、三门的东、西报本祠以外，还有贾家的"小祠堂"。小祠堂大名"本源祠"，是贾族后人为祭献创立"合兴发"号的先祖们所建，位于党家村西南滨河建筑最尖端，处于两丈多高砖石筑起的半岛状高台上。高台东宽西窄，有如逆流而上之舟，颇富自强自励之意，正是砥砺苦学的好地方。祠堂坐北朝南，规模不大，但结构曲折，东为花园，西有平台，也是远离尘嚣、修身养性的好地方。

② 在此使用"功德"一词的含义有二：其一是说党玉书父子在死后被供入祠堂，接受后人顶礼膜拜；其二是说党玉书父子的功绩不仅限于建造四合院，而在于为后人树立了一个成功的、勇于改变自己生活道路选择的典范。

③ 就像党德佩在瓦店与山西商人竞争一样，在赊旗镇，山西商人势力极大，有名的像山西北寨王家等，其资本规模比"合兴发"大得多。但是，在捐银建设公共设施方面，"合兴发"出手却十分大方，比如在建赊旗镇关帝庙时，"合兴发"一次捐银一万两，而王家则只有几千两。关帝庙的石碑对此均有记载。《杨茵采访笔记》，手抄本。

续表

商号名称	姓名	字甫	职别	年岁
玉隆杰	陈惠亭	迪吉		20
	贾自克	子昌		27
三义法	贾启鸿	邃斋	号长	40
	贾兆麟	瑞亭		25
德盛源	贾自发	子愤	号长	44
	贾廷举	直卿		62
玉隆成	党熙堂	育民	号长	38
汇丰元	党光彦	硕丞	号长	24
天兴合	贾学仁	寿亭	东家	15

注：其中的四位非党姓、贾姓人应为合伙人或股东。

但好景不长，太平天国运动的风暴迅速席卷了大江南北。时局不靖导致整个国家的商业网络分崩离析，各大商号纷纷破产，尤其是陕商的长途贩运业、晋商的票号业和徽商的盐茶业等均遭受了空前损失。作为木材业的龙头老大，"合兴发"号也难逃厄运，其内部结构开始分化瓦解：在原来由"三方合营的股份制"中，解家的资产已全部提前变卖或支取，东、西两家也在去留问题上难求统一。"合兴发"号遂决定析产分号，在9家子号当中，贾族占有6家，党族占有3家，如图6-1所示。析产后，不少商号陆续迁回党家村，并从此销声匿迹，而惟有党姓的"玉隆"系列仍留守太平街，以图东山再起①。

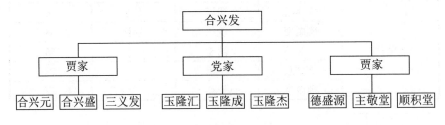

图6-1 "合兴发"号一分为三

根据《杨茵采访笔记》整理，手抄本。

---

① "玉隆"系列的名称来源于党族三门的分家事件。据党康琪调查，党天佑弟兄三人，天佑行二，天保老大，天信老三。在"合兴发"生意规模日渐扩大时，党天佑被聘为经理。父亲党玉书退休后，他又出任总经理，即西家。咸丰后期，天佑年老回家，遂提出分家。兄弟三人在处置家产和河南生意方面互相推让，谁也不愿多分，最终不得不由村中公直老人出面并在其主持之下，三兄弟方才平分家产：其中，河南生意分做四份，天保、天信各一份，天佑两份，分别立为三号，也就是后来的"玉隆汇""玉隆成"和"玉隆杰"。党康琪：《党家村人说党家村》，内部出版物，陕渭新出批〔1999〕字第20号，2001年，第69页。

第三节 "兴盛昆"商号的创立与运营

"聚族而居""五百年前是一家",这两句话对党家村而言再贴切不过了。但它不是一族一家,而是党、贾两族两家。"恒兴桂"号与"合兴发"号虽然从商有迟早,创业有难易,但都走出了一条白手起家、终成大业的成功之路。它们基本占尽了"天时、地利、人和":天时——清朝中前期的社会相对稳定和经济飞速发展;地利——赊旗、瓦店两地码头优越,特别是赊旗镇为南北货物集散之地,万商云集;人和——两家商号创始人的吃苦精神、开拓眼光和卓著信誉[①]。"恒兴桂"号与"合兴发"号经营的成功,吸引村中子弟纷纷奔赴南阳创业。尤其在"合兴发"号生意达到鼎盛后,贾翼唐的堂弟贾翼楚也直奔赊旗镇经商。

一、"兴盛昆"商号的建立及运营

关于贾翼楚经商的传奇主要见于《贾氏统宗世系谱》(下文简称《贾谱》)。2020年初春,党家村贾族二门发掘出《贾谱》,《贾谱》自韩城贾氏始祖贾伯通始,至贾翼楚公,共收编十三世系。《贾谱》中,惟对贾翼楚公作了较为详尽介绍(部分内容文字残缺)。由其卒年看,《贾谱》大约编于清道光咸丰年间。贾翼楚和"合兴发"大东家贾翼唐都是贾族十三世。从《贾谱》中可知,贾翼楚幼年读书,未冠农耕,及长承继祖业,宛南经商;也是与党族姻亲联手,入驻赊旗镇后,生意发达起来。不同的是,规模比"合兴发"号小;经营方式也不一样,"合兴发"贾、党两家是东伙关系,贾翼楚与"党姓昆季"是"各抵本银立商"[②],也就是说,都是股东。由此又可证明,受村风影响,当时村中有为子弟,不论党姓、贾姓,去南阳发展的不是个别现象。《贾谱》的发现,将党家村商业史的研究又向前推进一步。

据《贾谱》记载:贾翼楚生于乾隆三十四年(1769年),卒于道光十一年(1831年),享寿62岁。贾翼楚8岁入学堂读书,机敏好学、性格稳重,朴实厚道的性格颇得村邻喜欢。乾隆四十五年(1780年)修建西头井房时,时年12岁的他捐银5钱(见附录9中《西头井房碑记·之一》)。这段碑记也印证了党家村始终保持耕读商并进的良好风气。

[①] 周若祁、张光:《韩城村寨与党家村民居》,陕西科学技术出版社1999年版,第294页。
[②] 《贾氏统宗世系谱》,手抄本。

贾翼楚赴河南赊旗镇经商主要是受其父母的影响。贾翼楚的父亲贾镒（字万玉）为监生，乾隆年间与党昆季在赊旗镇创立"兴盛昆"商号。乾隆四十七年（1782年）所立的"创建春秋楼碑记"，记录了兴盛昆号捐资35两。但是，贾翼楚父亲早逝，"兴盛昆"号就此衰落。父亲去世后，只留下母子俩相依为命。母亲苗氏是有志向的女性，不逊于大丈夫。她慈爱，而且非常了解如何劳作，擅长农务。家族落魄，贾翼楚于是早早辍学在田里劳作，侍奉自己的母亲。贾翼楚本性纯良，敦厚老实，是一个很朴实的孩子。苗氏看到儿子是一个有才华能成器的人，每日在田里劳作实在委屈。于是，就给儿子打理行李，让他出去闯荡。目的是让贾翼楚能够恢复家族以前的荣耀，再次光耀门楣。这个时候，贾翼楚左右为难很痛苦。一是他没有兄弟姊妹，自己去外地游历，母亲将托付给谁去孝顺奉养？二是如果自己不外出闯荡，光耀门楣、重振家族的这个远大的志向，又能由谁来完成？贾翼楚辗转反侧，最终决定满足母亲的愿望，离乡兴业。

乾隆五十三年（1788年），贾翼楚与党昆季谋伙生理，各抵本银立商赊旗镇，再立"兴盛昆"商号。尽管远离家乡，但是贾翼楚还是很牵挂母亲。于是或春季委托人慰问母亲，或年底返乡探望母亲。为探亲，他顶风冒雨、跋山涉水，不畏艰难险阻和旅途劳顿。贾翼楚中年时，母亲病逝。他很痛苦地奔波，安葬母亲办丧事，虔诚地为母亲守孝。

贾翼楚在外经商10余年，生意兴隆，这时"堂侄旧事竟资本陵替，且负许多亏空"。贾翼楚主动出银500两，帮助侄子还债。兄弟叔侄曲全友爱也如此。为母亲守孝后，贾翼楚毅然决然又"下河南"经商，后娶妻生子。本以为生活无恙，但是命途多舛，致其所营业务被迫停业。据《贾谱》记载"遭时不偶，为子娶亲，一年甫满，孙孺人病卒，少子幼媳，匆忽失依靠。意欲去商归家，宁为鳏夫以全爱，不为再娶免致虚花以伤心。复被党亲苦留劝，（此处残缺约4字）得王孺人贤良，克襄内（此处残缺约5字），祖于是无内顾忧矣"。

外出经商频遭家庭变故的贾翼楚，是党家村人外出经商所遭遇生活的现实写照，远走他乡父母、子女若无人照料，则经商也无法安心奋斗。所以，此事进一步推动党家村商人的思考，推动"乡情股"分红体系的确立。

二、"兴盛昆"号的合伙股份经营模式

由于频遭家庭变故，"兴盛昆"商号存续的时间较"恒兴桂"号与"合

兴发"号短得多，但是其对党家村商业的贡献亦不容忽视，尤其是合伙股份经营模式，为党家村商业运营方式提供了一个独特案例。

"恒兴桂"商号是党德佩父子配合经营，属于家族企业经营模式，"合兴发"商号是混合经营模式。"兴盛昆"商号则是合伙股份经营模式。对经营模式的选择也表明，农民对经商之路的艰难探索。合伙经营在我国古代又称"合本""合股"等，是商业资本的一种组织形式。我国古代合伙经营的起始，一说最早见于西周时期，且在当时"已不是个别的存在"[1]，另一种认为在史料中明确指明为"合本"的经营模式始见于唐代，还有学者认为其至少出现在明代后期的某些行业中。无论学界对其起始有何争议，但明清时期无疑是合伙经营发展的高峰阶段。可以说伴随着商品经济发展，合伙已经成为当时重要的商业运作模式之一。相对于独资经营，合伙具有集资快、投资风险低的特点，深受明清财东们的欢迎。

（一）合伙经营的优势

（1）创新资源配置，强化固有优势，节约交易成本。无论是合本共作制，还是资（本）劳（务）合伙，抑或是各种因素兼而有之的混合合伙，其形式不管如何变化，相较传统的独资而言，都是一种资源的重新组合和创造性的配置，具有一定的规模优势。首先，通过合伙，"兴盛昆"号跨越了产品和服务障碍，各方在不同方面的优势能够实现耦合效应，形成优势的有机组合和互补强化，从而增大了在行业竞争中获取高额利润率的可能。其次，合伙经营在一定程度上实现了交易成本的降低。合伙的实现，使商人独资经营成功动用资源的个别性和有限性实现突破，使其实际经营中的搜寻和信息的费用、谈判与决定签约的费用以及保障合约履行的费用得以减少，这实际是降低了"兴盛昆"号在生意运作中的市场型交易费用。最后，合伙经营内部的诸多事宜，通过契约的形式制度化地存留下来并形成一定的惯例，对于降低经营集体内部的耗损、减少管理成本、巩固合伙联盟都有着重要的意义。

（2）促进所有权和经营权一定程度的分离，带来管理水平的提高。大量史料表明，清代商人合伙经营之中，有相当一部分合伙人不参与企业实质的经营，只进行货币入资。"（此处残缺约5字）止知足，年周花甲，情专养怡。安排生意，布列条规，整饬家居，事功成就，不居而去。"[2]

---

[1] 孙丽、袁为鹏：《晚清徽商合伙经营之稳健性特征——以兆成商号史料为中心》，《安徽史学》2022年第4期。

[2] 《贾氏统宗世系谱》，手抄本。

贾翼唐晚年已不参与店铺经营，居家分利。这种模式实现了所有权和经营权在一定程度上的分离，从而使商人在周边不确定的环境里，仅通过投资便可达到分散风险实现盈利的目的。同时也使其货币资本达到最有效的运用，实现利润的最大化。而且许多合伙股份经营的生意都出现了以自己的管理技能入伙的专门人士，由于他们常年专门经营一家的生意，对自己的商铺和行业惯例的熟悉有利于提高自身的经营管理技能。这些都成为我国古代商业向近代商业逐步转化的潜在基因。

（二）合伙经营的弊端

（1）利润分配上的操作困难。"兴盛昆"商号合伙经营中的红利分配，除因投资均等可以实现利润的均分外，基本都是"按股分配"的形式。但这种分配模式在操作方面具有困难性。如"兴盛昆"号合伙股份当中，有以货币实物注资者，也有以劳力即"身股"入本者。而"身股"的量化，是以货币进行评估的。虽然以在铺合伙人的能力、作用和年限为标准规定"身股"所占投资比例，却始终无法将之精确量化。从而在一定程度上造成了众合伙人在"身价"、贡献大小等衡量上的操作困难，久而久之会影响到合伙的发展甚至是合伙关系的存续。

（2）"长支"与经营资产纠缠不清。清代合伙制中，合伙人欠铺内银钱，到年终结算称为"长支"。这种被当时生意人普遍认可的行为，恰恰不利于商人小规模合伙者的经营稳定性与债务偿还。笔者在发掘的商人契约之中，发现了大量"长支短欠"的情况。这种弊端是显而易见的。合伙成立之后，由于贾翼楚频遭遇家庭变故而大量借用本店银钱，客观上造成对经营规模扩大的掣肘。这种情况不仅不利于合伙的经营，更不利于其债务的对外清偿，从而进一步侵害到其他合伙人的利益，最终使"兴盛昆"商号在赊旗镇如昙花一现。尽管如此，合伙制是党家村商人对经营模式的有益探索，值得深入挖掘。

第四节　"玉隆"系商号的短暂复兴

党家村商业在晚清似呈东山再起之相，但是从总的方面来看，全国商业网络的破坏加大了各个商号的安全经营成本，从而降低了商人交易的冲动和激情。换句话说，商业衰败的趋势难以阻挡，已成定势。

据《党家村党族家谱》《党家村贾族家谱》对以下在晚清出现的两位

举人党蒙①、贾乐天②身世的描述中，可以看出，此时党家村精英们的言行已发生了根本性扭转，经商已不再是第一选择。即使如此，两家仍在努力竞争、攀比。在没有涉足商业的亲属中，大部分立志走仕途，仅有"玉隆"系商号获得短暂复兴。

一、"玉隆"系商号重整旗鼓

据党族三门十八世门人党镜斋的《墓志铭》碑文载："同治初年，公之父以家务浩繁，命公舍儒就商，之河南赊旗镇，经营先人遗业。公日隐市廛，幕管鲍之遗征，交以道，接以义，用人任事，无不得宜。是以至光绪十年（1884年），生意勃兴，蒸蒸日上。"③而在"玉隆"系商号当中，经营较为成功的商号是"玉隆成"和"玉隆杰"号。至于"玉隆汇"号，则无任何记录。笔者翻遍了历史档案，并且还走访了许多当事人的后代，但遗憾的是依然得不出任何结论。好在另外两个商号仍旧留在人们的记忆当中，从它们身上，仅可捕捉到几丝往日"玉隆汇"号的生存踪迹。

光绪年间，"玉隆杰"号的掌门人是党燕堂。他是党家村"翰林"党蒙之侄，曾在京师大学堂④学习过西洋法律。在入职"玉隆杰"号之后，他不仅总揽了该号的全部对外业务，同时还将赊旗镇内的各种商务诉讼当作商号一个新的利润增长点。

实际上，党燕堂的知识和信息结构的确使"玉隆杰"号的生意有了不小的起色。民国十二年（1923年），赊旗镇重修山陕会馆，当时的工程规模十分浩大，党燕堂曾作为"玉隆杰"号的"会首"，以"布施"的方式出资大约6 000多两。由此可见，"玉隆杰"号在当时具有相当雄厚的经济实力。

---

① 党蒙，字养山，号泌亭，党家村里习称其"翰林"。党蒙幼随父亲在甘肃古浪县学官署读书，光绪二年（1876年）参加会试，一如寒门举子，只身徒步进京。自小养成的这种节俭自律的个性是他学有所成、为官清廉的重要原因。翰林一试成功，入选刑部，先任四川司主事，又员外郎，又郎中，先后20年之久，3次京察一等。

② 贾乐天，字敦修，又字亦白，在党家村，后人常以"举人"称呼他。举人家本为"合兴发"商号的东家之一，称得上富甲一方，但到举人记事时已逐渐衰微。举人悟性好，心志高，自小便有振兴家族的愿望。韩城自明朝中叶以来人文蔚起，读书科举之风甚盛。同村党蒙翰林出身，同邑王杰高中状元，这些榜样近在身边，就发生在几年、几十年前，影响并刺激着村中有为子弟，激励着举人。他不愿走祖先商贾发财的老路，认为商家衰落后一无所有，而读书科举、猎取功名才是显亲容身、青史留名的正途。

③ 该《墓志铭》原件已无处寻觅，现仅有拓片保存在党家村村民党风洲手中。

④ 京师大学堂始建于1898年，八国联军侵华后于1902年重建，为北京大学前身。

二、"玉隆"系商号衰落的原因

（一）营商模式缺乏创新

但是，党燕堂作为一名受过西洋文化熏陶过的经理人，对当时全国商业交通网络的发展态势，尤其是赊旗镇以东 50 千米外隆隆开过的火车竟没有引起他的重视。作为较为先进的现代科学技术形式，以蒸汽为动力的铁路系统，给商人带来的商业竞争力确实要比帆船大得多，它具有彻底改变商业思想和商业结构的能力，并在短时间内迅速形成新旧商业制度之间的转换，任何无视其存在的人，包括政府官员在内，都必将被历史所淘汰。但据已有的资料分析，党燕堂不仅没有重视火车的作用，反而还热衷于重振旧有的商业制度。显然，无论山陕会馆被修建得多么"气吞山河"，它都无法再给赊旗镇带来繁荣，就像《重兴山陕会馆碑记》中所描述的那样："不唯会事不振，而且积弊难返，言之痛心，书之列訾"。自光绪朝之后，党燕堂眼见在赊旗镇无所作为，心灰意冷地回到党家村，最后竟在先祖党天佑的墓前上吊而死①。

（二）战乱对经商环境的影响

至于"玉隆杰"号最后的命运，党家村党风洲老人回忆说："我家原是'玉隆杰'号的东家。到我父亲②手里，生意已经没有啥了，只是经营地产，收租子。后来，我父亲病逝在河南。祖母为搬父亲尸骨也去了赊旗镇，但却不料碰上了土匪攻城，机枪、步枪响了一夜，我祖母惊吓而死。尔后，家里又派我去搬父亲和祖母的灵柩。我当时只有 17 岁，一个人只身赴河南，只想卖了地，换点钱为搬灵柩，但无奈赊旗镇兵荒马乱，地产根本就无法脱手。于是我只好在镇内住了下来，靠在别人店铺里帮忙为生。我不挣工钱，只求给一碗饭吃，就这样一住就是 4 年。到我 21 岁的时候，总算把地卖了，我把父亲和祖母的骨灰装在两只桐木匣子中，又雇了 4 个人，走武关道运回老家韩城安葬。"③

"玉隆汇"商号的衰落与赊旗镇商业的衰落是分不开的。尽管在太平天国运动时期，赊旗镇曾作为南阳角子山捻军的战略补给地，支持和推动过这支捻军队伍的发展和壮大，但是这场战争却成了赊旗镇商业兴衰的分

---

① 参见电视纪录片《风雨党家村》脚本，杨茵撰稿，陕西卫视，2002 年。
② 党风洲的父亲名光杰，字俊臣，曾是玉隆杰的东家。据老人回忆说，其父在世时商号的生意仍十分庞大，仅土地就有 1 000 多顷。
③ 《杨茵采访笔记》，手抄本。

水岭。从此之后，赊旗镇商业开始走向衰落①。

同治元年（1862年），赊旗镇商旅大贾在镇北2千米处潘、唐河道上修建一座石桥，沟通了汴洛至襄汉的陆路通道，却导致水运不畅，帆船无法通过，遂商船日减。清朝末年，赊旗镇商贾及各大商帮会馆（尤以山陕会馆最甚）出于不断扩大市场的需要，凭借着政治与经济合一的这座独立的"客商坞堡"的支撑，连续不断地与镇周比邻县府的商贾展开了对经济资源的激烈争夺。

（三）外国资本与中国民营商业夺利

光绪二十六年（1900年），南阳一带因受资本主义工业革命对中国的波及和影响，其交通结构发生了根本性的变化，水运逐渐被陆运所取代，再加上光绪三十二年（1906年）京汉铁路的通车以及潘、唐河水流量的减少，使赊旗镇的商旅骤减，经济日衰，商号数量由乾隆二十一年（1756年）的424家锐减至光绪二十年（1894年）的133家（《南阳县志》）。如果说在鼎盛时期，商人们能够为求利而求助于义的话，那么到了衰败时期，则转向求助于官僚买办和暴力。尤其自清末之后，由于帝国主义的掠夺，军阀混战，奸商盘剥，政苛赋重，最终使赊旗镇商业走上了一条衰败的不归之路。

赊旗镇原本就是在地方性农贸市场的基础上发展成为全国性商业中心的。而由于铁路的兴建和河运不畅，其中心地位已经丧失，于是又沦落成一个地方性市场。并且随着赊旗镇的衰败，原先作为竞争对手的其他周边市场也濒临崩溃。在交通线路改变的沉重打击下，留守赊旗镇的客商被迫重操旧业，又开始贩卖一些诸如麻油、烟酒、酱醋之类的日用品来。这一切似乎也印证了党家村人内心深处的一丝自我安慰式的无奈——三十年河东，三十年河西。到了20世纪20年代，赊旗镇已和一个脏乱的小城镇没什么两样了②。

---

① （清）光绪三十年《南阳县志》记载，1851—1861年间，捻军萧况、王党及张宗禹、姜太林部曾多次转战赊旗，惩治豪强，打富济贫，获豪绅"资财奚止数百万"，使其粮秣得到补给，得四方农民踊跃从戎，使其军威"从此鸱张"。捻军此举，震撼清廷，"有诏诘责巡抚英桂，令复奏，英桂乃以失期罪何怀珍（南阳知府）、龙泽厚（陕西延绥总兵）等，摘其顶戴"。

② [美] 菲尔·比林斯利：《民国时期的土匪》，王贤知、姜涛、李洁等译，中国青年出版社1991年版，第90~91页。

第五节　赊旗山陕会馆与党家村商业

历史上那些用白银堆积的物质财富，都已经变成文字与数据符号而看不到摸不着了，但我们可以从今天遗存的建筑中找到这些财富的证明，赊旗的山陕会馆应该是一个最典型的范例①。赊旗山陕会馆始建于清乾隆二十一年（1756年），三期工程经嘉庆、道光、咸丰、同治至光绪十八年（1892年）落成，共历6帝136年。建筑规模1.3万平方米，花费金额将近百万两白银，创造了十几项历史之最。山陕会馆号称是慈禧太后的第七行宫，楼台栉比，殿阁高耸，金碧辉煌，气势恢宏。前后有九龙壁、悬鉴楼、大拜殿、春秋楼等一座座宫殿式建筑，雕梁画栋，飞檐悬空，馆内无石不雕，无木不刻，雕刻工艺精妙绝伦，被誉为"天下第一会馆"②。

赊旗山陕会馆是巨大和可持续增长的、最有力的财富证明，该会馆系山西、陕西旅居赊旗镇的富商大贾叙乡谊、通商情、慰行旅、敬关公、崇忠义、接官迎仕、联谊集会、焚香祭奠的场所。因养有监管僧道，亦称山陕庙。道光年间（1821—1850年）改称鼎元社，民国十二年（1923年）又改称山陕会馆。

一、赊旗山陕会馆建立的商业背景

今河南省南阳市社旗县山陕会馆被誉为"天下第一会馆"。山陕会馆原名山陕同乡会馆。从山陕会馆设立的初衷看，"叙乡谊，通商情，安旅故"是其设立的宗旨。会馆是远离故土的商人之家，是他们乡情乡谊的依托。当时在赊旗镇经商的秦晋商贾，定期在会馆内搞同乡联谊，交流思想，联络感情，互通商情，互相帮助，联合经营，共谋发展。会馆内备有官银，同乡商人遇有危难，会馆要酌情给予帮助；同乡商人间相互融资，通常也由会馆出面做中保人；同时，这种联谊活动实际上更是提供信息、相互咨询、交流商业经验的过程。总之，这种同乡内互帮互助、互通商情、共谋发展的功能是民间商会山陕会馆的重要职能。

---

① 赵文耀：《建筑是凝固的历史——浅议万里茶路的物质文化遗产和非物质文化遗产》，《万里茶路枢纽：赊店》中国地图出版社2014年版，第51~52页。

② 社旗山陕会馆以其建筑规模最为宏伟、保存最为完好、建筑装饰工艺最为精湛、商业文化内涵最为丰富，成为全国现存80余座商业会馆建筑中的杰出代表，1988年元月，成为国务院公布的全国第三批重点文物保护单位。国家多位权威古建筑专家均对社旗山陕会馆的建筑艺术及商业文化内涵给予高度赞誉与评价，原国家文物局局长吕济民题词赞为"艺术辉煌，绝无仅有"；故宫博物院原副院长单士元题词赞为"辉煌壮丽，天下第一"。关玉国：《社旗山陕会馆商业文化初探》，赊店历史文化研究会（内部资料汇编），2004年版，第13页。

那么，党家村商人基本都是本村的劳动力，离家又算不上十分遥远，为何要出重金来修建山陕会馆？从山陕会馆设立的目的来看，山陕会馆从诞生之日起，无论是其古建筑群还是作为赊旗商业行会的代表，皆是资本萌芽、商业繁盛之产物。客居赊旗镇的富商大贾赚取大量钱财，为会馆建筑艺术之创造提供了强大的财力支持。山陕会馆得以建成，主要原因如下。

（一）商业规模扩大

明清时期，尤其是在清代，各大商帮均沿大小商路上分布的重要工商业城镇兴建形形色色的会馆和公所。换句话说，是商人及其商业活动的聚集行为逐渐形成了集镇。而当集镇发展到一定规模时，其商业也因为进入者的增多竞争日趋激烈。清代乾、嘉年间，全国有16个省的商人在赊旗镇经商。在一个镇内集中如此众多的游离于封建户籍政策之外的常住外来人口，以及众多的、大规模的行业团体，加之南北文化差异的冲击碰撞，使赊旗镇的营商环境变得恶劣[①]。无序的竞争不仅会进一步削弱商贾的力量，而且商贾内部的尔虞我诈更会加剧自身消亡。因此，各地客商为进一步加强同乡联谊，发展贸易，占领市场，持久经营，相继合资建立会馆和公所。因此，从这个意义上讲，会馆和公所存在的目的在于使商业能够得到延续，并有序地扩大商业经营规模。

（二）商业竞争日趋激烈

长距离贩运贸易的兴盛发展，使明清时期在全国范围内形成了著名的十大商帮，其中以晋、陕、徽三帮实力最为雄厚。为了增强竞争力，山西、陕西商人常联手合作，被合称为"山陕商人"或"秦晋商人"。山陕商人通过会馆这一组织形式，把商埠中同乡之人联合起来，互相支持，互相帮助，结成组织与异域商人进行竞争，以规范市场和打击不正当竞争。会馆一方面向社会展示其强大的经济实力；另一方面求得社会大众的心理认同。晋商以"大盛魁"为代表的国际商贸集团，创建了先进的经营机制和管理体制，建立了规范的物流系统，特别是发明了以人资合一为主要特征的"期权制"，把员工的利益与企业的命运捆绑在一起，为现代企业管理开了先河[②]。

---

① 关玉国：《社旗山陕会馆商业文化初探》，赊店历史文化研究会（内部资料汇编），2004年版，第63页。

② 张维东：《国际联手推动、保护利用并举：共同开发万里茶路文化资源》，《万里茶路枢纽：赊店》中国地图出版社2014年版，第8页。

（三）商品流通程度增高

如果一个地区商品化程度或商品流通的程度越高，那么这个地区的会馆和公所的数量也就越多。以南阳地区为例：不仅赊旗镇建有山陕会馆，实际上南阳城内以及周边的各大集镇，如瓦店、石桥、安皋等地也建有山陕会馆①。如果再沿南阳向北，从洛阳、开封、郑州、安阳一直到北京，山陕会馆和公所的数量更多，规模更大。据《汴城筹防备览》卷三载，开封在顺治年间即有山西商人建立的山西会馆，后又改称山陕会馆。另据现存的碑刻资料，仅北京一地，在明清时期50余所商人会馆和公所中，由山西商人单独建立的就多达15所②。

（四）商人与商业资本日益集中

从当时全国的商业环境看，会馆和公所分布的地理经济学特征大致呈现出这样一个规律，即商人越集中、商业资本越雄厚的地方，其会馆和公所的数量也就越多，并且层次越高规模越大。赊旗镇山陕商贾人数众多，先成立了"鼎元社"。乾隆二十一年（1756年）率先兴建"山陕同乡会馆"，引得各地商人为树立本籍的商业形象相互攀比，纷纷兴建会馆。

会馆的建立除与当地的商业、经济发展有重要关联外，还与交通因素有着很大关系③。南阳盆地地处长江、淮河、黄河三大水系交汇地带，而赊旗镇地处水陆中枢，雄踞"荆襄上游，为中原咽喉，洵称胜地""北走汴洛，南航襄汉，西趋川陕，东进皖浙"的"水旱码头"，吸引各地客商来此做生意。

综上所述，赊旗镇山陕会馆是由山陕客商建立的同乡或同乡、同业兼而有之的一种商业组织，它较为集中地体现了流寓于外的山陕商人与其他商人、各路商人与当地各阶层消费者、诸商人与官府之间的一种人际关系。其目的在于在一个区域市场内形成"寡头主导，大中小共生④"的竞争局面：一方面，它以同乡商人为主并将其功能局限于祭神明和联乡谊；另一方面，赊旗镇内行业众多且高度专业化，因此它又以同业商人为主，并将其宗旨集中于协调和规制业内的相关事务。

---

① 《南阳县志》，第70页。
② 转引自张忠民：《前近代中国社会的商人与社会再生产》，上海社会科学院出版社1996年版，第32页。
③ 关玉国：《社旗山陕会馆商业文化初探》，赊店历史文化研究会（内部资料汇编），2004年版，第82页。
④ 孙天琦：《产业组织结构研究——寡头主导，大中小共生》，经济科学出版社2001年版，第1页。

二、赊旗山陕会馆建筑中的商业文化

（一）会馆建筑：商业资金的沉淀物

山陕会馆是赊旗镇明清时期商业兴盛的一个标志。赊旗山陕会馆建造于中国古代建筑艺术臻于完美的最后一个高潮期，加之当时寓居赊旗镇的山、陕二省商贾的攀富心理，以其雄厚的财力对会馆建筑倾力投入，从而使赊旗山陕会馆修建时得以"运巨材于楚湘，访名匠于天下"，其用材之优，延聘工匠之多，成为当地首屈一指的建筑工程。据山陕会馆现存碑文记载，"赊旗山陕会馆仅兴建春秋楼，全镇424家商户捐资白银即达8 078两，尚不包括抽取的大额公益厘金之投入；铸造一对铁旗杆就花费白银3 000两；第一期建筑总计花费白银707 844两，第三期建筑兴建大拜殿及其附属建筑花费白银87 788两"（见附录6~附录8）。各地的能工巧匠汇聚于此，各展"绝技"，使赊旗山陕会馆的建筑装饰艺术达到了其时的巅峰状态。同时，赊旗镇地处南北文化相互交流、影响的交通要地，其建筑工艺兼收南北建筑文化之长，融北方建筑雄浑壮观之气势和南方古建筑严谨柔美之风格于一体，成为优秀的古典建筑典范之作。

山陕会馆总占地面积12 885.29平方米，建筑面积6 235.196平方米。其主体建筑呈前宽后窄之势，自南而北有琉璃照壁、悬鉴楼、大拜殿和春秋楼四组主体建筑。两侧陪衬建筑物左右对称，形成前、中、后三进院落。会馆建筑布局严谨，殿堂阁楼疏密有间，北高南低，鳞次栉比，气势雄浑，相映生辉。室内外全用青白色方石板铺砌，建筑物采用石雕、木刻、火铸或陶瓷精美图案装饰。

会馆内的建筑主要由两次大的营建活动建成：第一次始于清乾隆二十年（1755年），结束于道光元年（1821年），所成春秋楼等建筑雄伟壮丽。清咸丰七年（1857年）会馆后部被捻军烧毁，现存悬鉴楼、东西辕门、东西马棚、琉璃照壁、铁旗杆、双石狮即为第一次营建所成之物。第二次营建始于清同治八年（1869年），结束于清光绪十八年（1892年），建造了今日所见之大拜殿、大座殿、药王殿、马王殿、东西廊房及腰楼等建筑。此外，道坊院的建筑规制不同于大拜殿、大座殿等神殿群，或当为另行设计、施工。钟、鼓二楼风格自成，但多仿悬鉴楼构造形象，推测它是两次营建活动间所筑。会馆建筑虽均为清代所建，但风格迥然不同：悬鉴楼华丽；钟、鼓楼秀巧；东西辕门古雅；大拜殿、大座殿高耸；药王殿、马王殿庄严；东西廊房肃整；琉璃照壁、石牌坊艳丽；道坊院高雅，反映了我国古代匠师的智慧和才干。当前会馆内的神像已荡然无存，但却保存了繁簇如锦的装饰艺术品和文物。馆藏的宫灯和大量刺绣品精致典雅，技艺超群。各建筑上大量的木、石、琉璃、砖、泥、金属雕饰精美绝伦，内涵丰富[①]，堪称一绝。

从两次营建活动来看，第一次始于乾隆二十年（1755年），适逢乾隆盛世；第二次始于同治八年（1869年），全国上下战火连绵不绝，匪患成灾，商业体系渐趋衰败。为求财帛会馆内许多雕刻刻画得精美绝伦，而且大多与水及水上活动联系在一起，但它们却无论怎样也扭转不了行将衰落的厄运。

如果说第一次营建活动是为了协调和管制日趋庞大的消费市场和商人团体的话，那么第二次则是面对日益萧条的市场环境，商人们为了保护自身利益而不得不采取的某种延续性措施。事实证明，在清朝前期，山陕会馆的确起到了"藉以叙乡谊，通商情，安旅故，洵为盛举"的作用。但至清末，山陕会馆虽说也发挥了前期的作用，然而它毕竟没有为商人再提供强有力的保护，甚至连它自身也随着商人权力的丧失而几成幽静之地。也就是说，会馆的兴衰取决于商业的兴衰，商业繁荣则会馆兴盛，商业衰败则会馆萧条。

（二）崇商意识的强化剂

赊旗山陕会馆是旅居赊旗镇的山、陕两省商人集资兴建的同乡会馆。商人崇商，自在情理之中，因而山陕会馆的建筑装饰中突出地展现出崇商意识。

（1）这种崇商意识的表现是深层次且直接的。例如，会馆选址于闹市中心的黄金地段，四周环以繁华的街道。南面对着当年最繁华的瓷器街，北靠五魁场街，东临永庆街，西伴绿布场街；其总体布局前窄后宽，前部开放，后部则为半封闭式，喻为"广进少出"；会馆内的地势低于周围街道地面，中庭院又低于前庭院；大拜殿中拜殿与座殿间设置"天沟"及四方流水齐集之"铜池"。这一系列精心设计，皆出于商人"聚财"的深层心理祈愿。

（2）山陕会馆的建筑装饰多以算盘、钱币、账簿造型着意点化。如铁旗杆云斗的"压胜钱"图案，戏台柱础和廊房额枋上的"麒凤呈祥"图案之钱串，月台望柱之"狮踏"钱串，大拜殿前八字墙石雕的"压胜钱"

[①] 山陕会馆中的碑刻、衡器及铁锚等均记录了当时商行的经济制度，是研究清代经济史的珍贵史料。河南省古代建筑保护研究所、社旗县文化局编：《社旗山陕会馆》，文物出版社1999年版，第1~2页。

檐饰，大拜殿前檐雀替的"麒麟蹬"钱串，大坐殿雀替的算盘造型，药王殿、马王殿额枋装饰的"如意"钱串和"光绪通宝"造型雕饰……以及照壁之"义冠古今"横额两侧饰以12个福字，祈愿一年12个月里"月月有福"等等，更是商人崇商、祈愿发财的直接心理宣泄①。

（3）集中宣传关公的"忠义""诚信"精神，颂扬"忠孝仁义"的传统道德观念，使山陕会馆既成为对公众进行传统美德教育的重要场所，又是对商人自身起到警醒和教育作用的殿堂。一方面，人物故事图案突出对"忠义"和"诚信"精神的宣扬。例如，大拜殿前石碑坊中上部所雕"福禄寿"三星造像，就是表现"福禄寿"三星与南七星、北六星相合而成我国老秤之十六两秤星。商人如果对顾客缺斤少两，那就会折福折禄折寿；同时，《赵颜求寿》②《赵匡胤输华山》《圯桥纳履》③等，着意宣扬"忠义"和"诚信"精神的故事图案数不胜数，可以说从神仙到皇帝，从英雄至良相，无不尊奉"诚信"这一道德准则。另一方面，多处悬挂刻有对忠义赞颂之词的匾额、楹联。例如，"义冠古今""仗义秉忠""孟氏难言这浩然""至大至刚叁天两地，乃神乃圣震古烁今""护国佑民万代群黎蒙福祉，集义配道千秋浩气满寰区""大义秉乾坤无愧馨香百代，精忠贯日月允宜俎豆千秋"等④。

三、山陕商业圈融合下的商业精神

在考察过程中，课题组对山陕会馆与山陕商业圈之间共兴共荣以及因此而引发的商业制度变迁给予了特别关注。研究发现，赊旗镇山陕会馆的协调和管制功能主要集中在互助、自律、关系协调和生活保障四个方面。

（一）互助

昔时交通落后，邮递不畅，商人在外闯荡，并不一定都能衣锦还乡，因各种灾难而客死异地者不少。会馆"以慰行旅，以安仕客"，一已旅外之人，"横遭非灾，同行相助，知单传到，即刻亲来，各怀公愤相救，虽

---

① 关玉国：《社旗山陕会馆商业文化初探》，赊店历史文化研究会（内部资料汇编），2004年版，第54页。

② 故事讲的是：主掌人间生死的南斗星君、北斗星君因为在不经意间吃了赵颜敬献的美酒和鹿脯，为了守"信"，只好把原定只能活19岁的赵颜增寿至99岁，说明神仙对凡人尚不失信，凡人自身更应守信。

③ 故事讲的是：张良为尊老守信，为黄石公拾鞋、穿鞋，从而得到了黄石公赠与兵书的好报。

④ 关玉国：《社旗山陕会馆商业文化初探》，赊店历史文化研究会（内部资料汇编），2004年版，第65页。

冒危险而不辞，始会行友解患扶危之谊。"① 同时，赊旗山陕会馆镇北门外置有义地10多亩，并建有房屋。客死此地的山陕两省"老家人"即在此暂厝，然后再转运回老家安葬。会馆常年辕门大开，商人可随意出入，冬避风，夏乘凉，夜晚则成为全镇乞丐的栖身之地。凡重大义举，如创建春秋楼、重建山陕会馆等，均由会馆出面收取各商户的捐助及布施银两。据碑文记载，创建春秋楼捐银商户达424家，重建山陕会馆两次捐银商户累计达506家，捐银数量多则数千两，少则800文。会馆内设有专门管账人员，开支账目皆公示于众。山陕会馆每年举办3次重大庙会，农历正月十三、五月十三和九月十三，分别为关公生日、磨刀日和被害忌日，均由会馆会首出面承办。兴建于咸丰八年（1858年），环绕全镇周长达10余里的砖砌城墙及城门楼，可谓耗资巨大，也是由会馆倡议，全镇商人自发集资出工所建；建于潘河之上的大石桥，尽管有商人"欲专其利，独占水运"之因，但就赊旗镇自身发展而言，也是一项有利于全镇的公益事业。

俗话说："没有规矩，不成方圆。"从事商业经营，必须有一整套制度和规则来约束、规范商人的经营行为。作为赊旗商业行会代表的山陕会馆，在基本职能、组织形式、管理办法、道德信仰、与国家政权的关系和经济等方面，已经具备了民间商会的雏形，是经营者自我协商、自我制规、民主管理、自我发展的商业组织②。要特别说明的是，赊旗山陕会馆作为民间商会机构，还开了收支账目公开、接受社会监督之先河③。

清光绪二十六年（1900年），盛宣怀任商务大臣时，曾经明确提出这样的观点："中国商业之大振，大率由于商学不讲，商律不谙，商会不举。"④因而他提出要"广商学以植其材，联商会以通其气，定专律以维商事，兴农工以浚商源，效法西欧，兴起商战"。⑤ 到1930年，全国的商会组织就已达到了2 000个。这时的商会，主要代表工商业者的利益，与官府和官僚垄断集团斡旋。赊旗镇商务分会（当时属南阳县商务总会）成立于民国元年（1912年），设立于原关帝庙东侧院。第一任商会会长为王昌。赊旗镇商务分会作为国家正式承认的商会组织，则是在1840年

---

① 关玉国：《社旗山陕会馆商业文化初探》，赊店历史文化研究会（内部资料汇编），2004年版，第65页。

② 关玉国：《社旗山陕会馆商业文化初探》，赊店历史文化研究会（内部资料汇编），2004年版，第63页。

③ 关玉国：《社旗山陕会馆商业文化初探》，赊店历史文化研究会（内部资料汇编），2004年版，第64页。

④ 方凯、吕昭河：《中国商会的社会起源与发展》，《求索》2007年第1期。

⑤ 关玉国：《社旗山陕会馆商业文化初探》，赊店历史文化研究会（内部资料汇编），2004年版，第72页。

的鸦片战争以后,在西方商会的影响下成立起来的。

(二)自律

自律是商人自行成立组织并制定自律条文,以便约束组织成员从事商业活动的集体行为,其目的在于维持必要的市场秩序。约束是指会馆对自身及成员的监督和指导。与国家的政策、法规相比,会馆的约束一般更为具体和有效:一方面是它的平均主义倾向,使每个小生产者在他的经济活动中机会均等;另一方面是它反对来自于行业外的自由竞争,以便于在行业内提高准入门槛,造成商业垄断,致使他人不能参与竞争①。

清雍正二年(1724年),赊旗镇市场上出现戥秤问题。由于众多新商家的到来,市场上出现了"换戥网利"的混乱局面。市场上欺行霸市、囤积居奇、以假充真、以次充好等商业痼疾呈蔓延之势,造成"行客闻之而胆战,每每发货他处,铺家见之而心寒,往往收拾不做"的局面。因此,为实现市场公平交易,经过载行会协商制定《同行商贾公议戥秤定规概》,并立碑道:"原初,码头买卖行户原有数家,年来人烟稠多,开张卖载者20余家,其间即有改换戥秤,大小不一,独网其利,内弊难除。是以合行商贾会同集头等齐集关帝庙,公议秤足16两,戥秤天平为则,庶乎校准均匀,公平无私、俱备遵依。同行有和气之雅,宾主无荆庹之情。公议之后,不得暗私戥秤之更换,犯此者,罚戏三台。如不遵者,举秤禀官究治。惟日后紊乱规则,同众禀明县主蔡老爷,发批钧谕,永除大弊②"。到同治九年(1870年),又重刻石,告示商民,以维护市场公平交易③。

立于乾隆五十年(1785年)的《公议杂货行规》碑,即是过载行为了抵制官府"屡经加增"的支官席片而定制的"合约",并明确说道,"恐历久加增,后不复前,故立琐珉,以为千古流传云尔"。其详细规定更多达18条,如:"卖货不得包用,必得实落三分,违者罚银50两;卖货不得论堆,必要逐宗过秤,违者罚银50两……"这些制定于200余年前的商业规则,其内容之详,涉及商业服务范围之广,规范之严,实在令人赞叹。这些行规民约,山陕会馆既是倡导制定者,也是监督执行者,从而维持了相对协调的市场秩序,促进了全镇商业活动的发展。

实际上,在赊旗镇各行各业甚至每一个商号都制订有各种自律性条文,

---

① 马克垚:《西欧封建经济形态研究》,人民出版社2001年版,第326页。
② 许檀:《清代河南赊旗镇的商业——基于山陕会馆碑刻资料的考察》,《历史研究》2004年第2期。
③ 关玉国:《社旗山陕会馆商业文化初探》,赊店历史文化研究会(内部资料汇编),2004年版,第8页。

商业细则刻于石碑之上，并周知客商和消费者。但留存下来仅有"同行商贾公议戥秤定规概碑""公义杂货行规碑记"和"过载行差务碑"（详细内容参见附录4）。3块碑石对于研究清代赊旗商业发展的概况及商业行为的规范，提供了弥足珍贵的佐证。另外有3块记述山陕会馆兴建活动的碑，详细记述了兴建会馆捐资商号的名录、捐资数额以及建筑开支情况，每项开支精确到两、钱、分。这种精确入微的公示，更是诚信为本精神的直接体现和褒扬①（详见附录6~附录8）。

（三）关系协调

具体表现为协助官府、管理商业、支应官差，催缴厘金之职能。

（1）拉近与官府之间的关系。除"公议规程，历剔弊端"之外，会馆仍需保持与官府等行业外权力机关的沟通。在封建社会商人虽有钱财，但政治地位不高，为了保护自身的利益，就必须要联络官府，寻找靠山。为此，会馆与官府之间是既斗争又联合的关系。山陕会馆将官—商关系表现得淋漓尽致。一方面，当时的康熙皇帝为了同化汉人，大力推崇三国名将关羽的忠义精神，山陕两省商人借此之机，以供奉乡贤为正当理由，将各地山陕会馆均建成了敬奉关公的关帝庙形式，以此抬高了自己的政治地位，拉近了与各级官府的关系。以民间之商馆而能请来慈禧皇太后懿笔"龙""虎"两字作镇殿之宝，由此可见赊旗山陕会馆与清王朝各级官员关系的密切程度。官府下达的有关指令，亦由会馆向商户传达。会馆后侧专设道访院，又名接官厅，用来接待各级前来参拜关帝或办理公务的官府人员。另一方面，赊旗镇全体商贾以会馆为依托，作为与官府展开谈判的一个重要筹码。例如，自咸丰朝开始，厘金制度逐渐在全国实行。但是就收取厘金的比率，各地并无统一的做法，商民"闹事"时有发生。"咸丰九年，赊旗镇委官苛税，商民怒毁厘局，逐委员而置市，知县曹敬生革职②。"全镇商人因厘金局官员苛征厘金（税金）而怒砸厘金局的事件，如果没有会馆的暗中参与是不可能成功的，其善后处理也是由会馆出面与官府交涉，从而使官府减少了厘金征收额度，并给会馆返回部分厘金，较好地保护了商家的经营权益。

（2）管理商业。会馆在日常管理过程中，还要处理各种商—商、商—民以及官—商之间的争讼与纠纷。但是在处理的过程中，会馆的权力有着

---

① 关玉国：《社旗山陕会馆商业文化初探》，赊店历史文化研究会（内部资料汇编），2004年版，第9页。

② 《南阳县志》，第536页。

明确的界限,因为它不可能代行官府职责。如果它的权限超越"罚戏三台",比如像官府一样对"违规者"进行奖惩,那么它自身就会成为"独网其利"的替身,并进而危及市场秩序。此外,会馆并不具有施行"独网其利"的条件和基础,不仅官府不允,就连消费者也不会答应。所以,凡有"不遵者,举秤禀官究治"是其权力的上限,惟此方可"行间规矩画一,主客两便,利人利己不必衰多以益寡,是训趋行,自可近悦而远来,则所以惠商贾之道,不诚在是哉?"①

清朝商业会馆、公所存在的前提是自律,即以自律求自治,也就是所谓的"以义求利"。实质上,相对于政府的政策来说,其所尊崇的"义"可被视为是商人的信仰。在赊旗镇商业发展至鼎盛时期及以前,市场基本处于"自治"水平,完全靠会馆及各会员制订的行规进行协调,并基本形成"民不告,官不究"的权力范围。

政府对商业的控制建立在对商人信仰的控制之上,这一点构成了清代官—商关系的一个主要内容。也就是说,清代统治者将自身的信仰体系叠加在商人身上。后者的所作所为不可能超出这一体系,如果超出,将势必遭受扼杀。但是,就前者而言,其信仰体系并没有和"现代科学技术与思想"联结起来。尽管到清朝晚期,"洋务派"曾盛极一时,但其"先进的信仰体系"并没有被清政府所接受,反而在某些方面还遭到禁止。

(3)支应官差和催缴厘金。会馆还负责协助官府办理官差,如会馆内立于道光二十三年(1843年)的《过载行差务碑》(见附录4中),就明令公示每年支应上交官府的芦席数量。同时,还要协助官府收取厘金,并抽取公议厘金。如"重兴山陕会馆"碑记(见附录8)中,就记载有抽取的公议厘金72 858两。由此可见,山陕会馆实际上成了官府和商户之间联系的桥梁和纽带,及官府管理全镇商业活动、维护一方安宁的得力助手。

从理论上讲,国家行使权力的目的是获取更大的权力。因此,为了得到税收的支持,国家不得不为商业资本主义提供伦理原则和安全保障。国家和商人权力的纵向一体化过程,使商人的行动具有了新的意义,即:有利于商人的经营和利润也有利于国家的财富和权力。这使得商人的权力进入了向外扩张、开拓更为广阔市场的一个历史新阶段。在欧洲历史上,东印度公司、哈得逊公司等特权公司的出现,就是商人权力扩展的最好例证。但是,清王朝仅仅依靠控制信仰的方式来发展商业并不符合商业资本的运

---

① 关玉国:《社旗山陕会馆商业文化初探》,赊店历史文化研究会(内部资料汇编),2004年版,第72页。

作规律,遗憾的是,这一点在整个清代不仅没有改变,反而愈演愈烈,并给市场的自律行为增添了一个无可奈何的、逻辑上的致命缺陷:商人的制度创新行为寸步难行。商人被迫收缩或放弃权力,因而也就等于收缩或放弃了对财富的追求,降低了权力对商业财富的刺激并使清政府支出的费用大大超过其收益。于是,商人在信仰方面不得不转向在馆内建筑神殿群,并多多布设各种类似"桃园结义、关公像、八爱、二十四孝"等人文景点。其核心思想无非是表明:如果你违背行规,即使没有制度来惩罚,但是你必遭天谴。

(四)生活保障

会馆不仅是一个权力组织,同时也是一个社会组织。它既是"以义求利"之中"义"的集中代表,同时也是"利"的集中体现。由于生活在其中的商贾多为寄寓于此,因而他们在几十年,甚至上百年的时间内都难以完全融入当地的习俗之中。通常情况下,每当生意中止或终结时,商人们往往变卖家产,或移居他乡继续经营,或携家眷迁回原籍,以养终年。

尤其是随着年龄的增长,商人们对归属感的要求越来越强烈。这一点也和商人的性格密切相关。在一个市场当中,相聚一起的总是商人与商人,很少有商人能和消费者同居一个"屋檐"下,正所谓"物以类聚"。人们总是在和竞争对手在一起共赏雅俗时才能真正体验出生活的快乐和刺激。商人"逐利"的动机在他与消费者之间划出了一道鸿沟。应该说,这一动机是其从商时的创新源泉,同时也是其人格化商业精神的核心。

但是,在实际活动中,真正有胆量敢于宣称自己是赤裸裸的"逐利者"的商人却是少数,因为商人的另一面还是和消费者一样均是普通人,再加上以"义"为上的伦理观念在清代始终占据着正统地位,因此,为了使自己的做法更加符合"义"的精神以及追求内心的平衡,商人们并不愿意树立"唯利是图"的形象,至少表面上看是这样。

除归属感以外,笔者在考察中还发现,会馆内的建筑无不显示出一种张扬而又神秘、竞争而又共存、庄严而又娱乐的个性。在"以义求利"的商业思想的影响下,商人们无不生活在各种悖论之中,以求"左右逢源"。

向左,可以自我张扬,因为张扬是商人向政府"喊叫",向其他权力中心"叫板"的手段,以求在地位并不高的清代社会中占有一席之地。康熙年间,党德佩在瓦店镇以"掷银比富"的方式控制了木材市场就是一个自我张扬的实际例证。实质上,他向其他商人索要的不仅仅是市场份额,同时还包括其应有的社会地位。

向右，又能保持自我，给外界造成一种"深不可测"的神秘印象。实际上，这是商人在不平等社会关系中的一种自我保护意识。比如说，山陕会馆华丽炫耀的外表及其神殿群既是"画地为牢"的一种形式，把所属商人与消费者以及其他商人区分开来，同时也是商人权力的集中再现，并在必要的时候可以拿出来充当与政府"谈判"的筹码。

也有当地的商人后代这样评价说，故作神秘不仅是商人特有的娱乐形式，同时也是一种广告，它越发激起消费者及同业人士的好奇心。当然，这样去评价商人似乎显得有些别具一格，因为它说明，就连商人的个人生活也满是追求利润和财富的痕迹。

四、山陕会馆对党家村商业的影响

党家村人加入山陕商帮经商，不仅向外输出了难以计量的商品，也改变了党家村人的生产方式和生活方式。党家村居于韩城"八大望族"排名之末，从商业规模来看实际上却是后来者居上。这得益于党家村商人较早参与到商业行会组织，重视山陕会馆行规控制下的竞争与互助行为，促使其商业崛起速度快、经营规模大，掀起全村经商的热潮，商业精神传承久，商业遗产多。

（一）商业崛起速度快

明朝的统治延续了近300年。在此期间，各地商业曾得到相当程度的发展，但是党家村因经营"山庄子"获利，没有主动抓住商业机遇，远赴异地经商。顺治十一年（1654年），党德佩下河南瓦店经商，拉开了党家村走向经商舞台的大幕。康熙元年（1662年），党德佩在瓦店镇开设专营木材的"恒兴桂"商号。由于他诚信经营，精打细算，生意越做越大。到雍正初年（1723年），在党德佩及其子党景平的经营下，"恒兴桂"商号已是瓦店数一数二的商家，拥有镇东北部大片房屋和85公顷土地。因其财力雄厚，党德佩被瓦店商贾推选为商会首领。从此，他在瓦店镇站稳了脚跟。由此可见，党家村从"恒兴桂"商号建立时期起，便与瓦店的山陕会馆建立联系。尤其是成为瓦店山陕会馆会首后，对党德佩商业规模的扩大更有利。

（二）商号经营规模大

古人云：富润屋、德润身。党家村商人生意上的巨大成功，使党家村人开始在原籍村落大兴土木，为后人建造300多座古色古香的四合院。当时韩城也存在过不少远近闻名的豪宅，由于岁月侵蚀、天灾人祸，那些房子或已片瓦无存，或已面目全非，而只是保留在一些古稀老人的记忆里和有心人的口碑上。如明末韩城北乡李村卫家经商辽东，代有名宦，宅第自然不凡。到了清乾隆年间，黄河泛滥，卫家的房子恐遭遇不测，于是他们自家拆毁、处理。据说当时党家村正在兴建，部分建材是购买李村的落架料。又如韩城北关薛家先人做过清朝工部官员，曾监修曲阜孔庙，入仕后利用其建筑方面的经验，建成5座规模宏大、装饰豪华的四合院和一座庄严的祠堂，人称"盖县"。可惜先毁于民国十四年（1925年）军阀攻城的战火，再毁于解放战争中的战乱，现在连残迹也寻觅无踪。党家村虽也屡经磨难，但是房屋没有受到严重破坏，有123座四合院完整地保存下来了，可供研究。党家村四合院规模之大足以印证其商业规模之大，而党家村商业规模的迅速扩大得益于山陕会馆中商人的互帮互助。

（三）商业文化遗产多

当年党家村就有菩萨庙、娘娘庙、土地庙、关帝庙、火神庙、马王庙、财神庙等，而且以关帝庙为中心都集中设置在村落的一角，蔚为壮观，曾吸引其他村庄的人前来进香，虔诚祈祷。庙的对面曾有戏台，庙会时给神唱戏，景况热闹无比。其村落及四合院的建设样式与山陕会馆的风格有异曲同工之妙。

菩萨庙俗称上庙，建在村东北角的高台上，南向并排是5间寝殿。中间3间供奉菩萨，中为男相观音菩萨，左边是文殊菩萨，右边是普贤菩萨；东面一间塑有牛面人身牛王神像；西面一间塑有土地神像，穷儒模样。前边建有3大间南北敞开的献殿，献殿前有一对六七米高的龙凤铁旗杆，中间置一口用来烧纸的铁醮盆。献殿南边是一片开阔的庙院，对面是一座装饰华丽的戏台。东面毗邻送子娘娘庙，庙为完整的院落结构。送子娘娘凤冠霞帔，娴雅富态，左右各有一位骑马侍女，侍女的马褡中装有许多泥塑小娃娃，表明她们在娘娘的授意下，正在马不停蹄地给家家户户"送子"。

关帝庙俗称下庙，建在村东南角的文星阁下，有完整的围墙。主体建筑是坐北朝南的关帝庙，殿基高3米多，3大间，东西各开有一个圆洞门。殿中美髯戎装的是关羽坐像，左右两边分别是关平与周仓的立像。楹柱上悬挂一副木制楹联，出自清代村中拔贡党之学之手，曰："秉烛非避嫌，此夜心中唯有汉；华容岂报德，当年眼底总无曹。"殿两边的山墙上绘有关羽征战的壁画。殿前的铁旗杆、醮盆以及戏台与上庙相同，只是多了一对威风凛凛的大石狮子。

第七章　韩城商铺——党家村增收的补充路径

党家村在河南的生意持续发展了200余年，河南生意是党家村发展和建设的主要经济来源。无疑的是，经济的兴盛带回来的绝不仅仅是白花花的银子，外出经商者的所见所闻、所思所感也会刺激村中留守村民生产生活方式的改变。村民从党家村股份制经营中分得不少红利，一部分人选择将剩余银钱放债，一部分人则把目光投向就近的韩城，试图在韩城的商海中捞一笔金。虽然在韩城县经商收益比不上远赴河南获利多，但是韩城经商也有其地缘优势。

首先，明代的韩城县便已形成了"南敦稼穑，北尚服贾"的经济格局。清代韩城经济呈多元化发展态势，商业尤其发达。当时韩城的"苏、牛、薛、张""东丁、西杨、南胡、北党"八大望族，皆在县城中拥有大量铺面。在韩城县商人所营造的诚信与公平的环境和氛围，其实都是为了更好地"争"，既有所"争"，又有所"不争"。所谓"争"就是优势竞争、有序竞争、公平竞争和公开竞争；"不争"就是凡违背信义道德和经营准则的事情一律不做①。从保持家族兴旺的角度来看，党家村商人自然也不会舍弃与韩城望族争利的机会。

其次，党家村距韩城县9千米左右，当日可以往返县城。这极大地便利了从商者照顾年迈的父母和幼小的孩童。康雍乾盛世时期，党家村有大量的青壮年远赴河南南阳一带协助本村商号运营，家中留下老人、妇女和幼童需要照拂。为此，村中留下一些难以从事重体力劳动的年轻人留守村中，照拂村中老小。

最后，外出经商存在一定的风险。党家村报本祠便是为祭奠外出经商身死异地，以及对党家村发展做出巨大贡献和牺牲的先人所建。同时，在我国古代的传统观念里"落叶归根"是每个外出经商者的祈愿，也是外出经商者必须跨过的心理障碍，而在韩城县经商则没有这丝顾虑。

---

① 关玉国：《社旗山陕会馆商业文化初探》，赊店历史文化研究会（内部资料汇编），2004年版，第66页。

第一节　明末清初韩城的商业状况

韩城古城区（又称金城区）始建于隋代，距今已有 1 500 年的历史。古城区中有 72 条街巷，分别按所居望族姓氏、巷中庙宇、作坊行业、特殊建筑、崇义尚德和官阶命名①。与河南赊旗镇的 72 道商业街相比，其分行划市的特征并不明显，制糖业多集中于城北巷②，主要生产传统的玉米、小米、小麦芽饴糖，供应韩城的城乡居民食用，其中滚子糖、麻片、糖瓜，香甜可口，誉满韩城，是腊月祭祖、祭灶神的必备贡品。箔子巷③以经营麻秆、芦苇、箔子而得名。丝纺巷主要以加工土布和制衣为业。这也表明，韩城本地店铺以中小型铺面居多，销售的产品以日常生活消费的小宗商品为主。

一、韩城手工业发展状况

韩城的手工业以门类齐全著称。据清光绪年间《韩城县乡土志续志》记载，韩城县的手工业门类达 30 余种（如表 7-1 所示），既有满足生活所必需的造纸、压油、磨面，也有满足奢侈消费的织丝、造银器等。其中造银器行业发达，是当地富商巨贾生活富裕奢华的鲜明写照。

表 7-1　清光绪年间韩城县手工业门类一览表

门类	制作方法及用途
打靛	三伏将蓝刈置池中，井水三日，河水一日，以桔槔汲入瓮加红灰，二人执木槌打之，放于小池澄清去水渗干装篓
造绳	轮之内径4寸，外径3寸。四尺内轻外重，宽一尺，中贯铁轴。手执麻端转之，因离心力速转成胚，再用三四股合为一

---

①　比较著名的街巷指：隍庙巷、学巷、箔子巷、草市巷、崇义巷、杨洞巷、高巷、解家巷、薛家小巷、强家巷、张家巷、贾家巷、马道巷、牌楼巷、狮子巷、城北巷、天官巷、上长巷、新街巷等。

②　城北巷位于北关街之西，是一条东西走向的曲折大巷道，东起陵园（圆觉寺）坡底，西至姚庄坡下。巷之北自东向西有临阁巷、大杨巷、小杨巷、临德巷、强巷。因巷位于城之北，故名城北巷。此巷昔日是出了北城门，上姚庄坡到北塬的必经巷道，也是达薛峰川的必经之路。巷西有保存完好的明代建筑关帝庙，巷口原有座稍门楼，额刻"薛相国故里"。

③　箔子巷位于古城西南，为东西走向的大巷。巷里多有名门望族居住。巷北原有明末宰相薛国观的府第，门楼高大，额题"勋阁承光"，内有三层砖砌高楼，人称"阁老楼"；有状元后裔会元知州王鸿飞、进士御史王诚羲并列三院的故居；巷南有山东泰安按察使吉灿升并列两院的故居。现许多古民居建筑保存完好，蔚为壮观。

续表

门类	制作方法及用途
织箔	箔之要用有二，一曝棉，一养蚕。豳风所咏八月萑苇，以其关于农桑要需也，惟棉箔双股一织，蚕箔必一股一织，以防蚕落
造纸	麦草拌水碾极细，沉于池别为小坑，坑深二三尺，人立其中，以小方竹帘为模，轻摇匀，抹即成方形，揭置池边，旋于塬上燥曝
压油	油子分二种，棉子为粗麻，烟芝麻蔓荆子为细，先炒后蒸，裹布袋或谷草绳缠置油梁，下放长端压之油尽余渣，粪田甚肥
磨面	邑多细流，水磨最多。水小者以立轮承水，拨平轮，轮速于磨之下扇水，大则只一平轮，轮辐皆斜板，水冲之，亦动甚速
编席	劈苇篾用碌碡碾成片，细水沥之，定其宽窄，用手间一编一，自成席。花边定折，其旁篾剪齐，插入席里，边自整，成卷出售
造舟	邑滨大河，土人有以舟为业者，造行船、圆船、渡船三种。槐木为上，杨木次之，大半底平，不能如轮船之尖，以河沙深浅无定也
造香	松柏杏李杨柳各木磨成细末，榆皮煮水，水和成粗条入筒，底有空用杵压之，板承，香条整入绳盘，晒干，纸包成束
造烟	旱烟以碎烟叶合茄叶榆叶及香料包之，水烟必须洒浸整成捆，夹实用刨刨之，置模用劈压成板，然后装箱出售
纺线	韩民勤朴，妇女多事纺线，惟所用古法每人每日成线四两。近日考求新法造洋式木轮纺车，若能有成亦一大利源也
织布	韩产棉最钜（大），织布之女工虽不少仍仰外来之布，安得大造机器振兴布业，使棉不出境均为布，则民富可立致也
织口袋	纺织者，必轮与机。织口袋者，纺虽用轮织，则省机锭用铁钩，一人转一人引织，则以刀代梭，以圆木成交至为简洁
赶毡	赶毡之法，将毛弹开，用水潮之，于席上排列，使四边相结，洒以面，二人手执绳，足履其上卷之，舒之随用，水洗晒干即成
熟皮	土法皮浸水，刀刮去毛，硝水浸之，敷以油洒之。西法则石灰水去毛，五棓子水及橡皮水浸柔，省费而合用，可不急为改良哉
制弦	皮有三层，外层硬质，中层胶质，内层油质，为袭去油质胶质，只用外质制弦，则去硬质油质，只留胶质浸柔割西弦车合之
织丝	邑向无织丝造线之艺，自光绪二十四年（1898年），始盛先抽丝后络丝，后经丝后浆丝，然后织之提花造线俱备，利源日关矣
造烛	土法造烛化油，后佚半冷汁稠，以绵里竹心上之。近颇有做造洋烛者，以铁模入线辫合，以铅养熟油灌之，质坚光亮
炭	炭为邑北乡山中一大利源，惟行年既久，水占者十分之七八，其取法工笨本微，不能合股够汽机水龙各器，可惜

续表

门类	制作方法及用途
石灰	邑多青石，其原质为钙养炭养，土人造窑法以青石与炭块，层层相间燃火使炭养，化为气质所留钙养即成石灰
铸生铁	用铁皮炉通大风箱，四五人动之以蓝炭与铁块青石块，层层加之，既化开铁下孔流入承器去上浮料，釉倾入沙造之模
烧砖瓦	先以木造砖瓦模，和细泥为之，去模晒干。然后入窑之邑出煤，故此物质广兵爨，后旧宅砖瓦价廉，而造新者，寥寥矣
造磁器	磁器为白胶土，原质为铝养，以内少玻璃料，原质为砂养。故所烧之器不能透光且形模最粗，亦无书法，只可为粗磁盆及黑碗之用
造瓦器	土乃极难之物质，内含金类细点，一经火，烧质点相切而成器，特邑之瓦器太粗未考，新法形式不能翻巧，质料不能光润
打铁	生铁内含炭质，故能熔掉铁时，风箱中氧气与生铁中炭气化为炭氧，而去故留，纯铁不能熔只烧红打之使密
分金	取银炉废砖烧之银铅合一，复置木炭下石炭上风箱吹之，铅遇风中氧气成铅养留银于外
刻石	邑多山沙石青石均广，故刻碑造器甚便磨碾皆出本山，惟青石稍逊于绛州，故至佳之碑由河运来至本处刻之
造银器	邑造银首饰之铺最多，弯簪环钏花样翻新，若能以此巧制造有用，未有不能挽漏后者，且可以厚风俗，节靡费也

资料来源：清光绪《韩城县乡土志续志》卷三。

二、韩城商铺与特色

除部分集中作坊处外，韩城县的贸易往来主要集中于古城区中的金城大街。该街是元明清时期韩城县主要的商业街，全长1 050米，集中着320间传统的商业店铺。金城街两侧有大巷13条，小巷29条，明代即有"南门达北门，街宏而端；东门达西门，巷修而蛇"[①]的记载。古城主街道两侧为明清建筑的商号店铺，多为两层楼房，上库下店，前门面后住宅，砖木结构，青砖灰瓦坡屋顶，是典型的北方古城风貌。整体建筑样式古朴典雅，鳞次栉比，错落有致。

明清时期，韩城县店铺门面多以黑色、红色油漆为主，明亮光鲜，竞相媲美。店铺一般为活动门扉，白天下板营业，晚上装板关门。店门两侧

---

① （明）张士佩：《韩城县志》卷一释地，韩城：韩城县志编纂委员会，1985年，第29页。

置店铺门联,刻有"天清启财路,海阔浮商桥""红范五福先言利,大学十章办理财""湖海客来谈贸易,缙绅人至讲财经""聚财重义名扬万里,隆商富民志在千秋""但愿世间人病少,何妨架上药生尘""厚朴待人长有远志,从容处世敢不细辛"等营商名句。店铺中间放柜台,柜台后陈列商品货架,柜台前留出相应的空地,放置些供顾客歇脚的长凳,还有脸盆、毛巾、茶水、烟等以款待顾客,使光临店铺的客人有"宾至如归"之感。如果是常客,还可以记账赊欠,凭折结算。

在经营作风上,商户都以和气、谦恭、质量、信誉著称。一般经营者多属学徒出身,先"熬相公",再当管账先生,最终出类拔萃者可成为股东、经理。旧时"德义成"号有个把式名叫郭梦舟,为人和气实在,信誉高,西川人口碑相传,顾客争相光顾该号,因而郭对西川到牛心村常来买货的客人都很熟悉,生意人称他为"西川的户口册子"[①]。因"诚信"经营,郭氏家族在韩城县经商达 200 余年不衰。

据清道光十九年(1839 年)《韩城县志》有关记载,仅北街就有:"三义合""长兴成""文兴合""隆盛兴""通盛染坊"等 14 家大的商号。民国前后到中华人民共和国成立之初,公私合营前的私营工商业中有"永生堂""广益公""勇益泰""兴国药房"等 10 家药店,皆有大夫坐堂诊病。其中,"聚义隆"老药店,其建筑为清同治年间建造,砖木结构,两层楼房,街房、厅房南北厢房都是高大的歇檐转角楼房,上下各 22 间,上通下达,浑然一体,虽经百年风雨,仍巍然屹立。经营杂货业和饮食业的商家数不胜数。学巷口、东寺口、北门内的 3 家羊肉店,非常有名。每年的农历四月初一开业,甜羊肉,羊头肉,供不应求。还有韩城的风味小吃,遍布街巷。晚上西街口夜市生意十分红火,饮食摊点设在街面,品种繁多,有鸡丝馄饨、八宝粥、醪糟等。

韩城古城既是渭北重镇,地处山陕交界和关中与陕北(宜川、洛川)之间的交通要道上,也是商贸集散中心。据民国三十七年(1948 年)统计,商户共 835 户[②]。这些商户中有的规模相当大,零售兼批发,有的号称百年老店。那时北街有"隆盛和"商号,东家是姚庄牛家,经理是鸦坡头韩家,在郑州、汉口有四五处庄客(采购点),常年路途有货,下辖的分店有:隍庙巷的隆盛木厂,北关的隆盛炉院,金城大街的文兴和杂货铺,北竹园的隆盛当铺,芝川还有杂货、铁铺等。

---

① 郭德源:《韩城民俗》,中国诗词楹联出版社 2014 年版,第 65 页。
② 郭德源:《韩城民俗》,中国诗词楹联出版社 2014 年版,第 17 页。

三、韩城市场商品供需情况

随着商业的发展,韩城县人口日益增加。而人口过快增长,又加剧韩城县地狭人稠的窘境,粮食已不能完全自给自足。韩城县农民种水稻者不少,以饶水、故裕稻最为有名。韩城西 5 里为土门口,水源出麻线岭遥递而下 120 余里,名为澽水,山川水环抱,所住居民种稻[①]。但是,居民谷物类食物以面食类馄饨[②]、饸饹[③]、羊肉糊卜[④]、面花[⑤]最具代表性,每年需从周边县城进口大量的粟麦。"以域狭,故粟麦独缺,而仰给者上郡之洛川、宜川、鄜州、延长诸处,南之郃阳,西南之澄城,每岁负担驴赢,络绎于路。度沟历涧,风雨雪霜,日夜不绝[⑥]。富室贫家率寄飱食于集市,倘三日闭粜则人皆失火矣"[⑦]。另外,韩城县棉花、蚕丝和少量瓜果能够自给自足。"邑多木棉,蚕丝之业颇广"[⑧];"近陇坡者率以木棉",木棉为最[⑨],有诸果、小瓜、西瓜等种植[⑩]。

除此之外,韩城县的烟草、茶叶、蔬果等皆需进口。"西境多蚕蟓,

---

① 乾隆《韩城县志》卷二《物产》。
② 韩城馄饨,又称"韩城臊子馄饨"。韩城馄饨是一种具有深厚文化底蕴的面食,在韩城民俗文化中有着不可替代的作用,被誉为"韩城第一名吃"。这种馄饨如指甲盖般大小,洁白如玉,形如蝴蝶。在韩城当地,逢年过节、男婚女嫁、老人过寿、乔迁、接待贵客等的第一顿饭必须是馄饨,如同坐佛般的粒粒小馄饨寄托着人们美好的愿望。
③ 韩城羊肉饸饹,又称"羊肉臊子饸饹"。它是一种快餐食品,其主料为荞麦,细荞麦面粉经压制成饸饹,用鲜羊肉、熟羊油、香醋、葱花、油泼辣子、咸面酱、精盐、五香粉、咸韭菜段等制臊子汤,浇于其上。饸饹细长绵软,臊子酥烂浓醇,入口麻辣宜人,回味芬芳隽永,香中透鲜味美,油香爽口不腻,号称韩城第一风味小吃,誉满三秦。
④ 羊肉糊卜是韩城一大特色饮食,操作工序比较繁杂。上等的农家自磨面和得不软不硬,手擀成圆形的面片后,再切成盘子大小,放到油光的铁烙饼锅上,缓缓的火候,烙到六七分熟的时候取下来,像切面条一样,切成韭菜叶般宽,糊卜的手工制作就算完成了。然后,搭上油锅,倒上菜油,放上熟羊肉片(肥瘦皆宜),接着放上上好的辣椒粉、花椒粉(韩城大红袍花椒)、盐、切好的葱花、蒜片、香菜,稍搅拌,立即就浇上陈年老醋(米醋),随即倒上足人数的开水,等到锅里翻起红浪,就可以放入切好的糊卜,两三分钟一锅红油油的泛着浓郁肉香而不腻的羊肉糊卜就做成了。
⑤ 韩城面花,韩城人俗称"花馍",是广泛流传于民间的一种风俗礼馍,也是艺术性极高的民间艺术品。它既有可看的观赏性,又有可吃的实用性,久负盛名。面花制作精巧,造型美观,民俗内涵丰富,不同的造型用于不同的礼仪,表达人们不同的情感。在韩城,面花被分为两大类:一类是喜庆面花,一类是节令面花。喜庆面花伴随人的一生,从一个人的出生到离开这个世界,这种祝福的面花都会伴随在其左右。党家村村民还制作一种祝寿面花,这种面花仅在家中老人每年过寿时准备,面花以红色调为主,镶有寿星和寿桃等图案。
⑥ 乾隆《韩城县志》释地卷二。
⑦ 康熙《韩城县续志》卷三《食货志》。
⑧ 雍正《陕西通志》卷四十三《物产》。
⑨ 乾隆《韩城县志》释地卷二。
⑩ 光绪《韩城县乡土志》《格致·商务类》。

丝极丰,商多以华丝称最云"①。蒲城县地腴多种桑榆,西乡更广。清代陕西各地茶叶分布:西乡县、定远厅、城固县、宁羌州、紫阳县。清代中叶"紫阳茶区各县最高年总产茶叶曾达1 500吨,其中紫阳县1 000吨以上"②,达到历史最高峰。民国《西乡县志》称:"至清代,陕南唯紫阳茶有名",计有毛尖、芽茶、蔓子、青草等品种。除供本地人饮用和充贡以外,年销下游湖北襄阳、安陆等处达93 900~129 500余斤;而上游经秦陇销往关内外者,当四五倍于下游③。康熙《续华州志》卷二记载:"草,则多……烟草。"大荔县沙苑产枣,远近之名,又产榅桲,"类似栌子,肤浸而多毛,味尤佳,其气氛腹,置衣筒中亦佳""土人用以熏衣,京师人用以熏鼻烟,皆能久香不散。④"板栗来自镇安县、商南县、洛南县、商州。秦椒,种类形象不一,园圃隙地皆可艺植,皮子合春为末可以调食,其味辛辣。或谓能医痔疮,生秦岭上⑤。

韩城县商业街和农贸集市则以交易粟麦、棉花、烟草、蔬果以及手工业品为主。随着商业规模的扩大,清同治年间(1862—1874年)在韩城县芝川镇设厘金局,该厘金局系陕西五大厘金局之一(其余4个分别是白河、潼关、龙咀寨、宋家川)⑥。

第二节　党家村在韩城的商铺及运营

党家村在韩城县立号经商,自晚明以来络绎不绝。特别是河南生意赚得盆满钵满后,将银钱运回老家,花销后仍有盈余,党家村中有人力、会谋划者便要设法让钱生息,有的放债,有的开铺子。他们一般不涉及创造和积累资金的过程,而是一开始就采取"股份制"经营。有独资的,有合营的,还有同外村外姓人合股的。股东拿出一整笔银子,聘请有能力、有经验的人做经理——掌柜,并"人股"分红,然后立字号,雇伙计开张。如果生意赚钱,则按股分红;如果生意赔本,则东家自计亏损。聘请的掌柜中有不少为山西人。党家村的党姓始祖党恕轩祖籍山西,加之山西与陕

---

① 康熙《续华州志》卷二《物产志・补物产述遗》。
② 康熙《蒲城县志》卷一。
③ (清)仇继恒《陕境汉江流域贸易表》卷下《出境货物表》。
④ 《同州府志》卷二《土物产》。
⑤ 华阴《华阴县志》卷二。
⑥ 中国人民政治协商会议陕西省韩城市委员会文史资料研究委员会编:《韩城文史资料汇编》第7辑,韩城市印刷厂1987年版,第64~65页。

西在历史上就有秦晋之好，地理相邻，特别是韩城与河津、万荣隔河相望，受地缘因素的影响，相近的风俗习惯和思维方式，使两地商民能够心理相同、情感交融而互相信任，在业务上更容易联手。

党家村人在本县城镇经营过的行当很多，如道光年间党族十六世二门桂号党遵周家的《分簿》（兄弟分家的详细协议书）载：他家当时就在"三合木厂""恒兴当""恒兴绸铺""恒兴醋店"4个商号有股份。字号上的"恒兴"字样可能是从河南瓦店"恒兴桂"等4家的字号上承袭来的，反映了这几家商号是同"栋、庆、永"三号的东家合股开的①。在城镇的商号开到民国初年，规模较大的有："恒丰当""恒升当""永成当""复德明估衣铺""富盛成估衣铺""合心永铁铺""合心明杂货铺""合新泰杂货铺""景升斋点心铺"②。开在本村的有药铺、木厂、砖瓦厂，以及一间炉院（翻砂作坊）。这些商号、作坊经营时间有长有短，结果有赚有赔，没有资料表明哪一个商号赚过大钱。这与时间、地点、人事都有关系，特别是韩城既非贸易重镇，又无名牌特产，商家只能是远程购货零销，难获丰厚利润，当时的生意能有"三分"利钱就算好买卖了③。

典当在陕西起源较早，唐代长安的典当业就很发达，白居易"抽衣当药钱""典钱将用买酒吃"就是对这一状况的真实写照。党家村人特别钟情于"当铺"。如"恒兴当"由"恒兴系"4家合股，后改名为"恒丰当"，从道光以前经营到民国五年（1916年），历时近百年。清末民初，韩城全县有7家当铺，党家就占3个铺面。当铺主要收男女冬夏衣物、生活用品、生熟铜制器具、劳动工具及古旧文物。以实物作抵押，给人们提供临时性贷款而赚取高额利息。封建社会要开当铺须官府批准并参加官股，成为官、商合营。

第三节 "恒丰当"商号的经营模式

"上当"两字的含义，"上"是临时抵押，"当"是质押物品等，到期付息，才可以赎回。经营这种业务的机构，叫作"当铺"。系当时官、商共同合营的组织，如挂牌即大书一个"当"字。

---

① 党康琪编：《党家村人说党家村》，内部出版物，陕渭新出批〔1999〕字第20号，2001年，第86页。
② 周若祁、张光主编：《韩城村寨与党家村民居》，陕西科学技术出版社1999年版，第283页。
③ 党康琪编：《党家村人说党家村》，内部出版物，陕渭新出批〔1999〕字第20号，2001年，第89页。

"恒丰当"原设在韩城松树凹（今属黄龙辖地），是清道光年间（1821年以后）创办的。官股纹银（上等白银，当时叫皇本）0.8万两，商股（当时叫护本或民本，申报手续同官股）也是纹银0.8万两。所以，"恒丰当"的启动资金是1.6万两银子。咸丰三年（1853年），太平天国派捻军直入陕西，关中震动（当时叫"跑长毛"）。受形势所迫，"恒丰当"迁至韩城西庄镇西北隅继续经营。到了同治四年（1865年），"恒丰当"又迁至党家寨（泌阳堡），原因是捻军来陕后，陕甘回民起义抗清，渭北部分义军与捻军合作，曾游击到韩城。为了安全，"恒丰当"移至党家寨营业，直到民国五年冬季（1916年），因地方不靖，经股东协商，呈报县衙批准后，自己又四出红帖，声明歇业（当时叫止当赎取）。为清理内部而留用了少数人员，直到民国七年（1918年）春季，才算正式结束。"恒丰当"在党家寨的旧址，至今仍称为当铺院，村民把那条巷习惯上还叫当铺巷。这个当铺柜台很高，因不使用"小钱"（劣质麻钱）而出了名。当内从业人员多至三十余人，占用两个大院落，还有马厩、磨坊、仓房（借用）等。"恒丰当"虽迁移到党家寨，但原创始地松树凹还有房屋、窑洞、场地、树木和牛羊等[①]，"恒丰当"还派驻管理人员。

清末民初，有钱的富户、乡绅、常到当铺存款（付息很低）。其他如土地的买卖、商贾远道运输、科举取士的贿通、人命官司、富户买官、每年春秋两季的田赋，所有的钱物通过当铺，都可以接受、存储、转拨、送礼、说合、代交。其他如婢妾的买卖、婚丧大事急需钱，与当铺协商也可以得到解决。因此，当铺成了当时"官私"交际的桥梁，也是藏污纳垢的处所[②]。但这仅是当铺正式业务以外的"副业"。

当铺的正式业务是，收取衣物、家具、首饰、文物、古玩等物品作抵押，向群众放款，收取高利。在收押物品成交后，当铺付以收据，叫作"当票"。它的质地是上等白麻纸，用木版印刷，蓝色正楷字体，长约7寸，宽约5寸，上盖有各种字形（篆、隶、楷）的红色印章多枚，并印有各项规定，如"虫咬鼠伤、天灾人祸等不与本当相干"等。中间写明所当物品名称、数量及付出金额（银两、铜钱、银元）的数字（汉字大写），再后写年月日等，交抵押人收执（不写姓名地址）。抵押期限自半年到一年半不等，过期不赎便没收其抵押品，称为"拆当"。如到期即付利息，不取

[①] 党康琪编：《党家村人说党家村》，内部出版物，陕渭新出批〔1999〕字第20号，2001年，第89页。

[②] 党康琪编：《党家村人说党家村》，内部出版物，陕渭新出批〔1999〕字第20号，2001年，第90页。

抵押品，可以换写新当票，名曰"救当"。对抵押品收款额，一般在抵押品的五成以下，俗称"当半"；但利率较高，是 2.5 分至 3 分。当铺在抵押品估价时，结合付出金额多少，再定出利息数值的高低，金额多的利钱高。

抵押人在银两（银元）换铜钱，或铜钱折成银两（银元）时，当铺均有银耗，多收少出。当时 1 000 文铜钱称做"一吊"或"一串"（账簿上写作壹仟文），为了使用便利，用细麻绳穿成 200 文一节，1 000 文穿为 5 节。但当铺在付出时，实数是 998 文，短 2 文钱。它的理由是"内扣麻绳价"。如收进时，发现破烂或比实际小的铜钱，则坚决不要。

当铺"当票"上，印有"认票不认人"的规定，如当票遗失或被他人冒领，不负责赔偿责任。它用"千字文"上的字编列号头，叫总号，代年表，如"天、地、玄、黄、宇、宙、洪、荒"等字。还用"地支""子、丑、寅、卯"等代表月份（寅为正月）。除银两（元）钱数大写外，对所收押的物品在书写当票时，字体独具一格、自成体系，非当铺内部人，很难辨认。

当铺对已收押的物品，放置在宽敞大房的木制高架上，并用各色棉布包裹，上系竹牌，用毛笔浓墨书写号头、月份、序号，如："天、寅、壹肆叁贰号"。以此便利经营。当铺还有一本供查阅的账簿，叫号簿，即当票的存根，如发现问题，可以迅速地查出来。以上便是恒丰当经营方式的概述。

党姓投资的"永成当"，地址在旧县城北门路西。"恒升当"设在党家村下道，均因资金较少，并受时局影响，先后在民国元年（1912 年）歇业。韩城另外几家当铺如"隆和当"，地址在今冶户川竹园村，股东是姚庄村牛姓。"齐天当"在今西庄镇郭庄桥，股东是柳枝村孙姓（后因失火停业）。

总之，党家村在本县城镇的商号也好，典当行也罢，都曾经为它的东家赚取不少财富，韩城店铺收入成为党家村经济发展的重要补充。

第八章 四合院——党家村的村落变迁

在党家村的第二、第三次四合院建设高潮中,有69座四合院是使用"合兴发"号的商业利润建设的,按照党艺民家珍藏的《分簿》来测算的话,大约耗银总计约310万两。如此繁荣的局面大约持续了嘉庆、道光和咸丰三朝,是党家村商业史上的黄金时代。

"下河南"生意的成功将经商地与党家村紧紧地联系在一起。通过生活—商业—生活的循环模式,党家村多年形成的商业思想和文化得以维系,并时时激发出后人赶超先辈的动力,此一点构成了党族商业激励机制的主要内容。一方面,由于源源不断的白银和高档消费品通过南阳镖局被送回党家村,从而不断改变整个村落的建筑布局,同时也使村民,尤其是党族二门的生活结构悄悄地发生了变化;另一方面,党德佩的示范作用极大地刺激了村民从商致富的愿望,从而为河南生意的延续提供了不竭的人力支持。

第一节 党家村村落建设的鼎盛时期

党家村在元、明、清三代的兴衰盛落经过了三个不同的演变阶段①。元末明初,从党恕轩落户至元至正二十四年(1364年)立村为党家河的草创时期,是党家村村落形态发展演变的第一阶段,历时约半个世纪,包括元末和明初;党、贾联姻之后,党家村村落由窑居转变为以屋居为主,此乃村落形态演变的第二阶段,历时约350余年,包括整个明朝和清朝的初期;至清朝中期,其演变进入了决定性的第三阶段,即:由带形发展的村落往南展开成面的发展,并进入建设的鼎盛时期,其间共历时近200年,跨清乾隆、嘉庆、道光、咸丰四朝,党家村在东阳湾的村落形态完全形成(如表8-1所示)。

"下河南"生意迎来获利的高峰之后,总会有一次四合院建设的高峰,前后共计有3次。其中第一次指"恒兴桂"号生意的成功;后两次分别指"合兴发"及其系列子商号在赊旗镇的经营高潮。

---

① 邵晓光:《党家村村落形态的演变》,见周若祁、张光主编:《韩城村寨与党家村民居》,陕西科学技术出版社1999年版,第281页。

表 8-1　党家村民居普查登记基本数字统计

公用设施		古民居		
共计：	18 处	共计：123 户	321 座	1 266 间
其中：一级	8 处	其中：一级	22 户	
二级	7 处	二级	30 户	
三级	3 处	三级	40 户	
	1 处	四级	31 户	
分类：宝塔	6 处	分类：单独门楼	12 座	12 间
祠堂	1 处	门房代门楼	60 座	268 间
城楼	1 处		66 座	278 间
城墙	1 处		76 座	320 间
贞节牌楼	1 处	东厢房	30 座	118 间
暗道	1 处	西厢房	26 座	104 间
官房（药库）	4 处	南厢房	51 座	166 间
古井	1 处	北厢房		
老池	1 处	厅房		
遗址				

资料来源：基于韩城市文化局于1998年的普查数据，由原文化局长程宝山先生提供。

其中，在第三阶段中，四合院的建设历经了3次高峰①：第一次高峰是指以党族二门（以党德佩为代表）为主的四合院建设。由于二门人最早"下河南"并最早发财致富，因此也最早建设四合院，所以地理位置最为有利，居于村落的中心。第二次高峰是贾族和党族一门、三门大规模的住宅建设。贾族和党族三门的建设资金大部分也来自于河南生意，因而他们也分别占据着较为有利的地形。党族一门虽未染指商业，但是仅凭农业耕作和经营山庄子也走上了富裕之路。从其住宅建设的位置看，虽然远离村落中心位置——大巷，但是却靠近东部农田，倒也颇具特色。第三次高峰是泌阳堡（又称上寨、寨子）的建设。应该说，泌阳堡基本上沉淀了党家村人最后一笔数额较大的商业利润。从此以后，这种大规模建设再也没有进行过。

第二节　商业资本的出路：泌阳堡的修建

咸丰年间，南方有"太平天国"运动，北方有"回族造反"。村中殷实之户为避战乱、荒乱，发起修建泌阳堡。泌阳堡的建设经过了周密的组织和计划，村中富户推选举人党遵圣、拔贡党之学全权负责相关事宜，并

---

① 党丕经、张光：《明清时期党家村经济状况初析》，见周若祁、张光主编：《韩城村寨与党家村民居》，陕西科学技术出版社1999年版，第189页。

由他们出面购得邻村下干谷的一片三角形土地。该地位于党家村北塬上东部，其南和西均为深沟，高差约为 20~40 米。东北与北塬平坦相接，地势险要。堡内规划宅基地 50 份，预购订金为每份纹银 500 两，共筹得纹银 2.5 万两。咸丰三年（1853 年），城墙和主体结构全部完成。每份宅基地划分 3 份，以抓阄的方式确定各自的位置和所有权。在修建泌阳堡的同时，为加强原村落的安全，又在每一个巷道口加修哨门，使村中也形成了一道可供防守的堡垒[①]。

（一）"上寨"的修建规划

但实际上，泌阳堡的规划户数只有 36 户（即宅基 36 亩，有碑为证），约占全村当时户数的 1/2，且均为富户，因而又有"三十六家寨"之说。因寨踞村之上，俗名"上寨"，亦称"党家村寨"。村寨之间修有通道（俗称"暗道""洞子坡"），使村寨紧密相连，形成了村寨合一的村落布局。

据党康琪老人介绍，上寨的建设不仅经过了细致的规划，同时还对实施步骤进行了以下的组织规定。

首先，建上寨的 36 户实际各交纹银 155 两，用于购置土地、修墙筑塞、挖池建井、开通巷道、造火药房和看守房，并以石灰线划分宅院地。为避免宅院地选择中出现不公平现象，规定宅主编号抓阄对号建宅，若有宅主在宅院地确定后不满意，各家可自行商议并调换。同时还规定上寨的道路、水池、水井、寨墙的修理维护费用由 36 家分摊。至于防御费用，则要求 36 家共同承担。

其次，在上寨的公共设施建成后，各家根据规定进行了宅院建设。宅院建设要求绘出图纸，送党之学过目，监督其中是否有违反规定者，这一切规定也均刻在碑文内[②]。咸丰元年（1851 年），开始建上寨。至咸丰三年（1853 年），上寨建成，历时两年多。由于上寨建设是在严格规划和规定的基础上进行的，除了个别宅院地的功能有一些变化外（3 处建成祠堂，其余均为住宅，且大都为四合院），整个寨子根据地形，或东西向，或南北向，青砖木构瓦顶，格局鲜明，功能性强，空间秩序井然。

（二）"上寨"的建筑特征

同治五年（1866 年）后，回民起义爆发。为防止袭扰，守城官员将大炮置于寨中。1940 年，东北部寨墙开口，逐渐毁坏，已失往年风貌，

---

① 贾幼捷：《党家村村志》，手抄本，1989 年。
② 黄德海：《党家村的白银时代》，陕西师范大学出版社 2018 年版，第 89 页。

但上寨格局与建筑仍多保留至今,供村中后人使用。上寨的建设由于经过严格的规划和有计划的实施,加之建设的目的性强,建设周期短,因而具有以下3个特点。

(1)功能性特点。上寨从规划至建设完成投入使用,自始至终都有其明确的功能目的,即创造以防御为主的生活空间,其一是防御性,其二是生活性,两者是辩证统一的关系。为确保正常的生活秩序,需要常备不懈的防御。同时,固若金汤的防御体系,为正常的生活秩序提供了可能性和保证。党家村人清醒地认识到了两者之间的依存关系,并将之努力付诸上寨建设的实践当中。

(2)空间特点。上寨的空间特点是由其功能性决定的,上寨地形为三角形"黄土半岛",向南插入深谷,其尖端遥对下村大巷,可俯视整个下村和沟谷,视野宽广,成为整个下村东端的收头和对景,为观望敌情提供了便利。上靠北端则设寨墙与塬隔断,营造出一片封闭空间,然登墙远眺,又是一片开阔地。

寨内通道分为3条巷道,其中最东一条是主巷,巷道主要用于满足生活需求。寨墙内设环道,与3条巷道分别在南北两端相连。作为防御性接应通道,构成了上寨内部空间形态的框架。在主巷南端有一处开放空间,设有水池、油盐店、看守房、祠堂以及泌阳堡通道口等,构成人群活动的主要聚集地。这一开放空间也是经过规划者细致设计的。总而言之,上寨是根据防御性和生活性要求,用南北巷道和寨内环道所构成的具有线形特点的城寨式空间。

(3)统一规划与建设的特点。历史上的村落多是蔓延式的发展模式,而党家村上寨却不同。它是有目的、有组织、有规划、有步骤,一次性建成的村寨,这在韩城地区并不多见。这一特点使其建设目标明确、资金节约、建设周期短、秩序性强[1]。

同韩城地区的民居一样,党家村的四合院[2]建筑自成体系,别具一格,全部为砖木结构。一般每院占地约260平方米,呈正方形或长方形,由厅房、左右厢房、门房围成。厅房为头,厢房为双臂,门房为足,似人形,

---

[1] 党丕经、党康琪:《话说党家村——党家村人谈党家村》,见周若祁、张光主编:《韩城村寨与党家村民居》,陕西科学技术出版社1999年版,第69~71页。

[2] 另据考证,清乾隆年间,宰相王杰是韩城人。有一日,他向乾隆皇帝夸耀自己的家乡。乾隆龙颜大悦,遂降旨道,韩城民居的建筑形式可仿北京贵族"四合院"修建,力求壮丽雅观。由于帝王的恩典,韩城居民上行下效,民俗日趋北京化:砖城墙、砖街道、砖房屋,百样建筑一砖到顶,富丽堂皇。散布于县境内的"四合院"数量达15 000余处,较之北京四合院的形式更宽敞、更宏伟、更富丽。

喻义深刻。厅房高大宽敞，前檐多为歇檐，为供奉祖先和设宴待客之所。逢有婚丧嫁娶，卸掉活动屏门，设席摆宴，不畏风雨。门房和厢房为起居室，长辈兄弟居住有序。家门外有上马石、拴马桩、拴马环。门枕为方形或鼓式，均为石雕。门楼两侧有美观的砖雕椽头。门内正面设照壁，以避直冲，中间多为象征富贵、长寿、安乐的砖雕字画。门簪、门楣及檐枋木为木雕。更为夺目的是门额的题字，反映出宅主的地位、文化修养和精神追求，其字为木雕或砖刻，是书法艺术的展示[①]。

走出四合院，20多条巷道纵横贯通，主次分明，曲直有序，皆用条石或卵石墁铺，既便于行走，又有利于排水，还可保护墙基。巷道两侧是高大气派的"走马门楼"，建筑装饰十分讲究，浑厚朴实，石雕、木雕、砖雕俱全，是雕刻艺术之荟萃。

（三）整体建筑成本

原籍村落以及上寨的四合院及其配套设施的建设，耗费了巨额资金。据《泌阳堡修建碑记》拓片载，仅上寨的公共设施"共计分数二十七分，每分入分金155两，全工共费金3 900两有奇"。另外，原籍村落中的住宅建设不仅费时费工，同时也抬高了地价。据今党家村四组村民党艺民收藏的《分簿》记载："老院一所地基7分，作价银700两，房作价银900两……"虽然并不是每一所地基都可卖出700两的价格，比如："河南[②]园地一分三厘三毫"仅"作价银7两"，但是如果每分地基平均按50两，每处房屋平均按900两估算，那么现存120多座四合院的总造价（连地带房），在当时耗银540万两左右。

如此巨额的一笔资金变成了一大片"青砖碧瓦"，并给党家村的四合院冠上了"民居瑰宝"的美名[③]。之所以称其为真正意义上的民居，是因为大规模建房筑寨的资金主要来源于商业利润，并且其主人皆是经商致富的"庶民"。它与别处很多类似的宅院，资金出自各色"官囊"，实际为"官居"的建筑群的性质是完全不一样的[④]。

然而，不论是官居还是民居，这里须强调的是，由商业利润建造的四

---

① 程宝山、任喜来《党家村古村寨治安与防卫》，提供给韩城市公安局的文字材料，第7页。
② 河南指泌水河南岸。
③ 对党家村"民居"的赞誉来自四面八方。其中，全国政协前主席李瑞环在参观结束后欣然题词："民居瑰宝"；另外，由中、日专家联合组成的调查组在对党家村作了详细考察后一致赞叹说：党家村是一处"桃源乡聚落"，等等。
④ 党丕经、党康琪：《话说党家村——党家村人谈党家村》，见周若祁、张光主编：《韩城村寨与党家村民居》，陕西科学技术出版社1999年版，第69~71页。

合院改变了党家村人的社会和生活结构，促使其从以农为主、兼营商业转向了以商为主、兼营农业。实质上，这是仅就党家村的致富经历而言。而在一个更狭小的范围内，比如说村中党族二门、三门以及贾族，其身份转化可能来得更加彻底，进一步跨入了商业社会。概括来讲，这一转化过程充分体现了明清时期党家村人的生产活动以及消费时尚的变化趋势。在明代，这一趋势呈现出较长时期内的缓慢变化；而在清代，尤其是在康乾盛世阶段则呈现出短时期内的加速变化。

第三节 党家村跨入商业社会的标志及原因

判断党家村是否跨入商业社会的标准主要有两个：其一，是否有职业商人出现；其二，是否有食利阶层存在。至于前者，笔者已经作了充分的描述和讨论，无论是党德佩、贾翼唐、贾翼楚、党玉书，还是党锦先、党燕堂等，他们都是党家村职业商人的集中代表；至于后者，则正是本节将要详细分析的主要内容。

一、内因：党家村食利阶层出现

党家村的四合院住宅是介于城市型和农村型之间的一种典型。由于党家村农商兼营的经济形态，村民常来往于市镇之间，逐渐吸收着都市的文化和习俗[①]。在党家村四合院内部，有以下两点是食利阶层出现的基础。

首先，韩城当地人在清代以前就已经在与人合作方面有着某种"追求享乐的默契"。有人也将此称作是合作方面的"禁区"，即：当地人绝不租种土地，特别是不在本村给他人种地。原因是既碍于宗族情面又有对农人的鄙视。因此，经营土地之于他们，与其说是为了经济利益，还不如说是为了保持"耕读门第"和图个"高骡子大马"的排场和名声。对地少人家，土地之于他们则更是心理的慰藉大于经济的指望[②]。

其次，来自家训的约束。在现今党家村的《门庭家训手册》中，几乎找不出任何一条与从事农耕有关系的词语。这些闪耀着传统儒家思想的精湛文字，不但书法考究，雕工精美，同时也如实反映了宅主的身份、修养与道德追求。其中最脍炙人口的四句话："动莫若敬，居莫若俭，德莫若

[①] 党丕经、党康琪：《话说党家村——党家村人谈党家村》，见周若祁、张光主编：《韩城村寨与党家村民居》，陕西科学技术出版社1999年版，第69~71页。

[②] 党丕经、党康琪：《话说党家村——党家村人谈党家村》，见周若祁、张光主编：《韩城村寨与党家村民居》，陕西科学技术出版社1999年版，第69~71页。

让，事莫若咨"，则凝聚了党家村人致富之后的心态，似乎把一切的"教化"都融入在一曲"山高水长"之中。

二、外因：新的消费观念和行为的冲击

而在村落的外部，则有来自繁华都市新的消费观念和行为的冲击。《党家村歌》中这样唱道：

无何日渐趋奢华，用品多由商号发。
筵上不离山海味，平居衣着绸缎纱。
火树银花元宵夜，争妍斗艳乞巧节。
不事农商事管弦，不种菽麦种牡丹。
一自汉口商埠开，时兴洋货即送来。
卷烟电筒煤气灯，电影洋戏自鸣钟。
当年事事学县城，而今相比事事赢。

村歌中所唱的内容在党丕经先生的论述中也得到了证明：致富之后的党家村极力模仿当地缙绅人家的生活方式，一切力求精美、贵重、典雅、时新和阔绰。他们推崇与名门世族联姻，输金捐纳"虚衔"，随缘周急济困，敦请宿儒教授子弟，以改变自己的社会地位，提高家族的文化素质，优化家庭的生活方式和习惯。结果是巷道和祠堂里的金字牌匾多了，婚丧大事车马盈门，冠裳济济，生活中体现"三纲五常"的规矩和礼教增加了。道光至光绪帝在位的80多年间，党家村中了4个举人（3文1武），一个拔贡，一个进士殿试授翰林院庶吉士；光绪一朝34年出了44个秀才，其中有3个院考案首。其后他们敬神崇祖时，开始追求繁多的祭礼、充裕的基金、隆重的仪式，行礼时的长幼有序，分献供时的绝对公平，以团结族人，协调感情。

在问及党家村人的消费方式时，党丕经先生曾拿出仍飘着墨香的著作向笔者复述说，随着财富的增加，村民的生活日益奢侈豪华。成箱的海菜，整捆的绸缎、夏布，景德镇的瓷器，赊旗镇的小五金，广州十里铺的水烟袋……甚至元宵节放的烟火，娶媳妇燃的鞭炮，都是由河南商号随时送回。汉口开辟为商埠后，党家村又多了些新玩意儿，什么三炮台、双刀牌纸烟、煤气灯、手电筒、八音匣子、各式钟表、留声机、幻灯、无声电影……都比韩城城里早10多年享用①。

每年元宵节3天，上巷东西党、贾两族设两座"灯山"，祠堂内外的

---

① 黄德海：《党家村的白银时代》，陕西师范大学出版社2018年版，第86页。

宫灯，各庙宇和文星阁的火牌火对，家家户户的各样花灯，五光十色此起彼伏的焰火，真的是火树银花，美艳夜空。尤其是上巷那套有48挂楠木框架大纱灯，上画着整部《西游记》故事，是由汉口捎回的苏州产品，全韩城绝无仅有。

七月七乞巧节，韩城有"扶巧娘娘"风俗，是妇女操办和出头露面的节日，也是党、贾两族分两处活动的时间，如同"对台"。女人们按照自己的形象和心态，把"扶巧娘娘"打扮成富丽妖娆、头戴凤冠的新嫁娘，以别于他处的中年妇女模样。

岁末祭祀时，除五六张八仙桌上夸富摆阔的供品外，各家还把家里的珍稀古玩、新奇摆设拿出来亮相。煤气灯亮得刺眼，留声机声音震耳，让其他乡里来观者应接不暇，大开眼界。他们有的家曾备有"戏班"，乐己娱人。有的养花艺菊消遣岁月。有的专精一种乐器，高兴时清唱一曲，自得其乐。还有逛过汉口、郑州的子弟，引入些许新式生活知识，向人吹嘘。村里专门设有打造金银首饰的银匠铺，染织绸缎的丝房，皇家参股的当铺，以及药铺、酒家、杂货店、羊肉馆子、打馍炉子……为这个富有的群体服务。

三、时代因素：社会转型期的选择

尽管党家村人的生活与南方的苏杭相比并不逊色，但在繁华之中不免也隐含着几丝忧虑。党家村的几位商业精英的确凭借着人格的力量闯入唐白河流域市场，并依靠商业资本获得了商人权力。但是对于他们来讲，在国家资本主义的萌芽阶段，财产权力的过度膨胀是十分危险的。尤其是在鸦片战争之后，由于缺少国家的安全保障，财产只不过是过眼烟云。这意味着在19世纪的后50年里，中国商人普遍面临着一个两难选择：要么继续获取资本权力，并心甘情愿地被工业资本家所代替；要么放弃资本权力，并无可奈何地返回原籍村落。不幸的是，在社会转型的紧要关头，大部分党家村商人却选择了后者。

第九章　成败兴衰——党家村商业的演变及启示

元末明初，党家村立村并以农耕为本；明代党家村人开始发展"山庄子"经济，作出"向外扩张"的最初尝试；清军入关后，党氏一族率先到河南唐白河流域一带经商，后贾氏一族也加入其中，二者联手演绎了一段持续百余年的"日进白银千两"的商业神话；赚得盆满钵满后，党、贾两族又联手将商业所得金银运回原籍村落，大兴土木，建成一处拥有300多座民居且村寨相连的四合院村落群（现存123座）；清末民初，党家村商业历经种种坎坷与磨难，最终走向衰败；中华人民共和国成立后，在改革开放大潮下，党家村又焕发出新的商业生机，发展成为一个蜚声海内外的旅游名村，年收入逾千万元，党家村再一次迈上小康致富之路。本章着重探寻党家村商业兴衰的原因及启示。

第一节　党家村经商模式的演变、特征及影响

党家村商人的成功，与其探索出的符合基本村情的商业经营管理制度和资本运营制度息息相关。党家村商人实行合伙股份制和乡族股份制，充分调动了劳资各方的生产积极性，带动党家村村民致富，这也是我国商业史上的一个典型案例。

一、党家村商业经营组织方式的演变

明清时期，党家村商人以家族、血缘和乡邻为纽带，以遍布全国的山陕会馆为组织联络形式,组成了"团结互助、同舟共济"的地区性商人集团。[①]党家村商人在唐、白河流域经营组织方式大致经历了"独资""合伙制"和"股份制"三种经营模式。

党家村商业发展之初，经营规模较小，经营组织方式主要采取独资和

---

① 参见韩毅、高倚云：《晋商文化传统、私人惩罚机制与不完全契约的自我履行——从"朋合制"到"合伙制"的历史制度分析》，《辽宁大学学报》2017年第4期。

贷金制，这两种均属自资经营方式。清乾隆时期以前，党家村商人大多是中小资本者，且其经商所得资本大多流向为回村买地建房，极少数的资本用于扩大再生产，加之党家村商人多从事商品的长途贩运，经商需要四处奔波，对人力、财力和物力消耗极大，这迫使党家村商人开始采取合作制的资本运作模式，相互扶持，进而解决资本需求巨大与资本存量弱小之间的矛盾。

"合伙制"是建立在地域、血缘关系的基础上，以忠义和诚信为本的新型组织形式，并成为党家村商人普遍采用的合作方式。其中，党家村"兴盛昆"商号便是采用"合伙经营"的方式。据党家村《贾氏统宗世系谱》记载，贾翼楚与党昆季合伙做生意，各抵本银立商赊旗镇。从经营组织方式来看，"合伙制"是指"二人以上相约出资，经营共同事业，共享利益，共担风险"。在出资人和合伙人之间虽无正式的合同管理，但囿于乡族制度约束，绝不会私吞得利。党家村人在乡族制度约束下的忠义和诚信品格，是合伙关系赖以存在的根本和前提，这也是"合伙制"的本质特征所在。

随着社会经济的发展，商品交换越来越活跃，商品流通规模也不断扩大，从而对商人的经营组织方式提出了更高的要求。同时，经过初期的创业与积累，党家村商人手中的资本数量也达到了一定的规模。清代后期，党家村的"合伙制"经营模式进入"东西制"阶段①。"东"就是财东，"西"就是掌柜或是伙计，简单来说，就是财东与掌柜的"合伙经营"管理。"东西制"是早期"股份制"的雏形，它将所有权与经营权相分离，在当时具有很强的超前意识。伴随党家村商业的变迁，其经营组织方式也开始从"合伙制"向"股份制"过渡。

二、党家村商业经营方式的独创性

明清时期的股份制又称"顶身股"制，为当时山陕商人经营管理中的一大特色制度，但是党家村的"股份制"与之存在较大差异。首先，党家村商业经营资本的扩大、营运资金的补充并不是靠吸纳社会闲散资金来获取的，而主要是依靠其自身长期积累和内外部的拆借等手段。这源于党家村乡族制度认同的独特性，在党家村乡族制度形成与发展过程中，其中的优秀成分逐渐成为推动村民经商的驱动力。其次，党家村商业文化的发展及商人精神的升华，又促进党家村乡族制度的良性发展。一家一族因商发家后，在合族同亲、祸灾相恤、资丧比服的乡土宗族观念支配下，往往会

---

① 明清时期的合伙制经历了"借贷制""朋合制"和"东西制"三个阶段。参见陈阿兴、徐德云主编：《中国商帮》，上海财经大学出版社2015年版，第128页。

带动四邻，惠及乡党①。这区别于职业商人在商业扩张的某个阶段急需人力、物力和财力时，才加深对宗族、乡族的认同感、依赖感，或乡族乡民因求财心理一时攀附宗亲，对本村商业经营并无实际助力。

（一）以乡族制度为约束，用人"不避亲、不避乡"

党家村商业兴起于山陕商帮崛起以后，山陕商帮为党家村商业的发展提供不少可供借鉴的经验，尤其是用人制度方面。然而党家村商人并没有采取山陕商人通常所采用的"避亲不避乡"原则。"避亲"主要是指"少爷不能做大掌柜"，意为经营权和所有权要彻底分离。"恒兴桂"商号就采用"连东带掌"的模式，党德佩将经营权与管理权合二为一。晚年他将商号传给二子党景平经营，到"桂"号经营进入新阶段以后，又将商号分给四位孙子打理。"桂"号采用的管理模式是传统的家族企业模式。"不避乡"主要是指非本省同乡不得入内，这里所说的同乡，可以小到一个村，大到一个省，但"非本省者"几乎没有。"合兴发"商号为贾翼唐与同乡党玉书合伙经营，"兴盛昆"商号亦为贾翼楚与乡邻党昆季共同经营。

党家村所采用的"不避亲、不避乡"的用人原则也存在不少弊端。一是经营权与所有权难以分离。少爷做大掌柜，那么经营权和所有权就会合二为一，虽然人们永远无法抹去血缘亲情，但如果把这份私情与商号的管理、运营、选才等挂钩，那么很多事情便会被"自己人"这个枷锁所牵累。二是少东家在一定程度上，也会把从父辈那里学来的老一套经营模式继续下去，这就不可避免地导致商号缺乏创新与活力。那么，党家村商业采用"不避亲、不避乡"的用人原则，是如何消除只用"自己人"的弊端，保证商号的有序发展呢？

首先，村民皆被纳入商圈各尽所能。外出经商风险与机遇并存，如"杀虎口"就流传着一首令人闻风丧胆的歌谣，"杀虎口、杀虎口，没有财难过口。不是丢钱财，就是刀砍头，过了虎口还心抖"。不畏艰辛，敢于冒险是党家村商人事业成功的一个必不可少的因素。但为了在经商中集中精力干事业，同时保障村中长者妇孺的生存，依党家村乡族制度约定，党家村商人外出经商不允许携带家眷。这一乡族制度对党家村商业的发展产生了重要的影响：一是家眷留在党家村中，商人经商获利后便会将所得钱财寄回家中孝敬父母、供养妇孺和建设家园。二是家中老弱妇孺成为留守者，需要村中其他村民代为照顾，因此留守村民也能借此分享经商红利。这样以乡族制度为纽带，党家村村民皆被纳入商业圈中，有能力营商者在外经

---

① 周若祁、张光主编：《韩城村寨与党家村民居》，陕西科学技术出版社1999年版，第284页。

营商业，留守村民则在内照顾老弱妇孺。如此，构成了一个"促进商业发展人人有份"的良性循环。

其次，经商所得成为村中光耀门楣的重要资本。在党家村乡族制度中，为本村发展做出重要贡献者逝后可立祠受香火，受村民世代敬仰。据《党氏二门家族族谱》记载，为了报答祖宗功德，醵金建造合"二门祠""前二门祠"，置产立祀，绵延百年。并给德佩公、景平公和定、镇、卫、守四祖建立了"（西）报本祠，建筑之华美，设置之完善，祭祀之隆重，以及对后人之惠赐——如读书进学之衣衫费银20两，新妇庙见之赏银5两等，均居全村10余座祠堂之首"①。因此，党家村商人致富后会将部分钱财献给自己的家园，作为公共基金兴建公共设施。这种光耀门楣的传统，也鼓励党家村商人勇于"下河南"商海捞金。

（二）按"银股""身股"和"乡情股"分红

100多年前，党家村曾创下"日进白银千两"的神话。每当镖银进村之后，村民一片欢腾。人们齐聚分银院，按各自参股的数量分红。那么，党家村的村民如何分红呢？据笔者考证，分红可分为"银股""身股"（亦称作"人股"）和"乡情股"三种分配方式。徐珂在《清稗类钞》中指出，"出资者为银股，出力者为身股"②。"银股"即商号东家在开办商号时一次投入的资金，一般由本家族成员各投一股，有时也吸引部分外资。"银股"所有者拥有商号所有权，享有永久利益，可父死子继，夫死妻继，对商号盈亏负无限责任。"身股"即出力者的人身股，是指商号的伙计以个人劳动力（包括经理们的经营管理能力和伙计们的个人业绩、贡献等）折成"身股"，享有与"银股"等量分红的权利。"身股"又可分为两种：一是商号经理（旧称大掌柜的顶身股），在商号开办时财东聘请到总经理后，将视其经营管理能力折成一定量的身股，连同银股一同写入合同。二是普通职员（即二槽掌柜以下）的顶身股，由总经理向财东推荐，视个人能力计入万金账中③。

除"银股"和"身股"外，党家村还独创"乡情股"。"乡情股"是党家村商人从整个乡族的利益出发，以乡族利益"一荣俱荣、一损俱损"为着眼点，建立的覆盖全村的分红体系。主要考虑一是将村中老弱妇孺交给留守村民照顾，以"乡情股"入股方式体现了同乡之情。二是外出经商者将土地租给或请村民代为播种施肥，村民有协助耕地之情，避免土地撂

---

① 《党氏二门家族族谱》，手抄本，2019年。
② 张海鹏、张海瀛主编：《中国十大商帮》，黄山书社1993年版，第59页。
③ 庞雁强：《晋商顶身股制及其现实意义》，《商业文化》1998年第6期。

荒现象。三是党家村主要为党、贾两姓为主的聚居村落，从建村伊始便形成了互帮互助的良好风气，以"乡情股"为纽带可以带动更多的村民致富。

（三）财东与总经理各司其职

明清时期，一般经营者多属学徒出身，先"熬相公"，再当管账先生，最后成为股东经理，人员的选拔有相当严格的一套程序。东家允许经理等人凭借自己的能力和经验顶一定数额的"身股""账期"，"银股"和"身股"持有者享有均等的分红权利。至于每股的数额，各个商号均不相同。一般4年为一个账期，每逢账期，一经获利，皆按股分红。盈利越多，分红越多。

"股份制"刺激了商号中管理者的积极性。党家村财东在聘请总经理后，并未实现商号所有权与经营权的完全分离，财东给予顶身股者巨大的信任，将自己的资产全权交给大掌柜掌管。合同签订后，总经理将会与财东同心协力为商号的发展殚精竭虑。随着商号的发展，总经理的人力资本将得到增值的同时，也会得到社会更广泛的肯定和赞誉。这种个人财富与双重声誉倍增激发了总经理的成就感与荣誉感，势必会促使他们更加励精图治，为商号的发展尽心尽力。财东决定投资某项业务时，先物色一位有经验、可信赖的人做掌柜，并向掌柜授予全权，包括资金运用权、职工的调动权、业务经营权，并签有契约合同，规定资本若干，由掌柜自主经营，财东不加干预。

党家村财东与掌柜没有实行完全的两权分离制度主要有以下原因：一是经营地集中于唐白河流域，财东能够很好地约束掌柜，不会因信息不通、交通不便，造成经营地与所有者相隔千山万水。二是乡族制度作为约束的纽带，党家村商人即使远赴佛山经商，最终仍会回到党家村。

（四）学而优则商

古人云：学而优则仕。到清朝中期，随着商品经济的发展，这句谚语逐渐演变为学而优则商。祁县当地也流传着这样一句民谚："生子有才可作商，不羡七品宝堂皇。"[①]学而优者首先进入商途，而不选择仕途。党家村人为摆脱贫困而选择经商之路，并凭借勤劳、节俭、拼搏、创新精神闯出前人未闯之路。党家村因富裕而步入韩城望族之列后，人们认识到进入商号乃是一条安身养家的致富捷径时，家人在为子弟择业时自然是把资质最高的送入商号。但并不是不重学，所谓资质高的，都是先经过私塾学习，学而优者才会被录用，所以进入商贸一途的俊秀子弟并非学而无术的庸碌之辈。这与党家村数百年流传下来的耕读商并进的家训有关。

---

① 张海鹏、张海瀛主编：《中国十大商帮》，黄山书社1993年版，第60页。

第二节　党家村商业衰败的原因探讨

党家村人的富裕是一个普遍而又特殊的经济现象。在过去的几个世纪里，党家村人冲破了贫困和饥饿的困扰，以及来自于自然和社会的多重束缚，方才跨入了商业社会，并实现了其在相对丰裕之中才有可能达到的生活质量。然而，为何党家村商业的衰败来得如此迅速、衰败得如此彻底，本书将按照时间序列挖掘党家村商业衰落的根源。

在众多研究商业史的文章中，有专家表示[①]，资本是商业成长的主要原因；也有专家提出[②]，商业人才是商业成功的关键。笔者通过调查之后认为，资本和商人对于商业的发展都非常重要。因为自康乾盛世以来，党家村造就了"日进白银千两"的商业神话，商业资本较充足；另外，咸丰时期以后，党家村在商业方面的人力资源并未出现青黄不接的迹象，甚至"玉隆杰"号的掌门人党燕堂还曾在京师大学堂学习过西洋法律。虽然他具备了党家村商人的优秀品质，并有能力将党家村的商业传统发扬光大，但是为什么党家村却在"一不缺钱，二不缺人"的条件下，其商业还未到清末便迅速衰退了？更为糟糕的是，其衰退得如此之快，以至于党燕堂不堪忍受失败而自尽。

一、党家村商业衰败的时代背景

清嘉庆时期以前，诚信经营是党家村商业在自然经济条件下崛起的关键。而到嘉庆时期以后，情况则发生了逆转。商人地位在国家权力日益相对集中的过程中黯然失色，再加上西方外族势力的入侵，其商业组织的结构呈现严重失衡的状态：一个仅仅拥有信义、财产和组织的商人结构，在与另一个有着强大知识与信息做后盾的西方外族商人结构作斗争时，其命运注定要一败涂地[③]。换言之，党家村商业的衰败是由综合原因所导致的一个简单结果。

[①] 黄德海：《党家村的白银时代》，陕西师范大学出版社2018年版，第138页。

[②] 黄德海：《党家村的白银时代》，陕西师范大学出版社2018年版，第139页。

[③] 从权力构成的角度看，西方外族经济势力在入侵中国时，其性质已不是商业资本，而是产业资本，这表明，西方经济势力已经彻底完成了从商业资本向产业资本的转变。就产业资本而言，它是建立在现代科学知识与信息之上的一种资本权力结构，在其中，组织已经退居其次，占据第一位的是知识与信息，它既将制约权力发挥到了一个极致，同时又增强了产业组织的功能，并使利润的获得带有强烈的垄断倾向。但是相比之下，此时的中国商人尚未开始从商业资本向产业资本转变的工业化过程，尽管到了清代，转化的趋势有所加强，但仍摆脱不了其处于萌芽状态的脆弱局面。汪昌海、李桂娥等：《华夏货殖五千年》，湖北人民出版社2000年版，第117~119页。

（一）内忧

清朝自嘉庆时期（1796—1820年）起便开始面对其有史以来国内最严重的三大难题：人口膨胀、物价飞涨和高度集权[①]。人口膨胀和米价上涨在康熙执政晚期已引起统治者的注意，不过在当时尚未威胁清朝的统治，反而人口适度增长和温和的通货膨胀，成为托起盛世的两大经济支柱。直到乾隆中期，也就是18世纪60年代以后，其负面影响才开始日益凸显，成为潜伏于国家肌体深处无法疗治的病患。同时，清朝极端专制的痼弊越来越严重，由此而导致的政治腐败、因循保守，以及事关国家发展、中华民族前途战略性决策的失误，成为国势由盛转衰的直接原因。这三大隐患，高度集权是封建社会时期我国的历史痼疾，人口膨胀则是清政府遇到的新问题，它和物价持续上涨一样，至少历史上规模没有这么大，程度没有这么深。

为了增加财政收入，清朝末期厘金名目很多，有按课征品种分类的，如百货厘、盐厘、洋药厘、土药厘等；还有按课征环节分类的，如出产地厘金、通过地厘金、销售地厘金等。可以说是无物不税，无地不税，厘卡林立，重复课征。这些征收来的税银，除了上缴国库、厘金局自身留存外，被大小官吏贪污的也不在少数。

清代官吏俸禄不高，按当时官员的收入即便是位居三品的厘金局委员的月俸也不过50~60两，司事难超15两，巡丁难超6两。但厘差灰色收入很多，据载"署一年州县缺，不及当一年厘局差""清代得一厘差，每年可获三五千金至万金不等"[②]。如此低的俸禄却得到如此高的灰色收入，难怪厘金局堂堂一行政机构，议事大厅要供奉财神，逢年过节或有重大事情，"局长"大人还要亲自带领手下对神像顶礼膜拜。

对于商户的反抗，政府难有作为，行将就木的腐朽政权已经无力挽国家于狂澜，只得实施保饷为重、安抚商民的策略，将众怒所归的委员和知县驱逐，并对厘金征收作出让步，"采用包税制，由山陕同乡会总代理，向各商户按定额征收后，将一部分按厘金局所定额度交付厘金局，盈余部分逐年积存，投入山陕会馆建设。[③]"

新问题的出现，折射出整个世界正在发生着巨大的变化。但是清政府并没有针对这些变化采取相应的措施。没有把商业管理建立在对社会整体的组织与协调之上，而是停留于对个体行为的控制和对商业这一经济形式的多重制约，从而忽略了发挥商业组织的积极性和主动性，切断了商业流

[①] 郭成康：《康乾盛世历史报告》，中国言实出版社2002年版，第33页。
[②] 盛夏：《厘金局当差一年胜过一个州官》，《大河报》2001年4月26日。
[③] 盛夏：《厘金局当差一年胜过一个州官》，《大河报》2001年4月26日。

通链条的有机运转①。换句话说，在晚清，左右着国家形势的统治者，并没有把经济发展作为他们的首要目标，没有把财富的持续不断、大量的增长作为人民幸福的主要成分和必备条件，所以他们在面对人口的压力，加之在近代遇到西方的挑战时就更陷入了困境②。

（二）外患

正是在"内忧"日益突出，且在清政府尚未做出有效反应之时，资本—帝国主义势力趁势入侵，致使国家的政治、经济、军事等领域陷入一片混乱甚至瘫痪。至道光初年，我国的对外贸易因鸦片走私等原因由出超变为入超，大量的白银流入列强囊中，导致国内银钱比价剧烈波动，物价上涨。据《清史稿》记载，嘉庆年间，"旗丁运费，本有应得三项，惟定在数十百年前，今物价数倍，费用不敷"③。在第一次鸦片战争前的40年中，英国走私运入我国的鸦片有40多万箱，从我国掠走三四亿两白银。嘉庆五年（1800年），东印度公司的鸦片收入为124万两；到道光十八年（1838年）就激增至519万两④。列强入侵，使我国沦为半殖民地半封建的国家。

（三）战争

鸦片战争之后的百年内，整个中国再无宁日：以第一次鸦片战争为开端，先后爆发了白莲教起义、捻军起义、太平天国农民运动、第二次鸦片战争、中法战争、甲午中日海战和辛亥革命。尤其是鸦片战争和太平天国运动，不仅彻底动摇了清朝统治的根基，同时也使其商业受到了致命打击。为弥补贸易逆差，列强开始向我国市场低价倾销商品。仅以中英之间的贸易为例（如表9-1所示），1830—1833年间的入超额指数就比1780—1784年间上升了463.4%。

表9-1 中英进出口贸易价值及其指数（1760—1833年年均数）

价值单位：银两　　　　　　　指数：1780—1784年平均=100

年度	进口	指数	出口	指数
乾隆二十五年至二十九年（1760—1764年）	470 286	36.1	979 586	47.0
乾隆三十年至三十四年（1765—1769年）	1 192 985	91.6	2 190 619	105.1
乾隆三十五年至三十九年（1770—1774年）	1 466 466	112.6	2 119 058	101.7

---

① 黄国雄、曹厚昌：《现代商学通论》，人民日报出版社1997年版，第33页。
② 何怀宏：《世袭社会及其解体——中国历史上的春秋时代》，生活·读书·新知三联书店1996年版，第6页。
③ 转引自黄德海：《党家村的白银时代》，陕西师范大学出版社2018年版，第140页。
④ 陈昱霖、罗垠一：《中国精神生成的历史逻辑及其时代蕴涵》，《江西社会科学》2022年第8期。

续表

年度	进口	指数	出口	指数
乾隆四十年至四十四年（1775—1779年）	1 247 471	95.8	1 968 771	94.5
乾隆四十五年至四十九年（1780—1784年）	1 301 931	100.0	2 083 346	100.0
乾隆五十年至五十四年（1785—1789年）	3 612 763	277.5	5 491 508	263.6
乾隆五十五年至五十九年（1790—1794年）	5 007 691	384.6	5 843 714	280.5
乾隆六十年至嘉庆四年（1795—1799年）	5 373 015	412.7	5 719 972	274.6
嘉庆五年至九年（1800—1804年）	7 715 556	592.6	7 556 473	362.7
嘉庆十年至十一年（1805—1806年）	11 474 509	881.3	7 400 223	355.2
嘉庆二十二年至二十四年（1817—1819年）	7 646 777	587.3	8 060 271	386.9
嘉庆二十五年至道光四年（1820—1824年）	6 525 201	501.2	9 816 066	471.2
道光五年至九年（1825—1829年）	7 591 390	583.1	10 215 565	490.3
道光十年至十三年（1830—1833年）	7 335 023	563.4	9 950 286	477.6

资料来源：庞毅：《中国全史·中国清代经济史》，人民出版社1994年版。

虽然声势浩大的太平军未进入河南，但是捻军和当地的起义军却数度攻占南阳，使昔日繁华的商场变为血雨腥风的杀人战场。《南阳县志》载，清咸丰六年（1856年）十一月，邓大公、杨九曾率千余人占领林水驿（瓦店镇），赶走驿丞，开仓济贫；咸丰十年（1860年）七月，确山捻军王党、萧匡率部进抵南阳。八月十五日攻占赊旗镇；咸丰十一年（1861年）二月，捻军姜太凌部从叶县进入南阳县境，三月再次围攻南阳[①]。同治帝即位后（1862年），南阳一带战祸更加频繁。在接下去的5年中，几乎年年都有战争。

康熙平定"三藩"期间，南阳一带曾是战争的给养基地并因此而商机无限。长江以南战火纷飞，而长江以北则生活依旧，地方治安因民众拥护而没有遭受多大破坏，康熙还能使后方社会在一定程度上保持稳定，因此商人营业不必冒生命危险。但是这一次，战争不仅没有带来商机，反而带来了不尽的掠夺和灾难。党家村人虽然也抓住了部分机遇，但是最终还是逃脱不了战争的破坏，被迫弃商从农，特别是中、小商人，除了纷纷破产以外，别无他途。

贸易路线的转移导致南阳失去贸易优势。鸦片战争以后，清廷被迫开放沿海通商口岸，内陆水上通道被海上通道所代替，通商之地铁路代替了马车和帆船，成了当时速度最快、运输量最大、价格又最便宜的交通运输工具。

二、清末党家村商业衰败的外因

具体而言，党家村商业的衰落是内外因共同造成的结果。从外部看，

---

① 转引自黄德海：《党家村的白银时代》，陕西师范大学出版社2018年版，第141页。

造成党家村商业衰败的原因大致有以下几个方面。

（一）南北大商道被战争切断

太平天国起义军沿长江东进，定都天京，由西向东切断了清政府经济赖以生存的4条南北大商道（如图9-1所示），这对于以长途贩运为业的"恒兴桂"号系列和"合兴发"号系列来说，商路的阻断是致命一击。

①北京—襄樊—宜城—常德—沅陵—芷江—玉屏关—贵阳—大理

②北京—涿县—保定—洛阳—南阳—襄樊—汉口—湘潭

③北京—通州—大运河—杭州—衢州—江山—枫岭关—福州

④北京—正定—平定—太原

图9-1 四条南北大商道被一一切断

另外，由于当时军事技术落后，南阳当地的战争多以"围攻"模式为主，作战双方无不"筑望台、挖地道、高墙置炮"，以图击溃对方。一方面，义军每到一地，先沿城外挖一道壕沟，彻底切断城内外之间的联系。有时，义军甚至还连续多日围攻，致使城内军民不战自乱。战争由此对瓦店镇、郭滩镇、赊旗镇一带造成极大的破坏。另一方面，清政府为镇压太平天国运动，重用曾国藩、李鸿章在两湖、江西等地组建湘军、淮军等地方团练武装。其作战方式也是以"围攻"为主，针对义军后方大搞坚壁清野。湘军的行动切断了江北山陕商帮与江南徽商、江右、洞庭等各大商帮之间的贸易线路，致使大半个国家内的商业活动陷于停顿①。

（二）高额税饷耗尽商户膏血

为打赢战争，交战双方十分重视筹集军费：一方面，在太平天国控制区内，太平军自始至终实行圣库制度，"令户有金帛珠玉者悉出以佐军"②。所需物资从敌军中缴获或是向民间征集。另一方面，在清军和湘军控制区内，由于清政府难以对地方实行有效的统一领导，再加上解饷和协饷制度难以施行，于是只有听任军队随意向地方摊派，加强捐输并自辟财源。仅太平天国期间，山西商人就向清廷"捐银159.93万两，居各行省之首，占37.65%""晋省前后捐输已至五、六次，捐数逾千万……富民膏血已罄竭矣"③。

---

① 商路的阻断从根本上抑制了南阳一带商业发展的地缘优势，其造成的直接后果至少是南阳商业圈的大幅度收缩和商品远距离交易的终结。

② 佚名：《武昌兵力纪略》，见王重民、王会庵等编：《中国近代史资料丛刊·太平天国》第4册，上海人民出版社，第572页。

③ 《复阳曲三绅士书》，见（清）徐继畬：《松龛全集》卷三。

对商业打击更大的是，晚清财政的重点由"征农"转向了"征商"①。咸丰三年（1853年），清政府向各地商人开征一种特殊的商业税，也就是所谓的厘金制度。从咸丰三年到同治三年（1853—1864年），厘金收入高达1亿两。光绪十一年至二十年（1885—1894年），该项收入已占清财政总收入的17%~20%。由于厘金制度并不是一个统一的制度，从局卡设立、章程制定、人员委派、收支造报等均由各地督抚统筹自治。负责厘卡的人也多是游手好闲的地痞流氓或纨绔子弟。据不完全统计，光绪末至宣统间，全国有局卡2 236个（不包括私卡）。官卡、私卡遍布各地，致使许多地方厘金税率高达10%②。战争榨干了商户们的流动资金，而高额厘金税的征收，则使商户们保本息业以图东山再起的愿望彻底破灭。

（三）贸易路线转移导致南阳失去优势

铁路不像后来出现的汽车那样灵活，它被局限于一定区域之内，并沿一定线路运行，所以迫使远处的商业中心、区、带等，纷纷向铁路沿线两侧迁移。甲午战争后，帝国主义国家争相掠夺我国的修铁路权，并在光绪二十三年至二十四年（1897—1898年）形成一个高潮，共攫取路权约14 000千米。由帝国主义各国贷款给清政府修筑的铁路主要有：英国借款的京奉铁路，光绪四年（1878年）开工，民国元年（1912年）全线通车；英、法借款的京汉铁路，光绪二十四年（1898年）开工，光绪三十二年（1906年）通车；英、美、法、德借款的粤汉铁路，光绪二十七年（1901年）开工，民国二十五年（1936年）全线通车，等等。宣统三年（1911年），中国共有铁路9 618.1千米，其中，利用中国资本修筑的只有665.62千米，仅占总数的6.9%③。

铁路不仅是一套运输系统，同时其对沿线的经济发展也会产生巨大的影响。京汉铁路通车后，赊旗镇、瓦店镇以及南阳府一带的过往客商明显减少，商品交易额大幅下降，一些有眼光的商贾纷纷外迁，尤其对赊旗镇以长途贩运为生的山陕客商来说，其打击更为沉重。不久，陇海铁路又相继开工建设，致使唐白河流域在我国商业流通中的地位一落千丈④。

（四）赊旗镇商圈出现恶性竞争

与其说是恶性竞争，倒不如说是蓄意破坏。时方城人乃将黑龙庙河源

---

① 周育民：《晚晴财政与社会变迁》，上海人民出版社2000年版，第1~3页。
② 杨东梁、张浩：《中国清代军事史》，人民出版社1994年版，第196~197页。
③ 庞毅：《中国全史·中国清代经济史》，人民出版社1994年版，第207页。
④ 杨茵：《党家村史话》，打印稿，2002年。

用铁锅堵塞，使水量减少，舟楫不通。后赊旗镇甘愿毁桥议和，及掘之泉水没矣。至民国十七年（1928年），建国军樊钟秀（总司令）复经派工疏浚，水势仍杀，终未通舟①。

在赊旗镇商业的繁荣时期，由于其内部实力的积累速度一直呈快速增长态势，因此在与外围市镇的竞争中经常占据上风。但是当形势出现逆转时，尤其是京汉铁路开通之后，赊旗镇商人眼见大势已去，不得已在潘河漫流寨修建了一座跨河石桥，用以阻挡方城一带商人的船队南下。堵水的石桥又低又矮，厚重结实，就连一只小木筏也无法通过。筑桥行为实质上是"内部空虚"的一种表现。对此，方城商人也不甘示弱，他们干脆用一口大铁锅扣住了潘河源头，从根本上断绝了赊旗镇的财路。尽管后来由官方出面调解，但依然于事无补。所修石桥距离"合兴发"诸商号的进出码头——水门不远，不管其商人是否参与商战，但想必这些商号既是最大的受益者，又是最大的受害者。如果赊旗镇获胜，竞争压力随即减小，商人们可以从中渔利；如果方城商人获胜，那么潘河停航，水门即成干涸之港。

三、清末党家村商业衰败的内因

从内部看，造成党家村商业衰败的原因大致有以下几个方面。

（一）产业投资不足不利于商业资本的转化

党家村商人的投资方向多为生活性投资、社会性投资，而产业性投资极少。如"恒兴桂""合兴发""兴盛昆"商号经营成功后，商人们首先考虑的不是把利润进行经营资本积累或扩大生产规模和市场规模，以获取更大的收益，而是将大部分金银财富或就地购置大量土地，或运回党家村用于修建豪华住宅、资助科举、兴办学堂、赈济族众以及捐纳功名等。这些做法对本村公益事业发展和人才培养发挥着重要的作用，但是从商业发展的角度来看，这些做法严重阻碍了党家村商业资本向专业资本的转化。尤其是就地购置大量土地，表明农业生产与商业资本之间的联系未被切断②，或者说，封建土地所有制仍然阻碍着明清社会演进的步伐③。另外，这种简单的财产位移，实质上反映了所有者的志向在发生变化。前文曾描述了党、贾两族在仕途方面的成功经历，当他们对仕途趋之若鹜时，说明

---

① 方城县志编纂委员会编：《方城县志》，中州古籍出版社1992年版，第22页。
② 刘永成：《论中国资本主义萌芽的历史前提》，见南京大学历史系明清研究室编：《明清资本主义萌芽研究论文集》，上海人民出版社1981年版，第104页。
③ 傅衣凌：《论明清社会的发展与迟滞》，见田居俭、宋元强：《中国资本主义萌芽》（下），巴蜀书社1987年版。

商业已不再是最优选择。在党家村人的美好预期中，"高官厚禄、封侯抱印"占据了主要地位①。

（二）"小富即安"意识严重阻碍商业发展

观念上的束缚，是党家村商业资本积累和发展的重大障碍。随着清末局势的动荡，求稳怕冒险等中庸思想也使党家村商人丧失世代相传的"勇于进取"精神，日渐不求上进。这其中固然有"小富即安"的传统观念在作怪，但它无疑反映出党家村商人的保守，对未来的预期出现了偏差。而导致这两种行为结果的原因与清王朝的整体政策架构息息相关。

更为重要的是，"内忧外患"对商业的影响在于，清政府为了加强统治而被迫改变盛世之时的分权思想。事实表明，政治无能与军事失利常常是以牺牲经济为代价的。绝对的权力集中不仅攫取了商人的大部分资本权力，同时也严重地消磨了商人的意志，并进而使整个商业文化系统遭受侵蚀。在权力高度集中的政治背景下，商人们容易丧失学习知识和获取信息的冲动，并由此遏制了整个商业制度创新机制的正常运行和扩张。在这种情况下，商人们自然是"赚了钱就跑"。这一"怪异"行为，不仅党家村商人有，甚至在整个山陕商帮都存在，其中不知留下了多少令人心酸的衰败故事②。

（三）信仰体系混乱导致经营决策失误

由于交通格局的变化，原本繁荣的唐白河流域各水运码头日渐萧条，缺乏现代交通保障，造成贸易地封闭性增强，使商人接受新事物更慢。如果商人缺少知识和信息，那么这意味着商人丧失了学习权和行动权。

以"玉隆成"号的衰败为例：清朝末年，"玉隆成"号听信了二掌柜党锦先的建议做起了甘蔗霸盘生意。党锦先是党天佑的次子，自武昌开埠后，他一直在当地市场上奔波。甘蔗乃广东佛山一带的农产品，按照当时的市场行情，如果运至南阳一带销售的话能够赚大钱，因为南阳当地不产甘蔗。党锦先急于垄断市场销售，于是采取了预付款的方式买断了佛山几个县的甘蔗，企图通过囤积居奇来谋求商业暴利。但是，出乎党锦先预料的是，在他的甘蔗尚未通过原有的水路运抵河南时，赊旗镇内的其他商家

---

① 在党家村石雕画中，既有喜鹊、梅花鹿，又有蜜蜂和猴子，四种动物组合在一起，构成了民谚"喜禄封侯"。雕刻者又让猴子怀抱一颗硕大的官印，并让它顺着树干向上爬，意指步步高升。几种风马牛不相及的动物和官用之物放在一起，巧妙地勾勒出一幅"封侯抱印"的传统画卷，将党家村人入仕愿望都寄托其中。

② 《中国十大商帮》一书就描写了十大商帮最终衰败的历史悲剧。

早已用火车经驻马店将甘蔗批发给大大小小的摊贩，导致价格一落千丈。面对着堆积如山的甘蔗，党锦先惊恐失色，连夜逃回韩城，从此再不敢在市场上露面，而"玉隆成"号也因此负债累累，不得不关门歇业①。

（四）山陕商人"分道扬镳"削弱了共担风险能力

在明清时期，山西与陕西商人风雨同舟，共同谱写了两省的商业传奇。今社旗县规模宏大、建筑精美、保存完好的"山陕会馆"便是山陕商人友谊的见证。清末，受贸易路线转移的影响，党家村在南阳的生意转为与山西商人处于既共存共荣又相互竞争的境地，这种微妙的竞争关系造成两地商人分道扬镳，不讲商业互助原则。在南阳经商的山陕商人以陕西韩城和山西运城、临汾人为主，关中东部盛传的揭示各县民风弱点的民谣说："澄县老哥，生葱就馍。宁挨关老爷一刀，不和二华人打交道。刁蒲城，野渭南，不讲理的大荔县。薄皮韩城合阳鬼，朝邑人爱咬腿。"② 而外地人常说山西人是"九毛九"。这"薄皮"和"九毛九"均揭示的是商人们精打细算的特点。由于清末僧多粥少、商业利润薄，山陕商人为逐利将性格弱点发挥到极致，相互打压拆台之事不绝于耳。

（五）奢靡享乐吸食鸦片导致醉生梦死坐吃山空

晚清时期传统商业文化中某些崇尚消费的观念被商人们歪曲，以致这些观念演变成了某种只顾享乐、不顾其他的非正常生活方式，即：寻求精神享受和贪图感官刺激。换言之，整个社会都在做着发财的梦③，鲜有人曾对旧中国型的经济思想的任何方面有所发展④。据《光绪三十年·南阳县志》记载，清末赊旗镇"居民率游手足食，不事蓄聚，乍富乍贫。习俗奢靡，厮养走卒，仪观甚都。客妓利屣，笙歌盈衢，故土衣履或敝则众笑之"⑤。

河南的情况是"乍富乍贫，习俗奢靡"，在原籍党家村的情况也如出一辙。据党丕经、党康琪两位老先生所述："当时党家村的多数人自幼养尊处优，不知稼穑之艰难——只知道没钱用了向河南要。村里曾经流传过这样一个令人啼笑皆非的小故事：两个小学生对话，甲说"我家里没钱！"乙诧异地问"那你怎么不从河南捎？"……他们讲享受，贪玩儿，拿不得

---

① 参见电视纪录片《风雨党家村》脚本，杨茵撰稿，陕西卫视，2002 年。
② 党康琪：《千古韩城》（内部资料汇编），2019 年版，第 135 页。
③ 王振忠：《明清徽商与淮扬社会变迁》，生活·读书·新知三联书店 1996 年版，第 141 页。
④ 胡寄窗：《中国经济思想史简编》，立信会计出版社 1997 年版，第 454 页。
⑤ 《光绪三十年·南阳县志》。

轻，负不得重，醉生梦死，坐吃山空。更糟一些的是染上了当时的种种恶习，开始吸鸦片烟①。另据《社旗县志》记载，赊旗镇商人和居民也沾染上了许多恶习，大部分均与吸食鸦片有关，有民谚称："咝儿，咝儿，南北畛；呼儿，呼儿，东西屋；大闺女，小媳妇，一起进了烟葫芦"②。话语中满是对因吸食鸦片而卖房、卖地、当产和卖家口者的可怜与憎恨。

鸦片战争之后，外国侵略者为扭转贸易逆差向我国大量输入鸦片，党家村的村民也未能抵住鸦片烟的诱惑。"一个时期，党家村几乎家家有烟灯，甚至一家有七八副的，全家吞云吐雾，百事举废……其次是赌博……还有的'千金买笑''百金买官'……导致党家村事实上存在着一个无业游民阶层，他们不士、不农、不工、不商，好吃懒做，游手好闲，恶习缠身。然而，在当时的政治环境下，即使东奔西突，声嘶力竭，又能有什么作为呢？……"③所以，党家村商业衰败的内因之一，即是清末生活投资远大于产业性投资，思想颓废，坐吃山空。

总之，这一时期的商人不仅要应对外国洋货倾销、文化入侵的冲击，同时还要面对国内的腐败统治、战争破坏、匪患横行和苛捐杂税。在内外双重的夹击之下，党家村在南阳一带的两处生意都发生了根本性的变化。在赊旗镇，绝大部分商号歇号停业，人员也多撤回党家村或迁移他乡；而在瓦店镇，情况更是悲惨：党家村人的生意全部回撤至原籍村落，导致党家村与瓦店镇之间的联系正式宣告结束。到了1954年，旧瓦店④因白河水改道而淹没于洪水之中，从而使得现今的党家村人脑海中对瓦店镇仅有的一点实物印象也被冲散了。改革开放后，党家村又焕发了商业生机，发展成为一个旅游名村，旅游旺年收入逾千万元人民币（2020年新冠疫情暴发后未统计）。

---

① 本书第二章表2-5中记载，在光绪年间，有一年自甘肃等地输入韩城的鸦片烟价值约4万两白银，由此足以证明鸦片是造成商人及其家属醉生梦死的主要原因之一。

② 社旗县地方志编纂委员会：《赊旗县志》，中州古籍出版社1997年版，第210页。

③ 党丕经、党康琪：《党家村人谈党家村》，见周若祁、张光主编：《韩城村寨与党家村民居》，陕西科学技术出版社1999年版，第40页。

④ 据原庆号雇员、韩城王住村人孙文清回忆说，1953年发大水泡塌了瓦店城。当时他就在东寨墙上站着，看见山陕会馆塌进水中，不见了。不一会儿，桂号院塌下去了，庆号院塌下去了，永号院也塌下去了。材料源自《杨茵采访笔记》。

附　录

附录1　党家村大事年表（1331—1948年）

公元	朝代·干支	纪　事	备　注
1331年	元文宗至顺二年·辛未	党恕轩由朝邑县营田庄（现为大荔县范家乡营西村）迁居韩城西庄东南白庙原下之东阳湾	恕轩父慎贞公、母倪氏，坟墓在朝邑
1343年	顺帝至正三年·癸未	贾伯通（1343—1380年）生于山西洪洞县，成年后到韩城经商，初住贾村里，后迁居县城内	本村贾族奉贾伯通为贾氏迁韩之始祖
1364年	顺帝至正二十四年·甲辰	立村"党家河"，即改东阳湾为党家河	何时更名为党家村，无考。据康熙四十二年康修《县志》载："义翁党孟辀墓在党家村。"可见其时"党家村"之名已确立并广泛使用
1368年	顺帝至正二十八年·戊申	元顺帝失国北走，同年明朝建立，为洪武元年	明代区划韩城为四乡36里，党家河隶属山冥乡，干谷里
1404年	明永乐二年·甲申	党真为老《家谱》写序	真为党氏迁韩之第三代。恕轩生子四人：君显、君仁、君义、君明（君明远赴甘肃屯田未归）。真系君显子，属长门
1414年	永乐十二年·甲午	党真中举，未出仕（见张修《韩城县志》）	据传党真墓在村西"老坟"东，西报本祠之西
1495年	弘治八年·乙卯	贾姓迁韩之第五代贾连与党姓联姻	
1525年	嘉靖四年·乙酉	贾连之子贾璋以甥舅之亲移居并落户党家村	
1539—1555年	嘉靖十八年·己亥至三十四年·乙卯	党氏长门第九世孟辀，扶贫济困、乐善好施，人称"党义翁"。	《张志·义嫁行门》有传，《韩城市志》摘要转载

续表

公元	朝代·干支	纪事	备注
1644年	崇祯十七年·甲申	李自成三月十九日下北京,崇祯自缢,明亡。旋吴三桂请清兵败李,清爱新觉罗福临至北京即位,建立清朝,为顺治元年	
1655年	清顺治十二年·乙未	在此前后,党家二门十一世琳,字德佩,赴河南南阳瓦店镇经商创业,立"恒兴桂"号	
1680年	康熙十九年·庚申	党家长门十二世党完锡卒。他生于明万历三十二年,系孟辂曾孙,儒学生员,为人乐善好施	党完锡与韩城望族解家、卫家联姻。其孙振都娶明进士、清工部右侍郎高辛传之外孙女为妻。死后高自称"同学姻愚弟"为其《墓志》篆盖
1728年	雍正六年·戊申	贾族第十二世恩赐衣顶贾子觉卒	雍正二年三月有诏"给品技俱优老农衣顶,以资鼓励"。可见这个政令在韩城是实行了的。贾子觉《墓志铭》载:其孙为贾体伦
1732年	雍正十年·壬子	党前二门十四世金楹、金柱联合贾族十四世正伦、敦伦、叙伦改修石铺西坡,村人受益达230余年	坡成树碑纪念,题其额曰"以旌善人"
1750年	乾隆十五年·庚午	贾族十三世孙贾翼堂赴河南南阳府唐县郭滩镇经商	傅应奎《韩城县志》:乾隆三年戊午,韩城有贡士党斌。乾隆间又有党浩德任桐乡典史。二人现今在村里已无考,姑记于此以待详考
1777年	乾隆四十二年·丁酉	贾翼堂聘党氏三门十四世党玉书作西,共同经理,立"合兴发"号,旋迁址赊旗镇	
1840年	道光二十年·庚子	党二门十六世党遵圣中举	
1853年	咸丰三年·癸丑	党遵圣、三门十五世党之学倡建泌阳堡,咸丰六年建成	党之学为拔贡出身,曾任甘肃省古浪县教谕,《县志》失记

续表

公元	朝代·干支	纪　事	备　注
1857年	咸丰七年·丁巳	党天佑倡议并率领村人开辟东坡,铺块石,建梢门,同年告竣	党天佑为党三门十五世人,拔贡党之学胞兄,翰林党蒙胞伯。坡修成后,树碑记事,题其额曰"农夫之庆"
1873年	同治十二年·癸酉	党三门十六世党蒙中举	
1876年	光绪二年·丙子	党蒙成进士,殿试授翰林院庶吉士	散馆后分刑部主事,后外放云南临安等府知府
1902年	光绪二十八年·壬寅	贾族十七世贾乐天中举	贾乐天事迹《韩城市志》有记载
1908年	光绪三十四年·戊申	文昌阁重建竣工	工程主要由党三门十六世生员党渐主持,捐银又最多
1911年	宣统三年·辛亥	武昌起义胜利,清帝退位,翌年中华民国建立	
1918年	民国七年·戊午	农历九月初一日,军匪秦保善营劫掠党家村,焚党德润宅,杀2人掳4人,全村受灾严重	
1928年	民国十七年·戊辰	盘踞大岑土匪梁占奎拉三高师生肉票,党家村学生党永怀,党永禄在焉。永怀死于匪窟,永禄赎回,但其家均破产	
1929年	民国十八年·己巳	大旱,韩城为灾区,本村许多家庭破产,难以糊口,虽无甚伤亡,但全村进一步衰败	
1937年	民国二十六年·丁丑	7月7日卢沟桥事变发生,全国抗日战争开始,旋韩城成为河防前线,党家村学驻河防部队	八年抗战,党家村在财物及人力、畜力方面之贡献无法计算。其原在军界和参军、应征者共约63人奔赴前线,其中捐躯9人,失踪7人
1948年	民国三十七年·戊子	二月,韩城解放	西安是1949年5月解放的,所以,韩城后来被称为"半老区"

资料来源:由党丕经先生整理并提供。

附录2 党家村古民居重点保护区名单

(古民居四合院共计123户)

序号	户主姓名	所在村组	时代	门楼(间)	门房(间)	厢房(间) 东	厢房(间) 西	厢房(间) 南	厢房(间) 北	厅房(间)	附属物	保护现状	备注
1	党炳堂	一组	清同治		5	4	4			3	带跨院	完好	
2	党伟群	一组	清		5	5	5			3	带照墙	完好	
3	党彦中	一组	清		5			4	4	3		完好	
4	党福高	一组	清	1	2	4	4			4	带梢门	完好	
5	党启智	二组	清光绪十七年(1891年)		5	4	4			3	带跨院有北房三间	完好	
6	党明邦	二组	清同治		5	4	4			3	门外有照墙,梢门一间	完好	
7	党同印	三组	清嘉庆	1		5	5			8	门外有照墙,上厅下有窑洞	完好	上厅下房
8	党福盛	三组	清咸丰	3		6	6			3	带有后院	完好	
9	党建峰	三组	清		5	4	4			3	带有后院	完好	
10	党康琪 党红林	三组	清		4			5	5	3	带跨院	完好	
11	党致业 党天业	三组	明		5	4	4			3	带有前院两座各三间	完好	
12	党建全 党玉峰	三组	明		3	8	8			3		完好	
13	党振川 党孟贞	三组	明			5	5	1		5	带有后院	完好	一颗印
14	党孟贞	三组	清					4	3	3	带有三层看家楼一座	完好	

续表

序号	户主姓名	所在村组	时代	门楼（间）	门房（间）	厢房（间） 东	厢房（间） 西	厢房（间） 南	厢房（间） 北	厅房（间）	附属物	保护现状	备注
15	党秀臣	四组	清		5			4	4	3		完好	
16	党丕经	四组	清	1				4	4	5	带有后院	完好	一颗印
17	党茂全	四组	清		3			4	4	3	有后院，门前有两个雕刻照墙	完好	
18	党继宗	四组	清		6	4	4			4	带有偏院	完好	
19	党俊杰	四组	清	1	3		3	4	6	1	一连二院，带有绣楼	完好	
20	党康勋	五组	清		5	4	4			3	带梢门，有后院	完好	
21	党乃昌	五组	清		5	4	4			3	前面有小院，西有偏院	完好	
22	党尚仁 党尚义	五组	清		5	4	4			6		完好	
23	贾幼长	一组	清		3			4		3		完好	原为三合院
24	党建勋 党建中 党建安	一组	清		4	6	6			3		完好	
25	贾德生 贾顺生	二组	清		5	4	4				有跨院	完好	
26	党庚德	二组	清光绪十七年（1891年）	1	5	5				3	前有梢门，小院	完好	
27	党敬恕 党增祥 党敬元	二组	清		5	5	5					完好	
28	贾福盛	三组	清光绪			4	4			3		完好	
29	贾守珉	三组	清		5	3	3					完好	

续表

序号	户主姓名	所在村组	时代	门楼（间）	门房（间）	厢房（间）				厅房（间）	附属物	保护现状	备注
						东	西	南	北				
30	党立业	三组	清		5	5	5					完好	
31	赵粉玲	三组	清	1			3					一般	
32	党启存	三组	清		5			4	4		带有后院	完好	
33	党增存	三组	清		5	4	4					完好	
34	党继元	三组	清					4	4			完好	一颗印
35	贾增坤	四组	清		5			4	4	3	带有马房院	完好	
36	党东征	四组	清		5			4	4	3		完好	南屋顶为平房
37	贾幼直	四组	清		5	4	4				带有梢门	完好	
38	贾小宁	四组	清			4	4	4			带有梢门	完好	原与私塾为一家
39	党新华	四组	清			4	4			3		完好	
40	党胜利	四组	清		3	4	4			3	后院有砖拱窑洞三孔	完好	
41	贾旭峰	四组	清道光十六年（1836年）		4	5	5				带有偏院梢门，照墙	完好	有井口楼子，原有旗杆井子
42	贾佩箴	四组	清			2	2		5		带有30步台阶	完好	私塾院
43	党培亭	五组	清		5			4	4	3		完好	
44	党同义	五组	清	1		4	4		5			完好	
45	党继美	五组	清		5	5	5				带有前院	完好	

续表

序号	户主姓名	所在村组	时代	门楼（间）	门房（间）	厢房（间）东	厢房（间）西	厢房（间）南	厢房（间）北	厅房（间）	附属物	保护现状	备注
46	党明德	一组	清		5			4	4	3		完好	
47	党启高	二组	清		5	5	5					完好	
48	贾春喜	三组	清		3		5					完好	
49	贾百虎	四组	清	1			3			3		完好	
50	党亦民	四组	清		4	3	3			4		尚可	
51	党亚民	四组	清		3			5	5			完好	
52	党正义	四组	清		5	2	4				下院有窑洞3孔	尚可	
53	党承新	一组	清		4			4	4			完好	
54	党明传	一组	清		3		3			4		一般	
55	党会生	一组	清		5			4				一般	
56	党胜福	一组	清			3	3			3		完好	
57	党继新	一组	清		5			4	4	3		尚可	
58	党德新	一组	清		5		4					尚可	
59	党百虎	一组	清		5							一般	
60	党少东	一组	清			3				3		完好	
61	党民祥	一组	清		5				4			尚可	
62	党云鹏	一组	清			6	6					一般	
63	贾胜利	一组	清			3	3					完好	

续表

序号	户主姓名	所在村组	时代	保护内容								保护现状	备注
				门楼（间）	门房（间）	厢房（间）				厅房（间）	附属物		
						东	西	南	北				
64	党桂明	一组	清		5							完好	
65	党建会	一组	清				5					完好	西房系2层
66	贾利生	二组	清		5	4	4					完好	
67	党德兴	二组	清			5	5					完好	
68	党乾坤	二组	清		3							完好	
69	党新明	二组	清							3		尚可	
70	党德理	三组	清		4		3					尚可	
71	耿怀山	三组	清道光				4			5		完好	
72	党建民	三组	清道光五年（1825年）				4			3		完好	
73	贾恒谦	三组	清			3	3					尚可	东院
74	贾恒谦	三组	清							3		尚可	西院
75	党忠孝	三组	清			3	3					完好	
76	贾尚元	四组	清			4	4					尚可	
77	贾继贤	四组	清			4	4				后院有砖雕照墙	完好	
78	贾亚民	四组	清					5	5				南院
79	贾建林	四组	清			7	7					尚可	
80	党伟民	四组	清	1				3	3		门前有砖雕照墙	一般	

续表

序号	户主姓名	所在村组	时代	门楼（间）	门房（间）	厢房（间）				厅房（间）	附属物	保护现状	备注
						东	西	南	北				
81	贾虎民	四组	清		5	3						完好	
82	贾福华	四组	清	1				4	4			一般	
83	党民生	五组	清		5			4				完好	
84	党龙逊	五组	清		5		4					完好	
85	党炳坤	五组	清			5				3		完好	
86	秦智杰	五组	清						4	3		完好	
87	党守学	五组	清					4		3		完好	
88	党伯生	五组	清				4			3		一般	
89	党全生	五组	清	1		4	4					一般	
90	党铁成	五组	清						4	3		尚可	
91	党俊生	三组	清	1		4				3		完好	
92	党玉山	三组	清		6	3	3					一般	
93	王福祥	二组	清			4	4					尚可	
94	党忠旬	二组	清					4		5		完好	
95	贾引才	二组	清		3	4						一般	
96	党铁成	二组	清			4	4					一般	
97	王林元	二组	清		4	5	5					一般	
98	党兴华	二组	清		3		3					完好	

续表

序号	户主姓名	所在村组	时代	门楼（间）	门房（间）	厢房（间）				厅房（间）	附属物	保护现状	备注
						东	西	南	北				
99	党双喜	二组	清		3		3					尚可	窑洞2孔
100	党敬恕	二组	清						3			尚可	
101	党千益	二组	清				4			1		一般	
102	党仲益	二组	清				5					一般	
103	党彦堂	二组	清					4				一般	
104	郑金成	三组	清			4	3					一般	
105	党锁存	三组	清			4	4					一般	
106	党天德	三组	清			3	3					一般	
107	贾刚	三组	清			5	4					完好
108	王长胜	三组	清		5				4			一般	
109	党增华	三组	清				4					一般	
110	党创业	三组	清				4	5				一般	
111	党同文	三组	清				5					一般	
112	贾根平	三组	清					3				完好	
113	党增文	三组	清			5	6					一般	
114	贾福怀	四组	清					4	2			尚可	
115	党德民	四组	清				4	3				完好	
116	党明全	四组	清				4	8				一般	

续表

序号	户主姓名	所在村组	时代	门楼（间）	门房（间）	厢房（间）东	厢房（间）西	厢房（间）南	厢房（间）北	厅房（间）	附属物	保护现状	备注
117	雷东祥	四组	清									尚好	窑洞三孔
118	贾福元	四组	清							3		完好	
119	贾福民	四组	清			6						尚好	
120	党顺昌	四组	清		5							一般	
121	党瑞高	五组	清					4				一般	
122	党有义	五组	清						4			一般	
123	党同升	五组	清				4					完好	

（资料来源：韩城市文物旅游局编：《韩城文物志》，476~488页，西安，三秦出版社，2022）

附录3 司马迁祠及司马迁的商业理论

司马迁"货殖思想"影响的痕迹至今仍散见于韩城的文物与古迹之上。其中的一些佳句，像"天下熙熙，皆为利来；天下攘攘，皆为利往"以及"农不出则乏其食，工不出则乏其事，商不出则三宝绝，虞不出则财匮少……末病则财不出，农病则草不辟矣"等，多为后世商人所传唱。

作为一种经济或商业思想，它以非正式制度的方式对于推动明清时期韩城商业的兴起，特别是推动党家村人在康乾盛世之际走出农耕村落，远行河南经商起到了精神方面的决定性作用。

据《水经注》记载，司马迁祠始建于西晋永嘉四年（公元310年），以后又经各朝多次修葺和扩建，距今已有1700多年的历史。由韩城芝川镇向东过芝秀古石桥就可进入祠墓区。

穿过书有"汉太史司马祠"的木牌坊，迎面是一条幽深的古石道，其尽头又立一牌坊，上书"高山仰止"，比喻司马迁德高如山，世人敬仰。再穿过该牌坊，是一道由青砖铺就的坡梁，俗称"神道"。该道相传有

99级台阶，是宋代人所建的山门。最后一个牌坊系青砖砌成，额书"河山之阳"4个大字，取《史记》中"耕牧于河山之阳"之意。由此走入大门，进入祠院纵深，东面建有献殿，为三大间敞厅，有自北宋至今数十通碑文。其后为寝宫，一尊司马迁泥塑像端坐神龛，为北宋宣和七年（1125年）所塑。寝宫后即为元代所建司马迁圆形砖砌墓冢。墓顶一柏树分裂为5枝，人称"五子登科"。站立墓前，居高临下，可东望黄河，一派"平沙漠漠，洪涛漫流，风帆时隐时现"的壮丽景色。

司马迁（公元前145年—前87年），字子长，西汉史学家、文学家、思想家、世界历史文化名人，韩城巍东乡高门原人。出身于史官世家，自幼接受家学教育。西汉元封三年（公元前108年）继父职任太史令。天汉二年（公元前99年），司马迁被定罪下狱。在狱中，他"究天人之际，通古今之变，成一家之言"，完成了我国第一部纪传体通史《史记》。其中，《河渠书》《平准书》和《货殖列传》是我国历史上较早的3篇分别记述汉代及汉代以前各朝政府的财政、货币政策和商业理论方面的文章。

《河渠书》主要通过黄河的治理，来议论汉代以前各朝政府发展国民经济所应采取的经济政策，尤其是水利政策。在农业社会当中，水利是性命攸关的基础设施，是政府通过控制水利资源从而扩张其权力的重要保证。在文章的前半部分，司马迁实质上是在描述自己的家乡。据传说，大禹治水的故事就发生在韩城东北部的黄河岸边。

与《河渠书》一样，《平准书》也属《史记》八书之一。唐司马贞《索隐》解："书者，五经六籍总名也……此之八书，记国家大体"。从形式上讲，"书"是从经济史的视角来记述君王治国方略的一种文体，亦即：通过君王的政治—经济政策来看其在治理国家方面的得与失。但是从内容上讲，《平准书》却是在讨论国家的经济政策，即国家必须对农业、牧业、手工制作、商业、交通和水利等社会经济领域，实行必要的宏观调控和治理。对此，司马贞解释说："大司农属官有平准令丞者，以均天下郡国转贩，贵则卖之，贱则买之，贵贱相权输，归于京都，故命曰'平准'。"尽管司马迁讨论的不是今天意义上的商业，但是却相当贴切地叙述了一种朴素的市场价格理论。

不仅如此，司马迁还将分析的视野扩展至财政与战争之间的关系。君王通过采取"休养生息"的经济政策向农民和商人分权让利，鼓励其发展农业并从事商业活动；之后又"量吏禄，度官用，以赋于民"。也就是说，君王在分权让利之后又通过税收、赋役和发行货币等手段聚敛民间财富，从而将权力进一步向中央集中，为未来战争做好财政方面的准备。

但是从理论深度以及对后世的影响程度来看，《货殖列传》要远远超过以上两篇，它比较完整地再现了司马迁的商业思想。他说："以贫求富，农不如工，工不如商"。薛万田①对《货殖列传》一文的评价主要是通过以下几个方面展开的。

一是认为致富是人的本能，从而也是经济发展的动力。司马迁说："富者，人之情性，所不学而俱欲者也。"在此基础上，司马迁又认为物质利益会自发地调节人们的经济行为，即："人各任其能，竭其力，以得所欲……各劝其业，乐其事，若水之趋下，日夜无休时，不召而自来，不求而民出之。岂非道之所符，而自然之验邪？"

对于普通百姓来说，致富是一个合理的要求，是人的本能使然。而作为统治者，则应制定相应的政策来适应这种"自然之验论"，惟此才能描绘出一幅"天下熙熙，皆为利来，天下攘攘，皆为利往"的求富画面。

二是君王管理经济事务必须按经济规律办事。《货殖列传》中有一句名言："善者因之，其次利道之，其次教诲之，其次整齐之，最下者与之争"。也就是说，政府应以政策手段对商业进行引导，切忌国家垄断经营，与民争利。这主要是针对汉武帝推行的盐铁官营、平准均输等国家垄断行为而言的，并由此切入了驱动商业经营的经济思想和建立相应的权威制度这一主题。他说："农不出则乏其食，工不出则乏其事，商不出则三宝绝，虞不出则财匮少，财匮少而山泽不辟矣"。司马迁认为，"此四者，民所衣食之原也。原大则饶，原小则鲜，上则富国，下则富家"。

"农、工、商、虞"四业并举、协调发展的根本含义是生产与流通并重，即："商而通之"。政府应注重"物贱之征贵，贵之征贱"这一价格机制的调节作用，提出"国家无事"的观点，即政府的主要任务不是经营商业活动，而是维持政治安定。只有在一个安定的环境中，各地区才能以城市为中心，做到互通有无，开关弛禁，**繁荣商业**。

三是经济管理制度。从现实的观点看，汉代的经济管理制度中有许多值得继承的精华，因而也是一份宝贵的文化遗产。首先是重用懂经济的人管理经济事务。汉代时期，汉武帝曾选用过3位商人作为国家的理财官，他们分别是东郭咸阳、孔谨和桑弘羊，分别主理盐铁和财政，为刘彻的统治聚集了大量资金，满足了其扩张版图的经费需求。

其次是将基础产业交由国家经营。2000多年以前，我国的主要产业是农业。但是在手工劳动较成熟的条件下，煮盐和冶铁也关系着国计民生

---

① 参见薛万田：《史记一百讲》，陕西科学技术出版社2018年版。

的兴衰。如此重要的产业若交由私人经营,则势必成为个人牟取暴利,从而危及中央政权的一个工具。因此,汉武帝采纳了孔谨、咸阳等人的建议,从商贾手中夺回了盐铁业,并在全国设有铁官44处,从而稳定了市场秩序,增加了政府的财政收入。

再次是建立统一而又稳定的货币制度。司马迁说:"农工商交易之路通,而龟贝金钱刀布之币兴焉"。武帝以前,由于准许私人铸钱,豪强用锡、铁、铅杂入铜内,铸劣钱谋大利,从而使国民经济陷入剧烈波动之中,表现为:"钱益多而轻,物益少而贵"的混乱局面。元鼎四年(公元前113年),汉武帝采纳了桑弘羊的建议,取消郡国铸钱的权力,把铜送中央统一铸五铢钱,共铸250万钱,自汉到隋通用700余年而不废。

最后是发布算缗告缗令,强化税收制度。西汉年间,税种一般有工商税和车船税等。另外,不同的行业也实行不同的税率。从商业的角度看,税种繁杂以及税率高低是商业发展的平衡器。比如说,西汉根据商人自己申报而征收的缗钱一般为2 000钱征120文,税率约为6%,不算太高,因而也就刺激了商人从事经营活动的积极性。但是到了武帝时代,国家严格执行告缗令,导致天下风从,中等产业以上者大部分被告,从而造成"商贾中家以上大产破,民偷甘食好衣,不事畜藏之产业"。

四是经商之术。司马迁为商人立传的目的是"请略道当世千里之中,贤人所以富者,令后世得以观择焉"。因此说,《货殖列传》不仅是一篇精彩的商人传记,同时也是一篇关于经商之道的方法论文章。他强调说,"巧者有余,拙者不足,能者辐辏,不肖者瓦解"。"巧"与"能"体现了商人的品格,是商人从事商业活动的一个重要前提。

然后,司马迁又说:"无财作力,少有斗智,既饶争时"。可见,仅有能力是不够的。在能力一定的条件下,资本金越充足,就越有可能将生意做大做强。

附录4 赊旗镇山陕会馆古碑文选载

同行商贾公议戥秤定规概

赊旗店,四方客商集货兴贩之墟。原初,码头买卖行户原有数家,年来人烟稠多,开张卖载者二十余家。其间即有改换戥秤,大小不一,独网其利,内弊难除。是以,合行商贾,会同集头等,齐集关帝庙,公议:称足十六两,戥依天平为则,庶乎校准均匀,公平无私,俱各遵依。同行有和气之雅，宾主无疎戾之情。公议之后，不得暗私戥秤之更换，犯此者，罚戏三台。如不遵者，举秤禀官究治。惟恐日后紊乱规则，同众禀名县主蔡老爷，发批钧谕，永除大弊。

山西平阳府曲沃县

傅△△△

郭汾△书

集头：杨　朝

主持道人：舒功志　萧成元

大清雍正二年菊月

大清同治元年九月初九日重刻

行头：隆茂店、大生店同立

公义杂货行规碑记

　　盖闻，通商惠贾，自古训之，岂属在开张行店而可无定规欤？本镇之有杂货行由来已久，似无烦于再议矣。第以人心不古，规矩渐没，或妄翼重资弄巧成拙，希图蝇头徇私而害公，因是暗累莫支，以致倒塌之患者有矣。夫生意之盛衰一视乎行家，行家既以赔累，又奚望生意之长盛乎？以故行客闻之而胆战，每每发货他处；铺家见之而心寒，往往收拾不做。如是不改，其何能堪哉？爰是集我商行，公议规程，历剔弊端，使勿二勿三斟酌尽善，期可大而可人。行间规矩画一，主客两便，利人利己不必衰多以益寡，是训赴行，自可近悦而远来，则所以惠商贾之道，不诚在是哉？左详条规，以示不朽云。

　　一、卖货不得包用，必要实落三分，违者罚银五十两。

　　二、如有旧店换人名者，先打出官银三十两会行友，违者不得开行。

　　三、买货不得论堆，必要遂宗过秤，违者罚银五十两。

　　四、不得合处分伙，诸如违者罚银五十两。

　　五、买表辛不得抄红码，必须过秤，违者罚银五十两。

　　六、不得沿途会客，如违者罚银五十两。

　　七、落下货，本月内不得跌价，违者罚银五十两。

　　八、不得在门口拦路会客，任客投主，违者罚银五十两。

　　九、银期不得过期，如过期者，按生意多寡出月利。

　　十、不得假冒名姓留客，违者罚银五十两。

十一、结账不得私让分文，如让者罚银五十两。

十二、不得在人家店中勾引客买货，违者罚银五十两。

十三、买货，破烂水湿，必要以实价公除。

十四、不得栈房门口树立招牌，只写某店栈房，违者罚银五十两。

十五、平色有公议砝一副，足文银九、七、八、六为则。

十六、每年正月十五演戏敬神，各家俱要齐备，如故违者不许开行。

十七、有新开行者，必先打出官银五十两。

十八、客到店中吃饭俱要饭钱。

大清乾隆五十年岁乙巳九月十七日阊镇杂货行同立。

过载行差务碑

盖闻礼有定制，事有成规。即我等过载行先辈，原有议定章程，虽历久而不容紊乱。奈世远人湮，前定者百无一二。即支官席片，屡经加增，日复一日，以一倍十，总倾业办公，毫无已时。兹于道光二十三年，解义和首充行头，因差务繁紊，赔苦不堪，呈词台案下蒙批，仰南阳府确查究详。今蒙府宪恩结，着应支差事，照旧办理，毋容浮派。至于席片，始有定额：

每年，府、县署凉棚茶席二千三二百条。

宛博林三驿每一百条。

府考八百条，院考六百条，县考三百条。

教场、院府考五四百条。

至有贡差换仓，以及抚宪阅兵，另酌办理。恐历久加增，后不复前，故立琐珉，以为千古流传云尔，是为序。

大清道光二十三年八月十二日赊旗镇过载行仝立。

附录5 清末民初赊旗镇商铺及市值

恒益铺八十二两零三分　　　公兴号九十五两七钱一分

通盛铺八十三两八钱二分　　双玉铺九十五两七钱二分

畅盛号八十三两九钱二分　　宜兴铺九十五两七钱四分

信太兴号八十七两四钱七分　四盛号九十五两九钱二分

信太号八十七两七钱五分　　增盛明记九十五两九钱五分

四合瓷铺八十八两二钱一分　泰兴铺九十七两

俊兴铺九十两　　　　　　　兴泰铺九十六两零一分

信永和铺九十两零五分　　杨之栋铺九十六两零五分
世德号九十两三钱八分　　元兴铺九十六两零八分
苗兴隆九十两二钱一分　　祥顺号九十六两四钱四分
泰永号九十四两七钱　　　成义铺一百两二钱二分

附录6　社旗山陕会馆石刻碑记选录

晋兴魁记一百零五两零七分　　天成店七十两一钱
肇兴绅铺一百一十两　　　　　天利号七十六两七钱二分
郭顺昌一百一十两五钱　　　　正顺魁号七十七两
元泰铺一百三十两　　　　　　全盛庙八十两
世发铺四十二两九钱四分　　　信成堂八十两一钱六分
聚兴铺四十五两　　　　　　　永茂店二十八两九钱六分
双益号四十五两三钱　　　　　人和铺二十九两零六分
兴盛铺四十八两零三分　　　　潘永丰二十九两四钱六分
万全堂四十八两七钱二分　　　隆盛铺二十九两六钱八分
西盛兴铺四十九两六钱四分　　二福馆二十九两七钱八分
和合铺五十四两六钱　　　　　中和公号二十九两八钱九分
永发铺四十九两六钱四分　　　义聚号二十九两九钱五分
广德堂五十二两零二分　　　　李元太三十两
世兴辉记五十五两零二分　　　公忠义店三十两
兴远记五十五两一钱三分　　　玉泉馆三十两
德胜铺五十九两八钱五分　　　义和店三十两
玉兴铺五十九两九钱　　　　　天盛馆三十两
王和铺六十两零三分　　　　　石永升三十两
蔺玉盛六十两零七分　　　　　永兴铺三十两七钱三分
封盛旺记六十两二钱九分　　　常盛号三十二两零二分
协恒号六十两七钱　　　　　　同春号三十二两零八分
杜广裕六十九两零二分　　　　兴盛昆号三十五两
益和铺六十九两三钱二分　　　广信号三十五两钱一分
玉成铺六十九两九钱二分　　　永发盛三十六两
天兴铺六十九两九钱四分　　　玉盛铺三十六两零一分
文太铺七十两　　　　　　　　泰义行三十六两一钱
双合店三十六两三钱二分　　　永义铺二十四两

同盛铺二十九两八钱五分　　复兴铺二十四两
万发铺四十两零四分　　　　万亨铺二十四两三钱三分
旋号四十两零八分　　　　　双成铺二十三两
晋成铺四十两一钱二分　　　合顺馆二十五两二钱四分
振兴号四十两二钱二分　　　大顺铺二十五两六钱三分
瑞升店四十一两零八分　　　赵兴盛号二十五两九钱六分
诚号四十二两　　　　　　　复兴合记二十两
和盛号四十二两九钱　　　　如松号二十六两钱三分
三益窑二十两五钱　　　　　裕兴号二十七两六钱八分
续通顺二十两零二分　　　　中和店二十八两一钱二分
王盛铁铺二十两零二分　　　永盛茂行二十八两一钱四分
韩盛店二十一两九钱六分　　合盛店二十八两二钱四分
王盛公铺二十二两　　　　　广裕号二十八两八钱五分
镒盛店二十三两零四分　　　六顺店十四两四钱三分
诚意店二十二两零四分　　　永和店十四两六钱六分
双合花店二十二两零六分　　合义店十四两九钱八分
双合馆二十二两七钱二分　　永合店十三两
恒兴铺二十三两二钱八分　　太兴号十二两
李公合二十三两八钱四分　　日杂铺十五两五钱
和顺店十五两九钱三分　　　张盛号二十三两九钱
隆盛兴号二十三两九钱六分　永丰粉局十五两九钱六分
王华阳二十三两九钱六分　　偕义店十六两
存盛号二十三两九钱八分　　兴盛号十六两八钱八分
天禄馆二十四两　　　　　　世兴馆七两九钱一分
九兴馆十九两一钱八分　　　元盛天号十二两
福全馆十九两六钱二分　　　乾太局十二两
盛生馆十九两八钱　　　　　德顺号十二两
双魁店十九两八钱五分　　　太和铺十一两九钱七分
万顺馆十九两八钱六分　　　义兴行十一两九钱三分
协丰庆十九两八钱七分　　　万兴铺十一两钱七分
万盛馆十九两八钱八分　　　通盛局十二两七钱九分
永兴铺十九两八钱八分　　　裕昌铺二十一两九钱
吴盛店十九两八钱九分　　　义合店十一两二钱八分
恒盛厂二十两　　　　　　　广兴店十一两二钱七分

万玉厂二十两　　　　　　和顺店十一两二钱
丕兴号二十两　　　　　　义顺铺十一两零三分
敬胜号二十两　　　　　　金玉铺十一两
胡风三十两八钱四分　　　万兴铺十两九钱四分
正大馆二十两八钱六分　　和兴铺十两九钱三分
在兴号二十两零一分　　　玉合厂十两九钱三分
顺兴号十四两八钱三分　　三合号十两零七分
功大号十三两七钱三分　　王永兴铺十两零三分
德盛店十四两零六分　　　存义厂十两零三分
义和铺十四两　　　　　　德兴铺十两零二分
兴盛号十三两八钱一分　　李永采十两
三和铺十三两五钱三分　　隆太号六两零二分
信诚店十二两九钱四分　　琉璃店七两
万兴号十二两零四分　　　永太店七两二钱八分
福义馆七两六钱　　　　　德太铺七两七钱七分
集合局十二两零三分　　　合盛铺六两零二分
李和合七两九钱　　　　　吉顺号六两
口丹局七两九钱三分　　　公兴铺六两
三义馆七两九钱七分　　　义盛铺五两九钱八分
丰盛店八两零二分　　　　盛兴铺五两七钱
恒太馆八两四钱四分　　　卫双和五两二钱六分
方发铺五两二钱八分　　　魁元粮行五两一钱八分
森茂通盛行九两二钱三分　孙太和五两一钱一分
德隆店九两五钱　　　　　李元亨五两一钱
晋魁号九两五钱四分　　　永盛铺五两零七分
广盛号九两五钱八分　　　森茂粮行五两零二分
京盛铺九两七钱八分　　　安恒兴二两
上元馆九两七钱八分　　　广隆铺五两
天成馆九两八钱七分　　　魏道顺五两
义盛玉号九两九钱一分　　合顺铺五两
义成仁号九两九钱二分　　光辉馆五两
盛太号九两九钱二分　　　永升铺五两
三盛号九两九钱四分　　　西永太局五两
大兴号九两九钱八分　　　郑生厂五两

李国栋十两
合行银行十两
昌盛厂十两
合兴义记十两许
太益店十两
惠成铺十两
柴永兴四两九钱八分
义盛铺六两零二分
恒茂森行四两九钱六分
兴隆三两零六分
上官泥洼三两一钱二分
聚仙馆三两三钱八分
三义堂三两四钱
生发铺三两九钱三分
李选香三两九钱八分
兴隆馆四两
合兴铺四两
梁会元四两零二分
许如林三两
王克义四两
三盛铺四两零二分
刘四德四两零六分
魁盛铺四两一钱五分
北三盛店三两
义和合记四两二钱
三聚铺四两二钱二分
兴元铺四两零二分
同兴馆四两二钱二分
元裕馆四两二钱二分
永顺号四两五钱六分
公盛铺四两六钱五分
鼎兴号三两
茂生号四两八钱五分
杨乾四两八钱六分

天成号五两
荣馥五两
公玉店四两九钱八分
培号四两九钱八分
李茂林十两
元成来四两九钱七分
双盛铺四两八钱九分
双魁馆四两九钱
义盛馆四两九钱三分
信凤号四两九钱五分
丁盛充号四两九钱五分
聚盛号四两九钱六分
成顺衣铺三两零四分
庆丰太三两零一分
许文彬四两
鸽车铺三两
涌泉油坊三两
杨子需三两
全兴茂三两
吉长发三两
义兴店三两
马永杏花行三两
晋和店三两
栈兴厂三两
万全店三两
源茂店三两
乔益号三两
西万顺店四两七钱
大昌发铺三两
全信铺二两九钱二分
李律二两
通顺馆二两
直生铺二两
许如国二两

四合木铺二两九钱五分　　永福店一两九钱八分
聚兴油坊二两九钱五分　　广和堂一两九钱七分
许世铺二两八钱五分　　　曹德盛一两九钱五分
恒盛铺二两八钱四分　　　柴泉发一两九钱五分
靳和信二两七钱四分　　　刘双兴一两九钱三分
德永铺二两七钱二分　　　东万顺店一两九钱
孟兴财二两三钱四分　　　三益兴油坊一两八钱四分
魁兴铺二两三钱三分　　　严合义一两六钱八分
公益行二两三钱三分　　　李兴号一两零五分
统盛庆行二两三钱三分　　恒昌号一两零五分
车乾成厂二两三钱　　　　靳如格一两零五分
潘局二两四钱五分　　　　杨永安一两零五分
中和货铺二两四钱二分　　杨永安一两零五分
永安号二两四钱　　　　　杨永安一两零五分
祥合铺二两四钱　　　　　畅武色一两零五分
晋源号二两四钱　　　　　恒成铺一两零五分
宁宜兴二两三钱七分　　　通益铺一两零五分
永升钦号二两二钱五分　　兴成铺一两零五分
肇兴行二两一钱　　　　　广聚堂一两零五分
吉盛厂二两一钱　　　　　晋太油坊一两零五分
魁兴油坊二两一钱　　　　王全银一两零五分
杜关利二两一钱　　　　　黄发盛一两零五分
集瑞铺二两零四分　　　　许万顺一两
景顺号二两　　　　　　　丰太张坊一两
姚富通一两零五分　　　　张记一两
马炳盛二两　　　　　　　王成义一两
毛保兴一两零五分　　　　信兴皮袄铺一两
同兴油坊一两零五分　　　全增店一两
　戴盛店一两零五分　　　　吉耀焕一两
益太号一两一钱八分　　　老光济一两
贾元淮一两二钱　　　　　普济堂一两
天成铺一两　　　　　　　李效好一两五钱
胡和胜一两二钱　　　　　双成碗铺一两
福顺号一两二钱　　　　　三太席铺一两

九盛号一两二钱　　　张白茫一两
赵错号一两三钱六分　陈世林一两
相玺一两三钱六分　　德顺枣行一两
德义铺一两　　　　　王连太铺一两
程可万一两五钱　　　赵爱民四钱五分
吴德兴一两六钱八分　公顺皮袄铺四钱七分
张敦一两六钱八分　　赵吉尧五钱
顺兴号一两　　　　　祥太号五钱
奉公号一两　　　　　通兴益五钱
李福盛一两　　　　　信诚号五钱
洪庆罗厂一两　　　　程万忠五钱二分
晋魁号一两　　　　　靳玉胜五钱二分
王永太一两　　　　　九杨贵九钱八分
三合店一两　　　　　义发号九钱八分
郭天锡一两　　　　　刘万盛九钱八分
盛炮坊一两　　　　　祥升号九钱八分
王文一两　　　　　　启太染坊四钱二分
乔富五一两　　　　　石太酷坊四钱二分
修顺铺八钱四分　　　尚文祖四钱二分
兴盛店八钱四分　　　丰裕醋坊四钱二分
张玉智八钱四分　　　东三胜粉坊四钱二分
贾晋武八钱四分　　　宁尚厚二钱二分
魏大贵八钱四分　　　公太号三钱
全盛醋坊八钱四分　　恒义顺亭号一两
靳英八钱四分　　　　集合馆钱八百文
王太元八钱四分　　　刘万贵九钱六分
兴顺馆八钱四分　　　王道明九钱五分
永和九钱五分　　　　洪顺铺九钱五分
周有董九钱五分　　　双生席铺九钱五分

总计银 8078 两 4 钱 4 分

注：此碑现存药王殿东北隅。碑总高 3.35 米，其中座高 30 厘米，碑身首高 3.05 米，碑宽 79.7 厘米，厚 19.5 厘米。

附录 7　赊旗镇山陕会馆铁旗杆记

　　赊旗镇在县治之东百里，地属水陆之冲，商贾辐辏，而陕之人为多，因酿金构会馆，中祀关圣帝君，以帝君亦蒲东产故专庙貌而祀加，处其余金则缮廊庑，岁时伏腊，同人展廊，评讲公事、咸在平是，落成有日矣。而我朝邑一属之所苏，除公用外，独赢三千尔金。庙之壮丽不可有加，又不可折空人私。因铸铁旗杆二株重五万余斤，树于大门之左右。会馆为两省之公所，所是举也，则我朝邑一属之人所保自歙其区区者也。山陕会馆遍天下，皆宏敞可观。朱仙镇有铁杆今于赊旗镇再见。

　　神之诚可卜，其邀福之厚，斯不可以无记也。同人以余原隶朝邑
　　丁卯科举人候选知□□□
　　登仕佐吏部候选张□□敏　敬书丹
　　朝邑
　　陕西同州府大荔县经理首首人（商号漫漶从略）王大卿
　　（漫漶从略）
　　郃阳
　　大清嘉庆贰拾贰年岁次丁丑榴月上浣谷旦
　　注：此碑现存社旗山陕会馆东辕门内南侧，座已佚。碑高 2.05 米，宽 70 厘米，厚 18 厘米。

附录 8　重兴山陕会馆碑记

　　天下事莫为之始，虽美弗彰；莫为之继，虽盛弗传。赊镇山陕会馆创于前清乾隆时代。山陕经商于此，各捐资财，置买地基，创建会馆，嗣又增筑群房，添购义地。以叙乡谊，通商情，安旅故，洵为盛举。咸丰七年，会馆毁被大半，嗣经山陕同人集资重修，上栋下宇；毅然巍起，数十里外犹望见之，诚赊镇之巨观也。自光绪二十年后，不惟会事不振，而且积弊难返，言之痛心，书之裂眦，幸神默佑，重兴得人；南北方统税征收局局长宋公万青，山西运城望族也。民国十一年九月莅任，好义急公，力加整顿，联合秦晋各举代表，另选值年会首，详注同乡录，取销鼎元社，改为山陕同乡会，清查捐款，始刻石而记其巅末。并整理群房，筹备修筑，兼与众谋及前途诸善举。自此太阿正持，兴利除弊，光前裕后，甚有赖焉。同乡感激，因谋勒诸石，以作纪念，共策进行云。

山陕同乡会值年

汇丰元　义盛公　玉隆杰　泰兴成　永丰书
致和恒　正兴盛　福源和　锦璋德　义丰通
永隆统　广和堂　聚生恒　永盛祯

会首：

王聚满　姚昌寿　党燕堂　尉耀星　张园豫
张　步　卫承祚　陈浩伦　王长豫　鲁景芳

同纪念

大中华民国十二年岁次癸亥孟夏上浣

吉立

（捐资商号名录）

盒茶社四千五百两　　　大德玉五十两
永成店一百五十两　　　天泉社四十两
履和兴一百两　　　　　全兴社二十五两
六吉永一百两　　　　　江西福兴和经手
起发宽六十两　　　　　山陕帮七百五十两
祥发永五十两　　　　　永源德一百五十两
广兴店一百两　　　　　万盛堂一百五十两
世隆永一百两　　　　　蕃锡社一百两
通兴玉五十两　　　　　天玉顺七十两
大来店五十两　　　　　景德社五十两
大泉玉五十两　　　　　永丰元五十两
宝源社四十两　　　　　宝聚公五十两
元吉生二十两　　　　　双兴店三十两
正兴盛五百五十两　　　万生堂二十两
悦盛厚一百五十两　　　蒲茶社三百六十两
义丰通一百两　　　　　玉隆杰七十两
广顺生一百五十两　　　玉隆成八十两
永盛店一百两　　　　　德泰丰五十两
万来店五十两　　　　　同心昌五十两
大升玉五十两　　　　　德盛永五十两
丰兴协三十五两　　　　兴隆茂五十两

万亿源二十两	泰和店三十两
众票帮五百两（驻汉口）	友德成二十两（捐银）
蔚盛厚一百五十两	蔚盛长二百二十两
万义涌一百两	复来店一百两
精义社八十两	义德源五十两
新泰店五十两	荣盛大七十两
银色社五十两	德顺和五十两
慎德堂五十两	天顺长五十两
酒仙社三十二两	裕盛泉三十两
德生昶二十两	大泉永二十两
同心社四百两正	福源店一百五十两

附录9　党家村石刻碑记选录

西头井房碑记·之一

余族旧有井一眼，为族叔翼礼公地基，众人相与汲水有年矣。迨庚戌岁，翼礼公念众人所需，不便私为己有，情愿捐于官中。余钦为义举。因与众人相商，各输布施，设立井房。庶汲水者不至暴露，而翼礼公之盛德亦可以久而不忘也。是为记。

乾隆五十五年二月清明日　贾叙伦撰并书
（党载重、党鉴泉、贾新民辨识输入，订对确认）

捐银人

贾铎	施银五钱	贾镛	施银五钱	贾铖	施银五钱
贾翼周	施银五钱	贾翼楚	施银五钱	党相	施银五钱
贾翼秀	施银三钱	贾帮杰	施银三钱	贾志文	施银二钱
贾全生	施银二钱	党希武	施银一钱二分		
贾绍宜	施银一钱	党希乐	施银一钱	贾翼敬	施银一钱
贾升登	施银一钱	党希德	施银一钱	贾帮宁	施银一钱
党陈氏	施银一钱				

（贾新民抄录）

西头井房碑记·之二

余西井井房之建创,始于乾隆五十五年,其所赖以托庇者,迄今盖已百年矣。不意去岁因秋雨连绵,栋宇倾摧。幸食水诸家,各愿慷慨出赀,重为修整。功既告竣,余为篆序颠末,勒之于石,亦以彰义举而垂不朽云尔。

光绪十一年四月清和节儒学廪膳生员贾乐天谨序

(党载重辨识输入)

经理人
贾国兴　贾廷荣　党忠烈　贾鸣崎　贾文森　贾道善
捐银人
党正烈　　　　捐银一两二钱伍分
贾文江　贾廷荣　贾国兴　　　各捐银一两二钱
党允恭　贾效忠　　　各捐银一两
贾效颜　　　捐银八钱
贾廷傑　　　捐银七钱
贾述善　贾文林　各捐银五钱
贾文衡　贾廷佐　党口珍　贾廷乾
党如刚　贾进善　贾逢科　　　各捐银四钱
党开泰　贾文厚　贾文教　贾稳粮
贾池善　党焕烈　贾文校　　　各捐银三钱
贾效勤　贾生辉　党驴儿　　　各捐银二钱四分
贾道善　贾廷选　党武周
贾廷勋　党振兴　贾廷善
党永林　党世俊　党乾章　　　各捐银二钱
贾思明　党徐儿　　　各捐银一钱
用不足以上每两扣银二钱。

(贾新民抄录)

重修井舍碑记(汲福巷)

天下之善事,独为之难,不若与众为之易也。余庄旧有井一眼,忽然倒崩。此系日用之要,活命口根。奈力微不能独成,邀众商议。尚义君子,慷慨乐施，修理井房，共成善事。此今以后，汲井有赀，而老幼庇福无穷矣。

嘉庆七年四月十五日立石
（党载重辨识输入）

捐银者

党圣厚　施银二两五分	有庠　施银二两二分
兴宗　施银一两四分	成生　施银一两三分
峰麟　施银一两六钱	金桂　施银一两
增镒　施银一两	祥云　施银一两
增前　施银一两	登科　施银七分
履坦　施银六分	有德　施银五分
贾邦兴　施银五分	党圣英　施银五分
党履泰　施银五分	圣爵　施银四分
创家　施银三分	圣金　施银三分
创基　施银三分	在田　施银二分五钱
存禄　施银二分	奠邦　施银二分
久槚　施银二分	圣诩　施银二分
有朋　施银二分	修德　施银二分
施奠　施银二分	有年　施银二分

族　人

党登堂　书

经理人

党创利　党圣教　党存禄　党兴宗　党有序

嘉庆七年四月
（贾新民抄录）

重修六行巷旧井并新建井房记

合巷之井，穿凿不知创自何时，朝夕赖以生活者久矣。乃因土崩盘塌，遂致水难畅旺，再若延搁不修，势必临渴方急。同众商议，均愿出资，助力作工。并建井房一座，以避烈日阴雨。共计费钱壹佰五拾余串文，现将捐赀花名开列于后，以垂永远云。

捐银人名册

党德润	捐银贰拾捌仟文	党邦英	捐银壹拾捌仟文
贾思平	捐银壹拾六仟文	党自忠	捐银壹拾四仟文
党邦选	捐银壹拾贰仟文	党建选	捐银壹拾五百文
党富生	捐银捌仟文	党盛保	捐银陆仟文
党宝保	捐银五千五百文	党绍震	捐银五千五百文
党绍乾	捐银五千文	党双居	捐银四千五百文
党 震	党辅宜	党庄兴 贾宝善	党连选 党□□
党鹏翱	党焕荣	贾槐东堂	以上各捐大洋壹元
党笃善堂	捐银贰元	耿社觉	捐钱二十五百文
天兴银炉	党用宜	党有王 党道农	
贾思谅	马城娃	党绍良	以上各捐钱 壹千文

经理人

党盛保　党迎祥　撰文　贾长命　并书　党绍震　井匠　张文炳

民国十一年阴历七月吉日　立
（党鉴泉、党载重、贾新民辨识抄录校对）

创建土门巷门楼碑记

　　门以土名，志陋也。盖其先有土门焉，是以名巷。无如风雨浸淫，墙垣崩裂，几乎址基之不存。于是，先辈已有思修理而纳以土门会者。但是工虽不甚浩繁，而会中基金无多，恐难以独成。窃幸巷众踊跃，各竞解囊，以共勷厥事焉。吾见是举也，不必翚飞鸟革，犹是朴陋之风。亦尝鸠工庀材，无殊土门之旧。且因巷中有井，为众人生活之资，而匾额以汲福巷，盖汲福巷者，即土门巷之别名也云尔。

土门会官银伍十壹两

党扶世	施银壹拾五两五钱	兆王	施银壹拾贰两五钱
有序	施银伍两柒钱	增汉	施银伍两伍钱
希明	施银叁两伍钱	有志	施银叁两三钱
兆麟	施银叁两贰钱	久贵	施银叁两贰钱
圣觉	施银叁两一钱	有朋	施银贰两肆钱
联会	施银贰两二钱	全生	施银壹两贰钱

大生　施银壹两二钱　　　　步瀛　施银陆钱
步汉　施银陆钱　　　　　　久万　施银叁钱
会人
久槓　世聪　金椿　存伦　登生　久楼　圣金
经理人
扶世　久贵　希明　圣觉　增汉　兆玉

嘉庆二十二年二月初九勒石
（党载重、贾新民抄录辨识输入）

新筑泌阳堡碑记

　　是役经始于咸丰癸丑之秋杪。夫余庄户繁地隘，历有年矣。何迟之又久至于今始筑斯堡？盖里有仁风，俗尚醇厚，聚族比闾，相与依依，不欲咫尺离也。今则俗尚犹是而时势迥殊，数年来结伴抢掠之徒，所在多有。迄癸丑，山西曲绛诸境，扰攘尤甚，声震韩原。陕西上宪有版筑自卫之谕，明文及于乡曲。余庄思御无善策，爰集诸耆，谋兴斯举，而乐从者众。于是若者审曲面势，若者庀材鸠工，各竭其力所能为而不辞其苦。至丙辰夏而其工竣矣。窃维固围御灾一时之变，安居乐业百世之常。后之居斯堡者，庶几有废即修，有坠即举，且益习醇厚以培养仁风焉。是尤筑斯堡者所深幸。

（党载重辨识输入）

　　城壕、官巷、官地、分地开列于后：
中巷北宽一丈零一寸，南宽一丈。东边北官地一段，宽三丈，东长四丈五，西长一丈九。南城巷一丈六。西边北城壕五尺。南城巷并井地三丈一。
　　党遵礼分东边北一号，坐北向南，宽三丈，长十二丈八尺。
　　党紫云分东边二号，坐向、宽长同前。
　　党建章地东边三号，宽三丈，西长二丈，东长三丈二。此地与粮不在合堡地粮数内。
　　党心泰分西边北一号，坐西向东，宽六丈一，长六丈三尺。
　　贾大丰分西边二号，坐向、宽长同前。
　　党遵命分西边三号，坐向、宽长同前。

党心一分西边四号，坐北向南。北宽六丈三，中宽六丈三，南宽二丈四尺二寸，长八丈五尺。

　　东巷北宽一丈零一寸，南宽一丈。东边北，官地一段，西宽二丈三尺五寸，南长六丈四尺八寸。南城巷三丈二尺。

　　西边北，官地一段，东宽三丈四，西宽四尺五寸，长六丈三。

　　西边南，官地一段，东宽二丈，长六丈三。南城巷，三丈四尺。

　　党遵圣分东边北一号，坐东向西，西宽三丈二，东宽二丈七，长六丈五，与西边北一号为一分（份）。

　　党绳先分东边二号，坐东向西，宽五丈九，长六丈五尺。

　　党遵铭分东边三号，坐向、宽长同前。

　　党遵周、党长世分东边四号，坐东向西，宽五丈九尺五寸，长六丈四尺。

　　党腾云分东边五号，坐向、宽长同前。

　　党辉齐分东边六号，坐向、宽长同前。

　　潦池北边路九尺二寸，东边路八尺五寸。

　　党遵圣分西边北一号，坐西向东，东宽三丈二，西宽三丈，长六丈三。与东边北一号为一分（份）。

　　党绳先分西边二号，坐西向东，宽六丈，长六丈三尺。

　　党遵谟分西边三号，坐向、宽长同前。内有遵礼、遵圣三分之一。

　　党遵典分西边四号，坐向、宽长同前。

　　贾文朗分西边五号，坐向、宽长同前。

　　贾文理分西边六号，坐西向东，西宽六丈，东宽六丈三，长六丈三尺。

　　西巷北宽一丈零一寸，南宽一丈，东边北城壕五尺，南城巷一丈五尺，西边北城壕五尺。西边南官地一段，西宽四尺，长六丈五。南城巷一丈五尺。西边后官地一段，东西宽五丈，东长十五丈一，西长九丈五尺。

　　党开弟、双宝分东边北一号，坐东向西，宽六丈，长六丈六尺。

　　党遵祖、光烈分东边二号，坐向、宽长同前。

　　党遵范、遵孝分东边三号，坐向西南，听其自便，长六丈六，东宽十丈九尺，西中宽五八丈九一尺。

　　党遵敬、康选分西边北一号，坐西向东，宽六丈四，长六丈五尺。

　　党天赐分西边二号，坐西向东，宽六丈七，长六丈五尺。

　　党合户地四分，此地与粮不在合堡地粮数里。

　　南巷宽八尺，东西城壕宽窄不等。

　　党之学分北边一号，坐北向南，宽六丈六尺二寸，长七丈。

　　党之学分南边一号，坐南向北，宽六丈六尺二寸，西长七丈，东长八丈。

东南角官地一段，东西八丈，南北四丈五尺。

北巷西宽八尺，东宽九尺，东城壕并巷宽三丈一，中宽三丈八尺，北宽一丈五。东城坡下官地一段，南宽三丈一，长十四丈五尺。

党前二门地北巷一号，坐北向南，宽三丈七，长六丈五，内有出路二尺，地与粮不在合堡数里。

党帝选、立志分北巷二号，坐北向南，宽六丈一，长六丈三尺。

党向南、指南分北巷三号，坐西向东，宽六丈，南长七丈九，北长六丈五尺。

党遵教分北巷四号，坐向东南，听其自便，南宽六丈五，北宽三丈，长十一丈八尺五寸。

洞口庙前地居官。城门照墙南崖下，余地五尺。

城下坡弯官地一块，长三丈五，北宽四丈五尺，南宽二丈一尺。

北城外头城地一段，西至贾，北至党，东至官地。

城外东北角官地一段，西至党，北至路，东北与东俱至沟心，南至崖下樊。

总理乡老：	古浪县训导	党之学　撰文
	庚子科举人	党遵圣　书丹
经理乡老：	乡进士	党遵礼
	儒学邑庠生	党心泰
督工乡老：	议叙盐知事	贾文皋
	候□县左堂	党遵命
	儒学邑庠生	党天赐
领工匠人：	山西荣河县	陈日正
	山西河津县	李佐法

大清咸丰六年岁次丙辰夏月合堡勒石

合堡甲牌碑记

堡中二十七分，共花名三十三家。各列甲牌论家不论分，每岁六月、十一月念三、初四日敬神，每家敛钱四十文，办买香马祭物，洒扫庙宇，自头甲起，不得有误。

头甲：党紫云　党天赐　贾文质　贾文理　党光烈
二甲：党腾云　党向南　党遵教　党遵范

三甲：贾大丰　党帝选　党立志　党心泰
四甲：贾文朗　党开第　党康选　党建章
五甲：党之学　贾文皋　党遵孝　党指南
六甲：党遵礼　党长世　党遵圣　党双宝
七甲：党遵典　党遵命　党遵敬　党遵祖
八甲：党遵谟　党遵周　党绳先　党遵铭

邑庠生　党心泰　书
咸丰六年岁次丙辰仲春之吉

堡中地亩粮石分数条规碑记

共计地三十六亩零一厘七毫九丝八忽，党合户与前二门建章地独外，共计粮壹拾陆升一合四勺三抄五。

党合户与前二门建章粮在外，共计分数二十七分，不论分地多寡，每分名下分粮五升肆合，下余粮壹斗四升三合肆勺三抄五，六一居官。

每分入分金壹佰五十五两，自起工至工竣，共费金叁仟九佰有奇。

官巷官地分内盖房者，只准滴水，不许墙根侵占。

各分上房后定要除水路五寸，在前者不得阻挡后边出水。

靠城不许挖坑堆粪土石块。

城周围崖下不许取土斩草伐木。

城周围倘有损伤公中修补。

城上下不许倒灰渣、恶水并无事闲游。

坡弯地南边与开第除东西路五尺。

周围崖下俱有石畔不得私行移易。

堡中分地年久不能无变通，（若变通）定要先尽堡中有分之家。

堡中不许招安闲杂匪类之人。

丙辰夏月（建立年代失考）　议叙盐知事　贾文皋　书

贾耿氏捐祭产并银碑记

耿氏者庭芳之生母也，历年屡次立嗣未就，乃于民国八年二月，复请合族众老人同场商议，意欲将夫主鸣九公所遗田产，略捐于合族祖祠若干亩，每年所得地租作为祭赀，立一祭期，又捐银壹佰两整，每年所得息银，以后备作护粮。众以意近追远之诚，咸许可焉。于是捡赤契，立凭册，即交于经理。

合族祖祠大柜人经手，粮随地大过于追远祠名下。但此地专做祭赀，永远不可变动。爰记于石，以垂悠久。所拟规则并记于石。

所捐西原村地贰拾肆亩柒分，下干谷地陆亩贰分，本村南原上地陆亩，共地叁拾陆亩玖分。大过

粮壹石陆斗肆升零陆勺，又捐护粮银壹佰两整。此地并银不得消本。

同公议定，每年十月初一为祭期。仍由合族每年值年做节甲办理，议逢期备祭。

猪壹口，约重百斤，祭饼壹佰馀斤，祭香贰股，祭烛叁对，祭纸壹刀，祭锞百串，桌前壹张，大锞壹对，奠酒叁壶。寒衣纸应多毋少，祭品以后总须有加无减。

祭毕仍由值年人先与老人各摆一分后，照丁分，均分。如有未成丁之家，亦照丁分，均分一分。此节祭期不收分资分文。

中华民国九年阴历九月重阳节　　合族老人仝立
（此碑在贾氏祖祠厅房　贾新民提供）

附录10　郭滩镇清末民初商号信息

商号	经营	股东	备考
合兴城	商行	张耀坤	
四盛奎	商行	张文玉	
永茂店	油行	郭永志	
万福堂	药铺	张兰亭	
福盛中	内号	张兰亭	
德华永	布尺	冯德保	锦货、河北
信义恒	杂货	刘学纯	上屯
生春堂	药铺	赵中甫	
德后生	杂货	霍云攀	
通顺店	油行	宋金山	
同庆利	杂货	王子峯	王廷岑

续表

商号	经营	股东	备考
公兴祥	内号	黄立武	
福盛长	药铺	张兰芳	张子安
福盛长	锦货		领事掌柜绍宗瑞
集盛永	杂货	高鸿均	与河北人合资
天顺祥	杂货	李鸿业	开货、山西
同庆元		周丙岑	开货、王廷岑
太和东	碎货	张建邦	
同庆恒		贾言诚	山西人
同庆珍			
义顺九	杂货	谢廷选	怀庆人
太丰楼	银炉	张建邦	
天增楼	银货	赵贵欣	
荣华福	行店	张旭候	
大同行	粮行	马资竹	
德庆城	药铺	张书经	
万寿堂	药铺	乔道傅	
乔顺堂	药铺	刘凤岐	
大同行	药铺	卜鑫山	
信发行	粮行	王大发	
文义行	粮行	张空武	
火神行	粮行	张空武	
德顺行	粮行	马遂堂	
文运行	粮行	刘凤鸣	
德庆行	粮行	张十二少	
万顺兴	粮行	丁万宝	
六合行	粮行	乔更才	